PARA RECOBRAR LA CONFIANZA EN EL GOBIERNO

JORGE CHÁVEZ PRESA

PARA RECOBRAR LA CONFIANZA EN EL GOBIERNO

Hacia la transparencia y mejores resultados con el presupuesto público

FONDO DE CULTURA ECONÓMICA

MÉXICO

Primera edición,   2000
Primera reimpresión, 2002

Comentarios y sugerencias: editor@fce.com.mx
Conozca nuestro catálogo: www.fce.com.mx

D. R. © 2000, Fondo de Cultura Económica
Carretera Picacho-Ajusco 227; 14200 México, D. F.

ISBN 968-16-6311-X

Impreso en México

A los servidores públicos
honestos y nacionalistas,
quienes se esfuerzan por cumplir
con sus responsabilidades y procuran
que los bienes y servicios públicos lleguen
a la población que más los necesita,
en condiciones de calidad y oportunidad,
a pesar de las restricciones burocráticas
y las carencias de recursos.

PRÓLOGO

En pocos temas existe un acuerdo tan claro sobre su importancia, como en la necesidad de buscar mecanismos para recuperar la confianza en el gobierno. Sin esta confianza, generar los bienes públicos que la sociedad mexicana requiere para convivir democráticamente y la economía para crecer sostenidamente, es tarea aún más compleja. Sobran ejemplos de políticas públicas de loables objetivos que son insostenibles por la poca confianza de la sociedad en el gobierno. Alcanzar esta confianza pasa necesariamente por hacer la gestión pública lo más transparente posible.

Sin embargo, los mecanismos para lograr la transparencia son polémicos. Éstos varían dependiendo de si se está en el poder legislativo o en el ejecutivo. Con todo, para mejorar la transparencia es indispensable atender ese eje de toda la acción del gobierno federal que es el presupuesto de egresos. En éste se determina quién gasta, cómo se gasta, para qué y con qué controles. Hacer más transparente este presupuesto, más fácil de medir la efectividad de quienes gastan los recursos de todos, es crucial para convencer a la sociedad de que su gobierno opera adecuadamente. Por ello, un tema central de la discusión nacional en los siguientes años girará en torno a la forma de construir un gobierno más transparente y responsable, capaz de rendir cuentas y que además sea más eficiente, capaz de ofrecer resultados positivos a la sociedad.

Jorge A. Chávez Presa se encuentra en una buena posición para discutir esto. Su trabajo en la Secretaría de Hacienda y Crédito Público durante casi 10 años le permitió entender el proceso de elaboración del presupuesto y diseñar e instrumentar mecanismos que hicieran más transparente el ejercicio del gasto. Son escasos los funcionarios dedicados por años a tareas técnicamente complejas que luego hacen un esfuerzo por transmitir lo hecho y lo aún faltante a un público más amplio. El texto publicado por esta editorial es por ello de gran interés.

Se trata de un libro de difusión sobre un tema complejo, pero sumamente relevante en estos tiempos democráticos donde los ciudadanos debemos empezar a entender ciertos aspectos fundamentales del proceso presupuestario. El gobierno ya no es algo ajeno a nosotros, por lo menos no debe serlo. Es nuestro, nosotros lo elegimos. En este sentido, el libro de Chávez Presa explica cómo fue evolucionando el proceso presupuestario en México en el contexto del sistema político priísta e ilustra sus principales deficiencias, inercias y dificultades para modificar el proceso existente.

El libro tiene la virtud de contar con un lenguaje accesible, a pesar de que la materia en cuestión sea tan eminentemente técnica. En forma ilustrativa y gráfica permite que el público no experto conozca las dificultades en la elaboración de las políticas y de los programas gubernamentales, una vez que entran en juego las consideraciones sobre cuáles son los recursos disponibles para su financiamiento, dado el contexto de escasez endémica en las finanzas públicas. Siempre hay más necesidades que recursos. No obstante, dada la fragilidad tributaria de nuestro país, esto es aún más patente.

El libro presenta una descripción integral y actualizada de la estructura del Presupuesto de Egresos de la federación mexicana, así como del proceso presupuestario. Incluye, además, dos críticas sumamente importantes: al sistema nacional de planeación en México y al sistema presupuestario. Al venir de un personaje que fue durante algún tiempo un funcionario central del área del control presupuestario en México, su aportación ofrece información muy rica para comprender una parte esencial del sistema de elaboración de las políticas gubernamentales en México, es decir, cómo se decide qué gastar y en dónde.

Chávez Presa también discute el Sistema Nacional de Planeación. Un sistema de planeación de las acciones gubernamentales que, en teoría, debería permitir la jerarquización de la acción gubernamental con base en las preferencias sociales y la organización del gasto en forma consecuente con las prioridades. En su análisis, el autor, sin embargo, identifica los siguientes problemas:

• El Sistema Nacional de Planeación Democrática no es realmente una forma de organización del trabajo gubernamental, sino que se ha convertido en un trámite más para cumplir con un mandato legal.

• La ley de planeación constituye un marco jurídico ineficiente al no contemplar un marco de incentivos congruente con su cumplimiento.

• El Plan Nacional de Desarrollo (PND) responde a un contexto político en el que era necesario legitimar la planeación gubernamental a través de una supuesta consulta popular cada seis años. Esto era importante, dada la escasa competencia política y el control del PRI sobre el Congreso Federal y las entidades federativas.

• La asignación del gasto no se logró vincular directamente con los objetivos del PND, por lo que la planeación de mediano y largo plazos no se relaciona adecuadamente con los programas y proyectos anuales.

• Las metas y los responsables de los programas no se conocían ni se evaluaban los resultados obtenidos.

• Las políticas y la asignación de recursos entre programas no eran discutidas tampoco en el seno del propio gobierno, con la concomitante falta de coordinación entre las dependencias y la falta de seguimiento a las políticas.

El autor también discute el sistema de presupuesto. Éste, en principio, debería facilitar la eficacia y eficiencia del trabajo gubernamental hacia la atención de las necesidades de desarrollo. Sin embargo, Chávez Presa observa una importante serie de dificultades:

• Las normas que regulan el proceso presupuestario privilegian el conjunto de procedimientos necesarios para ejercer el gasto y relegan la atención sobre los resultados; los incentivos se orientan al uso extremadamente rígido y excesivamente reglamentado del gasto, sin preocupación por el ahorro o la rentabilidad social de los recursos.

• Las áreas encargadas de proveer servicios administrativos se convirtieron en instancias determinantes para la formulación del presupuesto, al grado de que frecuentemente influyen en el contenido de las políticas gubernamentales. Por su parte, las áreas encargadas de realizar los programas y políticas gubernamentales dedican buena parte de su tiempo y esfuerzo a tramitar recursos.

• La lógica de asignación presupuestaria no se logró transparentar, ya que los programas gubernamentales siempre han quedado sujetos a la urgencia, la disponibilidad de recursos y al manejo discrecional de las áreas administrativas encargadas de elaborar y controlar el presupuesto.

• Supeditar prioridades y metas al monto de recursos disponibles hizo al sistema fuertemente inercial y se dejó de estimar los costos económicos en función de las metas, al grado de que no es ya posible conocer los costos unitarios del ejercicio del gasto. Esto hace imposible la planeación, la transparencia y los esfuerzos a favor de un uso más eficiente de los recursos públicos.

• La carencia de un método de identificación de las prioridades y de un sistema de identificación de costos volvió la planeación y la programación imposibles. A esto hay que sumar las dificultades de la información incompleta o poco confiable de los diversos servicios y agencias, y la falta de transparencia en los resultados de las acciones gubernamentales.

La parte más informativa y rica del libro de Jorge A. Chávez Presa es, sin duda, la crítica al sistema presupuestario que el gobierno quiso reformar sin éxito cabal. Con todo, a pesar de su riqueza, el texto es fundamentalmente descriptivo. Es la visión de un observador-participante. El lector, sin embargo, echa de menos una mayor vinculación entre los problemas detectados y el marco analítico subyacente, proveniente de la economía institucional, discutido rápidamente en el capítulo I.

El principal objetivo del libro es presentar sus propuestas de reforma presupuestaria. Esto se hace en los capítulos V y VI, en los que básicamente se incluyen dos instrumentos específicos para la reforma administrativa: la Nueva Estructura Programática (NEP) y el Sistema de Evaluación del Desempeño (SED).[1]

---

[1] Vale la pena mencionar que los cambios se trataron de instaurar en México desde 1996, cuando el autor era jefe de la Unidad de Política y Control Presupuestal de la Subsecretaría de Egresos de la Secretaría de Hacienda y Crédito Público. Sin embargo, los resultados no han sido los esperados. Por un

Ante las crecientes demandas sociales y la incapacidad del régimen de fortalecer sus ingresos tributarios, el principal objetivo de la reforma, nos dice el autor, "fue elevar la eficacia y la eficiencia del uso del gasto público federal". Por añadidura, pero en segundo término, se "procuró que al transformar la estructura programática pudiera ser de utilidad a los actores del proceso presupuestario en términos de transparencia, facilitando el entendimiento del presupuesto; adicionalmente, que dicha estructura programática incluyera incentivos a los ejecutores para que éstos lograran mejores resultados, y que sirviera para rendir cuentas".

La NEP consistió en volver a clasificar el gasto público en su conjunto, de forma que las diversas asignaciones presupuestarias de los múltiples programas y proyectos se vincularan y se registraran en forma integral junto con la totalidad de las actividades del gobierno federal. Todas las actividades gubernamentales que significan derrama de recursos fueron clasificadas en funciones de gobierno; en esa reclasificación se identificaron con mucha mayor precisión los objetivos de los programas, sus unidades responsables (las agencias receptoras del recurso) y el marco jurídico que sustenta cada actividad. La NEP, nos dice el autor, permite relacionar el gasto público con resultados, vincular las acciones del sector público con los programas sectoriales, facilitar el diseño y seguimiento de planes y programas multianuales y alinear el PEF con los objetivos del Plan Nacional de desarrollo.

La NEP busca reorganizar toda la actividad gubernamental a través de la identificación de diversas categorías en las que se subdivide la actuación de cada una de las agencias que integran el aparato público federal. Cada actividad debe estar justi-

lado, el autor dejó el cargo en 1998 para ocupar la Subsecretaría de Política y Desarrollo de Energéticos de la Secretaría de Energía y, por el otro, las resistencias fueron mayores. Por ello, la aplicación del nuevo método es todavía incipiente y únicamente formal, pues no implicó cambios significativos ni en la asignación del gasto ni en su eficiencia operativa, y mucho menos en el comportamiento de los operadores del gasto. Ciertamente la información respecto al presupuesto se hizo más transparente, pero todo indica que, además de la reforma impulsada por el ejecutivo, fue muy importante, en ese sentido, la presión que ejercieron los partidos de oposición que dominaron la Cámara de Diputados desde 1997.

ficada al reflejar alguna de las atribuciones legales del gobierno, de sus funciones o de su relevancia para el desarrollo. De esta forma, toda actividad presupuestaria, todo programa gubernamental y el mismo PND en su conjunto, tienen una traducción en presupuesto público. El registro de todos los gastos para el conjunto de facultades, tareas y funciones del gobierno parece algo elemental, pero no se hacía hasta 1998. A cada una de esas subdivisiones o categorías analíticas corresponden elementos programáticos que en teoría sirven para valorar el desempeño gubernamental. En síntesis, las categorías clasifican en su conjunto el quehacer gubernamental, mientras que los elementos cuantifican lo que se propone lograr.

Una aportación importante de la reforma es que ha considerado en forma integral el gasto público y ha buscado su justificación al vincularlo con las actividades sustantivas del gobierno (a diferencia de las que son únicamente administrativas), de manera que ahora se puede conocer los montos asignados a actividades gubernamentales específicas (como el gasto en investigación científica, por ejemplo). Esto evitó que ampliaciones de gasto se fueran a "actividades de administración", dado el peso político de la burocracia, como ocurría hasta 1997.

El autor argumenta que la NEP es sólo el comienzo de lo que debe ser una profunda transformación de la administración pública. Para introducir la flexibilidad necesaria a fin de hacer más eficaz y eficiente el gasto, por ejemplo, deben consolidarse los sistemas de evaluación del desempeño y medición de resultados, lo que toma tiempo y demanda mucho más que reformas en las reglas para elaborar el presupuesto: implica cambios en la cultura administrativa del país.

Respecto al SED, se introdujeron indicadores que buscan medir el costo, la calidad y el impacto social de los servicios públicos, al tiempo que evaluar el desempeño y resultados de las agencias. En esta parte de la reforma, el propio autor es menos optimista, pues reconoce que su éxito depende nada más y nada menos que de una transformación cultural de la burocracia en su conjunto, pues, sin duda, la simulación puede tirar por la borda este tipo de esfuerzos.

En el capítulo VII el autor habla de los cambios necesarios para que los programas NEP y SED rindan los frutos deseados.

En primer lugar, el autor reconoce que los avances magros en la reforma se deben a que ha faltado una instancia superior que pueda coordinar e impulsar esos esfuerzos; idealmente, como lo sugiere más adelante, dicha instancia debería estar directamente adscrita a la Presidencia de la República. Aunque no lo reconoce en su obra, otros estudios han probado los enormes problemas de falta de coordinación, cotos de poder y falta de colaboración que impidieron que esas reformas se llevaran a cabo (entre la Secodam y la SHCP y en cada una de ellas). Incluso si la instrumentación tuviera el apoyo de todos, la mera instrumentación de la NEP y el SED no puede cambiar comportamientos burocráticos establecidos. Se requiere, además, construir instancias eficaces de control (como incentivos positivos y negativos que aseguren su aplicación) y cambios en el sistema de incentivos que enmarca el presupuesto. El autor no explica cómo responderá la burocracia ante el nuevo sistema de incentivos: al abordar el tema ignorando el problema del agente-principal, el argumento pierde fuerza explicativa.

Como todo libro, hay asuntos que quedan fuera. No queda del todo claro el nivel de avance en la implantación de la reforma. Si en un principio deja la impresión de que la reforma va sobre ruedas, después evidencia que han existido serias limitaciones al avance de la misma. Chávez Presa explica que una causa de los retrasos ha sido la falta de voluntad política, lo que explica los problemas de coordinación entre las actuales instancias responsables de instaurar la reforma; pero hay una causa relevante en la que no se extiende de manera suficiente por desgracia. Para lograr la nueva clasificación del presupuesto e introducir indicadores de desempeño, es necesario contar con sistemas de evaluación y control sumamente competentes y eficaces. Es decir, implica costos de monitoreo de la reforma que pueden ser significativamente elevados y sin los cuales la reforma no tiene posibilidades de éxito. Aunado a ello está el problema de que no se modificó el marco institucional: el Sistema Nacional de Planeación Democrática sigue siendo el mismo, la normatividad del presupuesto y su énfasis en el control del flujo de efectivo está casi inalterado, no se ganó en flexibilidad para el ejercicio del gasto y, algo básico, la determinación de los costos de los programas tampoco se alcanzó.

El autor sí apunta hacia otros temas. Señala la necesidad de desarrollar áreas profesionalizadas para la planeación, reformas legales y hacendarias, la creación de un federalismo hacendario, nuevas reglas presupuestarias y un servicio civil profesional abierto, entre otras muchas. Es una agenda larga que se presenta en forma de lista de deseos, aunque no se propone una estrategia de implementación vinculada con la NEP y el SED.

Lo cierto es que en estos y muchos otros temas que se desprenden del libro, como la vinculación entre transparencia y la implantación de la NEP y el SED, deberán ser discutidos ampliamente por la sociedad. Por ello, se trata de un libro importante que el CIDE, dentro de su Programa de Presupuesto y Gasto Público, decidió apoyar en su publicación.

Este programa fue iniciado en 1998 con la idea de impulsar trabajos de investigación sobre un tema del que se ha escrito poco en México. Bajo la coordinación de Juan Pablo Guerrero Amparán, el Programa buscó integrar mejor a los investigadores del Centro que hacían estudios vinculados con el gasto público y estimular nuestras investigaciones sobre las diversas facetas de los recursos que el gobierno extrae y redistribuye en la sociedad. A la fecha, el Programa ha terminado nueve investigaciones y tiene en proceso otras seis. Sin embargo, una característica particular del Programa es que integra otras actividades ligadas al desarrollo profesional del Centro. Por un lado, tiene un área de capacitación que lo ha llevado a organizar cerca de diez cursos sobre el análisis del Presupuesto en México para grupos que tienen un claro interés sobre el tema: diputados federales, periodistas de la fuente financiera, miembros de organizaciones civiles ligados a grupos sociales de escasos recursos y vinculados a gobiernos locales, entre otros. En estos dos años el CIDE ha capacitado a más de cuatrocientas personas en el tema del presupuesto. Ligado a esto, se ha construido una base de datos sobre el presupuesto que permite poner en perspectiva internacional el perfil del gasto público en México. La base de datos es accesible al público y pronto podrá ser consultada en internet. Asimismo, el Programa ha desarrollado un área de difusión que busca acercar el trabajo académico del Centro a la ciudadanía. Además de mantenerse abierto a las solicitudes de los medios de información para que sus investigadores participen en las diversas discusiones sobre el presupuesto en México, el Programa ha generado folletos de amplia difusión y de contenido accesible sobre diversos aspectos de los ingresos y gastos del gobierno federal. En el marco de la difusión se inscribe el apoyo que el Programa de Presupuesto y Gasto Público del CIDE ha aportado al libro de Jorge A. Chávez Presa. Lo anterior, con la convicción de que su obra se constituirá en un libro de consulta muy útil acerca del sistema presupuestario en México y algunas de sus orientaciones más recientes. Es previsible que la obra se convierta en un libro de apoyo para la capacitación acerca del presupuesto en México y una referencia obligada sobre las primeras orientaciones y motivaciones de la reforma presupuestaria que se inició en el gobierno del presidente Ernesto Zedillo. Al mismo tiempo, es claro que el libro puede convertirse también en una buena introducción para el público en general que quiere conocer mejor los dilemas del proceso de elaboración de programas gubernamentales y políticas públicas, así como los cambios necesarios en el gobierno para conocer mejor cómo se usan y hacia dónde se dirigen los recursos de la sociedad, qué impacto tienen y si se justifica, finalmente, la utilización de recursos públicos.

CARLOS ELIZONDO MAYER-SERRA

PRESENTACIÓN

Este libro no es únicamente fruto de un esfuerzo individual. Sin el apoyo de la familia, colaboradores y amigos me hubiera sido imposible culminarlo. Por eso quiero agradecer a quienes contribuyeron en muchas formas a su desarrollo. Justo es extender un reconocimiento especial a los numerosos funcionarios de la Secretaría de Hacienda y Crédito Público (SHCP) así como de la Secretaría de la Contraloría y Desarrollo Administrativo (Secodam) que me apoyaron directa e indirectamente.

Quiero hacer mención de Arsenio Farell Cubillas y Guillermo Ortiz Martínez, quienes como secretarios de Estado dieron un primer paso para iniciar un proceso de reforma a la "maquinaria gubernamental", por medio de dos programas: el Programa Nacional de Modernización de la Administración Pública (Promap) y el Programa Nacional de Financiamiento del Desarrollo (Pronafide).

Mi gratitud a Luis Téllez Kuenzler por haberme invitado a colaborar con él en la SHCP, donde inicié mi carrera como servidor público en la administración pública centralizada. Por esa confianza y la que depositó en mí Carlos Ruiz Sacristán, primero como subsecretario de Planeación y luego como subsecretario de Egresos, hoy estoy en posibilidad de hablar acerca del funcionamiento del sector público federal desde la perspectiva presupuestaria.

Sería imposible citar a cada una de las personas que colaboraron conmigo en la SHCP y a otras más que amablemente leyeron las distintas versiones del manuscrito sin correr el riesgo de omitir a alguna. A todas ellas quiero agradecer sus opiniones porque enriquecieron tanto el enfoque como el contenido de este trabajo.

Deseo mencionar a quienes me ayudaron a concretar este libro: José Alberto Garibaldi, Yolanda Hellmund López y Manuel Núñez Velasco. Yolanda fungió como editora en los primeros escritos y cuidó que las ideas centrales pudieran comunicarse con claridad. José Alberto fue determinante para definir las versiones finales; mis discusiones con él acerca de economía institucional y sobre modelos de administración pública enriquecieron las ideas del libro y contribuyeron a mejorar el contenido, en particular el del primer capítulo. Manuel fue incansable y entusiasta para apoyarme en la investigación y en la revisión de los borradores que fueron surgiendo.

Mi agradecimiento a Enrico Beteta Sorgato, cuya experiencia en el tema de evaluación del desempeño a través de indicadores ayudó al desarrollo del capítulo VI y cuya creatividad permitió plasmar ideas y conceptos en ilustraciones. En la tarea de lectura y aportación de comentarios la participación de José Antonio Lugo García y Hugo Villalobos Ordóñez fue decisiva.

Quiero dar un crédito muy especial a Josefina Casillas Rojas, Humberto Leonel Guzmán Vázquez y Guillermo Granados Salas, funcionarios de la Unidad de Política y Control Presupuestal de la SHCP. Primero, por haberme cuestionado de manera exhaustiva cuando les propuse mi inquietud de iniciar una reforma al proceso presupuestario en uso; después, por convencerse de la necesidad de cambiarlo, y posteriormente por convertirse en los más entusiastas apóstoles de la NEP que, en su vertiente de estructura programática, representa el primer paso hacia un cambio cultural del control *per se*, hacia otro enfocado en asegurar que se logren los resultados ofrecidos a la sociedad. Todas estas personas me ayudaron a definir y estructurar las categorías y los elementos programáticos que se describen en el capítulo V y que se pusieron en práctica a partir de la integración del Proyecto de Presupuesto de Egresos de la Federación para 1998.

Quiero agradecer también a quienes leyeron una versión preliminar del libro y me sugirieron cambios y adiciones. Juan José Páramo Díaz, desde un punto de vista jurídico, me convenció de incluir la concepción del Estado, mientras que Enrique Barraza Allande me aconsejó iniciar con una visión del Estado, pero desde el aspecto económico. Ambas recomendaciones fueron fundamentales, pues la reforma presupuestaria sólo tiene sentido y profundidad desde una perspectiva del Estado y su gobierno. Asimismo, agradezco los comentarios de Juan Pablo Guerrero Amparán, director del Programa de Presupuesto y Gasto Público del CIDE, A.C., así como los de un dictaminador anónimo contratado por la misma institución porque permitieron mejorar varios aspectos del libro y darle mayor profundidad; los errores u omisiones que hayan quedado son, desde luego, responsabilidad del autor.

Agradezco también a mis colegas del Comité para la Administración Pública, del Public Management Service (PUMA) de la Organización para la Cooperación y Desarrollo Económico (OCDE), por haberme dado la oportunidad de presentar en ese foro varias de las ideas del libro para fines de discusión. Mi reconocimiento a Derry Ormond, con quien he compartido la importancia de que los países tengan instituciones gubernamentales fortalecidas, requisito indispensable para la estabilidad del sistema económico mundial.

Quiero dar las gracias al Instituto Nacional de Administración Pública por su apoyo en promover el diplomado y el curso de actualización en planeación, programación y presupuesto, programas que han ayudado a formar apóstoles de la nueva cultura hacia los resultados en el gobierno. También deseo hacer una mención especial al licenciado Natividad González Parás, presidente del INAP, porque desde un principio me animó a escribir un libro acerca del presupuesto mexicano y me hizo valiosos comentarios a una versión preliminar del mismo.

En orden alfabético expreso mi agradecimiento a Fausto Alzati Araiza, Max Diener Salas, Fausto Hernández Trillo, José Octavio López Presa, Andrea Ornelas Negrete, Carlos Sales Sarrapy y Rosaura Velarde Rodríguez por haber leído versiones iniciales de este escrito y por darme sus comentarios.

También quiero mencionar a dos personas que creyeron en mi propuesta de reforma al proceso presupuestario cuando trabajé en la SHCP. Me refiero a Guillermo Ortiz Martínez y a Santiago Levy Algazi.

Las opiniones expresadas en esta obra bajo ninguna circunstancia reflejan la posición de las dependencias federales, sus titulares y servidores públicos; asumo, con el rigor que corresponde, toda la responsabilidad respecto a su contenido.

Por último, mi agradecimiento a Enrique Morales Buen Romero, quien pacientemente se dedicó a la corrección del estilo, y una deuda impagable con mi esposa Paty y cada uno de mis hijos, quienes tuvieron que sacrificar buena parte del tiempo familiar para elaborar este libro.

PREFACIO

Me he atrevido a escribir este libro porque el buen gobierno es mi pasión. Como servidor público he obtenido muchas satisfacciones contribuyendo a resolver problemas complejos que afectan a muchas personas, en particular cuando se logra beneficiar a millones de mexicanos que son mayorías silenciosas, cuyas carencias, que se corroboran por medio de encuestas y estudios, son evidentes para todos.

Durante casi 10 años tuve el privilegio de trabajar como servidor público para la Secretaría de Hacienda y Crédito Público (SHCP). La experiencia profesional que adquirí en ese tiempo me permitió conocer el detalle de cómo funciona el gobierno desde la perspectiva de las finanzas públicas. En el lapso referido estuve a cargo de distintas áreas clave del desempeño financiero del gobierno federal: primero en la planeación financiera del sector público, luego en la deuda pública y, finalmente, en la integración y el control del presupuesto federal de egresos; esta experiencia es la que me animó a escribir al respecto.

Cuando llegué a la Dirección General de Política Presupuestal de la SHCP, descubrí las complejidades de la práctica sobre el gasto público, empezando por la jerga utilizada en la operación presupuestaria. La misma "oscuridad" del lenguaje del gasto público me llevó a cuestionar procesos, reglas y actitudes. A partir de entonces busqué concentrar los esfuerzos de mis colaboradores en revisar y reformar prácticas y procedimientos para dar claridad, sentido y orientación al control del gasto público hacia el incremento de beneficios a la sociedad.

Es un motivo de satisfacción personal compartir esta vivencia que enfoca su atención en el resultado básico que se espera de cualquier Estado: elevar los niveles de vida mediante una mejor distribución de las oportunidades entre regiones, grupos sociales e individuos. Este libro es resultado de esa experiencia de cuestionar para innovar. Su propósito es contribuir a recobrar y fortalecer la confianza en las instituciones gubernamentales, confianza que empieza en la percepción de cómo se aplican los recursos públicos.

Se presenta aquí una herramienta poderosa que ayuda a *ver* dentro del presupuesto público, algo que para muchos parece una "caja negra"; ésta permite rediseñar y rehabilitar los "engranes" vitales de la maquinaria gubernamental a fin de tener una organización administrativa acorde con las nuevas circunstancias y desafíos del nuevo siglo. En su diseño se consideraron dos premisas: en primera instancia la necesidad de un gobierno eficaz con capacidad de regular y organizar a la población, para construir un país próspero, equitativo e incluyente. En segundo término, la idea de que el Estado se debilita cuando el gobierno interviene excesivamente en la economía o cuando sus instituciones fallan en hacer cumplir la ley, base para el desarrollo de las actividades individuales y colectivas.

Una de las partes medulares de este trabajo recibió un reconocimiento especial por parte del presidente de la República, doctor Ernesto Zedillo Ponce de León, al incorporar la adopción de la Nueva Estructura Programática (NEP) en la integración del Proyecto de Presupuesto de Egresos de la Federación de 1998. Esto último se describe en el capítulo VIII de la Exposición de Motivos de dicho Proyecto de Presupuesto.

Parte importante del estudio examina las razones que motivaron el surgimiento de la NEP, así como los principios utilizados y el alcance que tendrá una reforma al sistema presupuestario, de proseguirse de manera continua y constante con la metodología desarrollada. A pesar de adoptarse las nuevas categorías y elementos programáticos en el Presupuesto de Egresos de la Federación, aún falta mucho por hacer para aprovechar el potencial analítico que ofrece esta nueva herramienta para planear, asignar y aplicar mejor los ingresos públicos, en especial en lo relativo a indicadores de desempeño.[1]

Espero que el lector encuentre en este libro elementos que le permitan exigir transparencia y rendición de cuentas a las instituciones públicas, creadas en beneficio del país.

JORGE A. CHÁVEZ PRESA

[1] Los capítulos V y VI desarrollan este tema.

INTRODUCCIÓN

Toda sociedad democrática espera de su gobierno acciones que promuevan el progreso y la equidad, como la educación, la salud, la seguridad y la procuración e impartición de justicia con el fin de vivir mejor. La población aspira a que el Estado, por medio de las autoridades, transforme sus contribuciones en bienes y servicios públicos con los que pueda alcanzar niveles de vida más altos en un ambiente de paz, tranquilidad y unidad.

Los tres órdenes de gobierno —federal, estatal y municipal— y los poderes que conforman a los dos primeros, Ejecutivo, Legislativo y Judicial, reintegran a la población sus impuestos en forma de bienes y servicios públicos mediante la ejecución de programas y proyectos contemplados en el presupuesto público. Así, el sector público se convierte en un intermediario de la misma sociedad para redistribuir los recursos que aportan los contribuyentes.

Las asignaciones del gasto público son fundamentales para reducir las restricciones al desarrollo económico, indispensable en la formación de riqueza susceptible de distribuirse con equidad entre la población. El crecimiento económico es esencial para que los niveles de vida de la población aumenten de manera sustentable, pues sin crecimiento no habría nada que redistribuir. Los recursos públicos tienen el potencial de reducir las desigualdades sociales por medio de políticas de desarrollo y de la provisión de bienes y servicios que individuos en situaciones de desventaja difícilmente podrían adquirir.

La economía necesita generar empleos suficientes para mantener ocupados sostenida y sustentablemente a sus habitantes. Requiere además de un aumento continuo en la generación de los factores productivos y de una mejora en la distribución de oportunidades que faciliten la movilidad social. Esto último sólo se logra si, en un marco institucional adecuado y con las herramientas apropiadas, el desarrollo de las habilidades y capacidades de los individuos da un mayor valor agregado a las materias primas o a los insumos produciendo bienes y servicios con gran valor de intercambio.

Para lograr lo anterior, entre otras cosas, el Estado tiene que asegurar instituciones eficientes y legítimas, organizarse alineado a sus desafíos y concentrar su misión en la gente. En este sentido el gasto público, que es un reflejo de la capacidad de organización del Estado y en particular de su gobierno, se convierte en instrumento básico para la redistribución y creación de oportunidades.

Las carencias presupuestarias que enfrenta el Estado mexicano son inmensas y complejas; los rezagos sociales en México, plenamente identificados, reclaman con urgencia la atención nacional. Para disminuir la brecha social entre ricos y pobres es necesario hallar formas adecuadas y viables, alejadas del paternalismo y del clientelismo,[1] para que los mexicanos tengan ingresos suficientes para adquirir una vivienda, dispongan del servicio de agua potable, gocen de salud, accedan a una educación de calidad, y que su vida y patrimonio estén protegidos.

Además de los rezagos sociales, el gobierno federal deberá hacer frente al problema financiero de las familias y de las empresas que sobrevino con la crisis de 1994 por los créditos que les otorgaron las instituciones bancarias, pasivos que hoy concentra el IPAB y cuyas pérdidas cubrirán los contribuyentes. Asimismo, el gobierno federal tendrá que seguir pagando el costo de la reforma al sistema de pensiones de los trabajadores afiliados al IMSS y, en el futuro, el del sistema de pensiones de los trabajadores al servicio de los tres órdenes de gobierno.

La manera de enfrentar estos problemas nacionales debe ubicarse dentro de las posibilidades de los ingresos públicos y en el marco de un Estado de derecho. Las soluciones implican costos que la población deberá sufragar mediante sus contribuciones fiscales presentes y futuras. De ahí que, por la actual insuficiencia de ingresos, el desafío presupuestario para el país

[1] Paternalismo es una política social que excluye la participación activa de la misma sociedad o la de los grupos sociales beneficiados; implica asimismo una política de tipo asistencial. El clientelismo es la protección o amparo con que los gobiernos patrocinan a los que se acogen sus políticas. Ambos socavan a las instituciones públicas porque transforman la política de una actividad pública y abierta en otra donde una élite o grupo busca lucrar políticamente con los recursos públicos.

es todavía más complejo. Hoy la principal fuente de recaudación del gobierno federal, que también lo es de las entidades federativas y municipios, proviene principalmente de los impuestos sobre la renta (ISR), al valor agregado (IVA) y especial sobre producción y servicios (IEPS), cuyos montos no cubren ni el gasto en desarrollo social ni el costo para cumplir a plenitud las funciones básicas del gobierno. Los ingresos que se recaudan por el IVA son menores que las erogaciones en educación básica. Tampoco la suma de la recaudación de los dos impuestos más importantes, el IVA y el ISR, es suficiente para cubrir los servicios en educación y salud que proporcionan los tres órdenes de gobierno. Definitivamente, los tres órdenes de gobierno tienen un grave problema de insuficiencia de ingresos y de bajo rendimiento en la aplicación del gasto, por lo que no extraña la renuencia de los contribuyentes cumplidos a pagar más impuestos cuando aún hay una percepción de desperdicio de recursos y otros no pagan lo que les corresponde.

La limitada capacidad de pago de los contribuyentes cumplidos, aunada a la rigidez de las erogaciones públicas, reducen el margen de maniobra de cualquier estrategia presupuestaria. Hoy en día, casi 90% del gasto público federal se destina a funciones predeterminadas en el marco jurídico y a cubrir obligaciones contractuales; este gran porcentaje es inercia resultante de las obligaciones establecidas en leyes y reglamentos, y de programas y proyectos propuestos por administraciones anteriores, y autorizados por legislaturas pasadas. Tal rigidez se convierte en el principal obstáculo para la reasignación de recursos dentro del presupuesto público. La combinación de ambos problemas —la inercia en las erogaciones y el escaso margen de maniobra por el lado de los ingresos— frenan la eficacia del gobierno y la mejora de oportunidades para los marginados.

La acumulación de estas circunstancias provoca en el ciudadano una percepción negativa sobre la actividad gubernamen-

---

[2] La parte del gasto público federal que no es cubierta con impuestos es financiada en gran parte con ingresos no recurrentes y de naturaleza volátil: los ingresos por la venta de empresas paraestatales y los derechos por hidrocarburos. La mayoría de los gobiernos locales tienen bajos niveles de recaudación, lo que los torna dependientes de las participaciones federales. Para más detalles véase el capítulo II.

tal. Dicha percepción se explica porque en México no hay un conocimiento generalizado acerca de las obligaciones impuestas al gobierno para alcanzar los fines del Estado, ni de la infraestructura institucional y normativa para asignar los fondos públicos. Menos aún se sabe por qué con la aplicación del gasto y el uso de los activos nacionales no se cumplen totalmente las promesas de autoridades electas ni las buenas intenciones de los servidores públicos. Esta situación provoca la desconfianza generalizada de la sociedad hacia el gobierno, tanto en México como en otras partes del mundo.

Este libro presenta una propuesta que permite exponer a la luz pública, y con mayor objetividad, las disyuntivas que cualquier presupuesto enfrenta. Se aproxima a estos problemas desde una perspectiva institucional que, al transparentar las intenciones de asignación de recursos públicos, su uso y rendición de cuentas, crea los incentivos para mejorar el funcionamiento del gobierno y recobra la confianza en el mismo.

La confianza es ingrediente esencial para aumentar la voluntad de pago de la población en materia de contribuciones. Hay que reconocer primero que el enfoque del presupuesto que se utiliza en México es muy limitado, en especial cuando se trata de entidades públicas que proporcionan bienes y servicios. En estos casos, no se vincula a los ingresos con el gasto ni con la calidad de los bienes y servicios provistos. Si bien aquí se abordará principalmente el gasto, se reconoce que una política presupuestaria eficaz considera de manera integral los ingresos, los gastos y la deuda, tanto del año inmediato como de los futuros ejercicios fiscales. A su vez, la relación entre los ingresos y gastos gubernamentales afecta a las actividades productivas de los particulares. El gobierno, cuando recurre al mercado financiero para colocar su deuda, restringe la disponibilidad del crédito a los demás agentes económicos, elevando las tasas de interés. Tasas de interés elevadas desincentivan proyectos productivos, lo cual perjudica el crecimiento económico y la recaudación futura.

Desde el aspecto del presupuesto de los egresos federales en México, este trabajo examina el proceso presupuestario y, derivado de éste, explica las razones de la propuesta de introducir dos instrumentos: la Nueva Estructura Programática (NEP) y el

Sistema de Evaluación del Desempeño (SED), para analizar soluciones y confrontarlas con las prioridades sociales.

La estructura programática es el armazón sobre el cual se construye el presupuesto público.[3] Es precisamente el nuevo armazón propuesto el que permite transformar el método de cómo se planea, asigna, gasta, controla y evalúa el gasto público. Por eso es fundamental para que el proceso presupuestario incentive un desempeño gubernamental eficiente, transparente y eficaz. De igual manera lo es para propiciar la discusión abierta, informada y prudente acerca del gasto público.[4] Si no se parte desde lo que da origen al gasto público, es decir la estructura programática, es imposible que con la ejecución de programas y proyectos del gobierno se transformen las aportaciones de los contribuyentes en resultados útiles para la sociedad; menos aún cuando se formulan sólo con la finalidad de cumplir requisitos administrativos que justifiquen las erogaciones.[5]

La concepción de ambos instrumentos presupuestarios, la NEP y el SED, surge de una premisa fundamental de análisis económico: el esquema de incentivos determina el éxito o fracaso de las organizaciones.[6] Con esta premisa, los instrumentos mencionados generan y envían las señales adecuadas en un marco

---

[3] La estructura programática es un clasificador de las funciones, programas, actividades y proyectos del gobierno. En el capítulo III se da una amplia explicación al respecto.

[4] Los capítulos V y VI describen los incentivos de la NEP y el SED hacia un desempeño gubernamental eficiente, transparente y eficaz y cómo estas herramientas pueden propiciar una mejor discusión, abierta e informada del presupuesto público.

[5] En el capítulo IV se cita el ejemplo de un programa en la anterior estructura programática, "AA administración", donde se presupuestaban importantes montos de recursos y cuyo manejo era discrecional.

[6] La economía ha desarrollado una teoría para abordar los problemas entre una autoridad y los subordinados; dichos problemas se denominan "agente-principal". El "principal" es quien tiene una posición de mando o autoridad; el "agente" es el que obedece las órdenes del principal. Se supone que el agente tiene un comportamiento racional y busca sus propios fines; el principal tiene el desafío de darle los incentivos adecuados para que el agente cumpla con sus órdenes a la vez que el agente pretende sus propios intereses. El problema de agente-principal puede aplicarse a la burocracia. Aunque este libro no trata de desarrollar ni aplicar modelo alguno de agente-principal en la burocracia, la NEP y el SED incorporan varios incentivos que inducen a los servidores públicos a un cambio cultural y enuncia algunas otras medidas necesarias para lograr de manera efectiva un cambio de actitud en la administración pública.

institucional de la economía que propicie el cumplimiento de la ley y reduzca los costos de transacción en el gobierno y en las actividades productivas.[7]

Una consecuencia en el proceso presupuestario de una estructura programática que contenga los incentivos adecuados es el aumento de la confianza de la ciudadanía en lo referente a la aplicación de los recursos públicos y la creación de condiciones para incrementar la legitimidad de las leyes y las actividades que de ellas se derivan. Esto facilita el desarrollo de los mercados y la acción colectiva en la sociedad. Con esto se contribuye a mejorar el funcionamiento de la economía e incrementar la recaudación fiscal, y generar ahorros resultado de la reducción de los costos de transacción del gobierno y de los particulares, los cuales puedan reasignarse a otros usos más rentables. Todo esto, junto a un cambio de actitud del servicio público hacia mejores resultados, puede, en suma, contribuir a fortalecer la confianza de la población en el gobierno.

ESTRUCTURA DEL LIBRO

En virtud de que el libro pretende acercarse a una audiencia muy amplia, contiene temas quizá elementales para algunos lectores, pero que para otros podrían resultar novedosos. Está dirigido tanto a quienes se acercan por primera vez al análisis del proceso presupuestario, como a quienes tienen la responsabilidad de tomar decisiones en la elaboración y la aprobación de la propuesta de gasto del Ejecutivo federal. Por ello el hincapié no es académico, pues de serlo limitaría la audiencia para un tema que es importante difundir: el presupuesto público.

El análisis del presupuesto de egresos de la federación se simplifica si primero se explica el marco conceptual y la terminología utilizada en su formulación. Éste es el objetivo de los capítulos I, II y III. Los lectores ya familiarizados con el lenguaje

---

[7] Los costos de transacción se refieren al uso del tiempo; al costo de tomar decisiones; a la planeación, formulación y diseño de programas; a los arreglos y negociaciones institucionales; a la búsqueda de información para elegir la mejor opción y al diseño de los contratos que formalicen transacciones o conductas. En el siguiente capítulo se abundará acerca de este tema.

presupuestario y que deseen conocer la justificación del inicio de la reforma al proceso presupuestario, pueden remitirse directamente al capítulo IV. En cambio, si sólo se desea conocer las características técnicas de la NEP y el SED, pueden referirse a los capítulos V y VI.

En el primer capítulo se aborda el tema del Estado y su gobierno desde la óptica de la economía institucional; en él se argumenta que las herramientas presupuestarias eficientes son necesarias para mejorar el desempeño gubernamental y para incrementar la confianza de la ciudadanía en las leyes y actividades que el Estado realiza. Esta mayor confianza favorece el desarrollo de los mercados, facilita la solución de los problemas de acción colectiva en una sociedad y reduce los costos de transacción.[8] En el segundo capítulo se examina el gasto público y su importancia para la agenda del desarrollo; se analiza también el uso y la aplicación del gasto federal y se exponen las restricciones presentes y los desafíos futuros de las finanzas públicas. En el tercer capítulo se describe el proceso de formulación del presupuesto federal de egresos; para ello se aborda primero la función del sector público en la vida nacional y el proceso de planeación, programación y presupuesto de los recursos públicos; luego se explica la integración del Proyecto de Presupuesto de Egresos de la Federación (PPEF), su contenido y presentación.

En el cuarto capítulo se examinan las limitaciones del proceso presupuestario y del propio PPEF; en particular, se analizan las desventajas de la estructura programática utilizada antes de 1997, así como los incentivos que generaba en los participantes del proceso y la relación con las limitaciones del presupuesto en lo referente a transparencia, eficiencia y eficacia.

En el quinto capítulo se exponen los objetivos de una reforma al proceso presupuestario mexicano que propone la implantación de una Nueva Estructura Programática (NEP) y del Sistema de Evaluación del Desempeño (SED); en este capítulo, así

---

[8] Por acción colectiva nos referimos a las dificultades que enfrentan los grupos que constituyen una sociedad al momento de acordar quién proporciona los bienes públicos, los cuales facilitan su vida en común. Este tema fue desarrollado por Mancur Olson, *The Logic of Collective Action*, Harvard University Press, Cambridge, Mass., 1965.

como en el siguiente se analizan con detalle también la NEP y el SED, respectivamente: sus características, los beneficios que de ellos se derivan, sus alcances, sus limitaciones y los factores críticos para el éxito de su aplicación.

Por último, se analizan los logros de la reforma presupuestaria y la agenda pendiente que versa sobre los problemas del Estado en materia administrativa: el fortalecimiento del federalismo, la racionalización de la estructura y procedimientos de las burocracias, la creación de un servicio civil profesional y la necesidad de profesionalizar a los órganos de gobierno de entidades y organismos gubernamentales.

Con la introducción de la NEP y el SED se propone una metodología que vincula en la formulación del presupuesto público la planeación, programación, costos y evaluación de los programas y proyectos. Al relacionar las etapas del proceso presupuestario, los costos de transacción ocasionados por la administración de los recursos públicos podrán reducirse, porque esta metodología permite simplificar el proceso: de uno basado en controles centralizados y discrecionales en otro más ágil y transparente, que considera los méritos y los resultados de los proyectos y programas. La reducción de los costos de transacción del gobierno beneficia al país en dos sentidos: los ahorros presupuestarios podrán enfocarse a las áreas prioritarias y el gobierno se deshará de ataduras y lastres, como permisos, autorizaciones y trámites excesivos y tardados, que impiden a los ejecutores desempeñarse adecuadamente. En este sentido, la NEP y el SED establecen las condiciones para facultar y otorgar la autonomía de gestión que requieren los ejecutores para ejercitar con flexibilidad responsable recursos públicos para un mejor desempeño de sus funciones. Así, el Estado puede controlar y orientar mejor sus acciones desde una perspectiva estratégica.

Los incentivos que promueven la NEP y el SED son la transparencia y la rendición de cuentas. Ambos conceptos propician una discusión más amplia e informada del presupuesto, contribuyen a mejorar el cumplimiento de la ley y las actividades del gobierno que se deriven de ello y promueven conductas ejemplares en el quehacer gubernamental como en cualquier organización. De igual manera ayudan a reducir el exceso de controles que hoy existen, muchos de ellos discrecionales y centralizados que, a su vez, son parte importante de los elevados costos de transacción del sector público. La NEP y el SED son los medios para dar transparencia al presupuesto público a fin de fortalecer la confianza de la sociedad en el gobierno. La transparencia es indispensable para que: *a)* el Poder Ejecutivo informe con claridad a la Cámara de Diputados y a la ciudadanía qué pretende hacer la administración pública federal y hacia qué grupo social o región van a enfocarse los esfuerzos gubernamentales: con cuántos recursos, con qué acciones específicas y cuáles son los resultados que se procuran; esto es un elemento importante para mejorar la legitimidad del proceso presupuestario; *b)* la sociedad conozca con precisión lo que aprobaron sus representantes y las consecuencias de esa aprobación en términos de impuestos y contribuciones futuras; esto es clave para mejorar la disposición de la población hacia el apoyo de las leyes y actividades gubernamentales que se derivan de ellos y que el presupuesto hace posible, y *c)* los ejecutores del gasto conozcan anticipadamente su presupuesto, los términos en que fue aprobado, tengan mayor certidumbre para planear su trabajo y con ello puedan mejorar su desempeño. La transparencia es fundamental para acabar con la poco sana costumbre al interior del Ejecutivo federal de ocultar a los ejecutores el monto y los términos en que la Cámara de Diputados les aprueba anualmente su presupuesto.[9]

La transparencia contribuye también a que el Poder Ejecutivo y la Cámara de Diputados sean corresponsables y ambos rindan cuentas claras a la sociedad acerca de los resultados que se alcancen con la aplicación de los recursos públicos: el Poder Ejecutivo en la ejecución de programas y proyectos, y la Cámara de Diputados en la autorización y fiscalización en la aplica

---

[9] La transparencia genera incentivos para cambiar la conducta de la burocracia. Hoy podría considerarse que ésta es indiferente a los resultados que alcanza; su única preocupación es cumplir con los trámites administrativos. Con herramientas como la NEP y el SED que da transparencia al ejercicio del gasto público, se evidenciarán los errores, las negligencias o las omisiones, las cuales podrán conocerse por el Poder Legislativo, los medios de comunicación y la sociedad. La transparencia, aunada a una pluralidad política y a medios de comunicación profesionales y académicos serios, servirán de estímulos para promover mejores conductas.

ción de dichos recursos. La transparencia es finalmente necesaria en la cuantificación y calificación sobre bases objetivas de lo alcanzado por los ejecutores de programas y proyectos gubernamentales, lo que a su vez facilita descartar aquello que no ha funcionado y dignificar al servidor público con una evaluación responsable y clara que reconozca fallas y premie logros.

La aplicación de la NEP y el SED trae consigo una forma distinta de concebir el problema presupuestario fundamental del desarrollo de México: qué debe hacer el gobierno para que los fondos recaudados y el uso de los activos nacionales beneficien a la mayoría de los mexicanos, y para que esa mayoría sea capaz de construir un país más próspero, más equitativo y más homogéneo.

Con la NEP y el SED se dan los primeros pasos para ir más allá del necesario equilibrio del flujo de caja entre ingresos y egresos, estableciendo los cimientos para que las distintas etapas del proceso presupuestario se orienten hacia los resultados. También induce a que la agenda del presidente, expresada en el Plan Nacional de Desarrollo, se exponga en términos presupuestarios; esto es, que tenga asignados recursos para lograr los ofrecimientos que hizo durante su campaña política.

Para avanzar en una reforma presupuestaria seria se requerirá revisar los papeles que desempeña el Estado, ampliar la base de contribuyentes e innovar la forma de asignar, administrar, controlar y evaluar los egresos y activos disponibles para que, con mejores niveles de vida, se recobre la confianza de la población en la capacidad de sus instituciones públicas.

El sector público podrá obtener más recursos de la sociedad sólo si hace bien las tareas que le corresponden. También propiciará el crecimiento de las actividades productivas, condición necesaria para generar fondos suficientes para el desarrollo social sin alterar equilibrios económicos fundamentales.

Sólo con una reforma presupuestaria que cuestione a fondo cada uno de los papeles y la forma como los realiza el gobierno, se formularán soluciones que beneficien de manera sustentable a la sociedad y consoliden al Estado en favor de la nación. El desafío será encontrar una distribución de responsabilidades entre los distintos órdenes de gobierno y particulares que logre mayor equidad y mayor eficiencia productiva.

A la luz de los avances tecnológicos, los cambios en las relaciones internacionales del comercio y la pluralidad política interna, se requiere analizar con objetividad, primero, los casos en los cuales la propiedad del Estado es necesaria en ciertas industrias y servicios y, segundo, crear la regulación y las instituciones para aplicarla. Aquí no se cuestiona bajo ninguna circunstancia la propiedad de la nación sobre sus recursos naturales, en particular los del subsuelo; lo que se propone es analizar la conveniencia nacional de que el gobierno, en nombre del Estado, tenga la propiedad exclusiva de los medios de producción. La sociedad es quien tiene que decidir acerca de la mejor manera de utilizar el patrimonio de la nación por medio de la democracia.

El siguiente paso será evaluar la distribución de responsabilidades del Estado entre los tres órdenes de gobierno y la forma más adecuada de sufragar con impuestos y otras contribuciones las funciones de estos órdenes. Definidas las responsabilidades entre Estado y particulares, y entre los tres órdenes de gobierno, habrá que elaborar un instrumento eficaz para la planeación del gasto y aprovechamiento de los activos, que contemple la situación presente y futura de las finanzas públicas para resolver los problemas nacionales.

Es aquí donde la metodología y los instrumentos propuestos se tornan relevantes, porque servirán para el diseño de la estructura que guíe a los responsables de evaluar las opciones nacionales, estatales y locales. Con ellos, los responsables podrán formular opciones claras en términos de costos y beneficios en el momento de seleccionar estrategias y ejecutar programas y proyectos.

La reforma al proceso presupuestario que aquí se propone se debe entender como un paso dentro de la reforma del Estado, junto con la modernización de la gestión y administración del Ejecutivo federal, así como la de los estados y municipios.

La globalización económica impone al sector privado elevados estándares de eficiencia y productividad para competir en los mercados. De igual manera, la maduración de la vida política mexicana y la consecuente profundización de la democracia, son pasos fundamentales para que el sector público adopte también estándares más altos de transparencia, eficiencia y productividad de la actividad gubernamental y facilite la presentación de informes a los responsables.

La NEP y el SED son instrumentos para lograr un escrutinio más objetivo de nuestras instituciones gubernamentales. Su uso permite llegar a soluciones presupuestarias viables, responsables y sustentables. La NEP y el SED no son infalibles; sin embargo, son instrumentos que tienen el alcance de transparentar el gasto gubernamental, incentivo necesario para lograr esa eficiencia y, de ese modo, ayudan a recobrar la confianza de la población en su gobierno.

I. ALGUNAS REFLEXIONES ACERCA DE LA FUNCIÓN DEL ESTADO MEXICANO EN EL SIGLO XXI

ARTÍCULO 6. La Ley es la expresión de la voluntad general. Todos los ciudadanos tienen el derecho de concurrir a su formación personalmente o por representantes. Debe ser la misma para todos, sea que proteja o sea que castigue. Todos los ciudadanos, siendo iguales a sus ojos, son igualmente admisibles a todas las dignidades, cargos y empleos públicos, según su capacidad, sin otra distinción que la de su virtud o su talento.

ARTÍCULO 12. La garantía de los derechos del hombre y del ciudadano necesita una fuerza pública; esta fuerza es, por tanto, instituida en beneficio de todos y no para la utilidad particular de aquellos a quienes es confiada.

ARTÍCULO 13. Para el mantenimiento de la fuerza y para los gastos de la administración es indispensable una contribución común, que debe ser repartida entre todos los ciudadanos en razón de sus medios.

ARTÍCULO 14. Todos los ciudadanos tienen el derecho de comprobar, por sí mismos o mediante sus representantes, la necesidad de la contribución pública, de consentirla libremente, seguir su empleo y determinar la cualidad, la cuota, el método de cobro y la duración.

ARTÍCULO 15. La sociedad tiene derecho para pedir cuenta de su administración a todos los empleados públicos.

ARTÍCULO 16. Toda sociedad en la cual la garantía de los derechos no está asegurada ni determinada la separación de los poderes, carece de la Constitución.

Declaración de los derechos
del hombre y del ciudadano, 1789

No SE PUEDE HABLAR del presupuesto público sin antes reflexionar acerca del Estado y del papel del gobierno en la vida de un país.[1] El presupuesto público es uno de los instrumentos al alcance del gobierno para conducir al Estado hacia sus fines. Por el monto de recursos que implica el presupuesto gubernamental y el efecto de su aplicación en el desarrollo de la sociedad, es pertinente discutir una propuesta de reforma a la *institución presupuestaria* que, al tiempo de satisfacer las necesidades de transparencia, genere confianza y certidumbre en el manejo del gobierno.

El Estado manifiesta su participación en la economía a través de funciones exclusivas que le confiere al gobierno y por los activos que éste administra. Como administrador y promotor de políticas públicas, su objetivo es ampliar el potencial productivo de una Nación[2] e influir en la distribución de los flujos de ingreso y de la riqueza. A estos fines, el gobierno contribuye con varias tareas: procura el Estado de derecho; protege el ejercicio de los derechos de propiedad y de intercambio; promueve la educación y la formación de la población; reduce el oportunismo y la depredación tanto de la vida social e institucional como la del medio ambiente; impulsa la construcción de infraestructura básica para la prestación de servicios públicos y la producción de bienes estratégicos;[3] reduce efectos negativos,[4] y realiza actividades de regulación y fomento.

---

[1] Es común utilizar ambos términos como sinónimos. En este libro, Estado es la organización política, social y económica de una sociedad, que es autónoma y soberana dentro de un área geográfica y que cuenta con instancias de gobierno que desempeñan funciones conferidas por la misma sociedad. Desde esta perspectiva, el gobierno forma parte del Estado, de ninguna manera *es* el Estado.

[2] El potencial productivo se refiere a la frontera de posibilidades de producción (*fpp*), la cual muestra las cantidades máximas posible de bienes y servicios que pueden producirse en un determinado momento con la tecnología, los recursos naturales y los factores de la producción existentes.

[3] La Constitución Política de los Estados Unidos Mexicanos define lo "estratégico" como aquellas actividades productivas que únicamente pueden estar en manos del Estado.

[4] Se da el nombre de "externalidad" al efecto que produce un ente a otro, mismo que no considera el mercado. Algunas externalidades son nocivas, como la contaminación que produce la industria, la basura, la deshonestidad en la publicidad y el ruido; otras son benéficas, como la generación de vapor en un proceso productivo que sirve para aprovecharlo y usarlo en la generación de electricidad (cogeneración). El gobierno, por medio de la regulación, pue-

Para lograr lo anterior, el Estado requiere de un presupuesto de ingresos y egresos que refleje las prioridades de la sociedad y la relación entre la organización del aparato gubernamental con las contribuciones fiscales y la asignación de los fondos públicos.

El presupuesto público, más que rubros con números, es una *institución* por el conjunto de reglas y procedimientos que lo constituyen para recaudar y administrar recursos provenientes de la sociedad.[5] En su elaboración, aprobación y ejecución interactúan distintos actores sociales que, para llegar a un consenso, requieren necesariamente de reglas y procedimientos acordados en un marco jurídico. A este conjunto de disposiciones normativas se le denomina *proceso presupuestario* y tiene el propósito de fijar límites a la conducta y a los intereses de los participantes. Examinar el presupuesto desde la perspectiva de una institución lo torna interesante como objeto de estudio. Desde este punto de vista, su análisis permite hacer propuestas sobre cómo diseñar instrumentos, reglas y procedimientos del proceso presupuestario que contengan incentivos para mejorar la asignación y la administración del dinero de los contribuyentes así como el desempeño gubernamental.

Los incentivos se derivan fundamentalmente de aplicar las leyes en entornos caracterizados por una cultura organizacional, una actitud determinada al trabajo y a la productividad por parte de las personas y por una restricción presupuestaria definida sobre todo por la capacidad de pago de los contribuyentes. La aplicación de la ley y el ejercicio del presupuesto público son actividades íntimamente relacionadas: la formulación de las leyes y la ejecución de actividades para que éstas se observen requieren financiarse, y para ejercer de manera productiva el presupuesto se requiere de reglas claras. Sin recursos no pueden lograrse los resultados pretendidos con ellas y, sin reglas, la aplicación de los fondos públicos podría derivar en asignaciones caprichosas y ajenas a la voluntad de la sociedad. Una de las finalidades

de fijar una sanción a quienes producen efectos negativos y premiar los que producen beneficios a otros.

[5] El término *institución* se utiliza aquí como conjunto de reglas; esto es, normas que regulan, dirigen y condicionan la conducta individual en una sociedad.

del presupuesto público es reflejar ese costo de aplicar leyes para alcanzar propósitos del interés público. Tener reglas que regulen la vida social cuesta, pero sus beneficios son superiores a las pérdidas que le ocasiona a la sociedad la ausencia del Estado de derecho.

El cumplimiento y el respeto a la ley permite a las sociedades vivir en paz y desarrollarse. El desafío de las organizaciones sociales es lograr de manera generalizada un cumplimiento voluntario del marco jurídico. Esto se da cuando la población confía en que las instituciones públicas harán cumplir la ley. En la medida que la sociedad considere que la procuración y la impartición de la justicia y las demás funciones que se le encomiendan al gobierno son eficaces, los costos por concepto de coerción tienden a disminuir; de ahí que la confianza crea ambientes de convivencia que requieren menos instrumentos de control y vigilancia; en consecuencia, las estructuras administrativas gubernamentales son más pequeñas y sencillas.[6] Lo anterior se refleja parcialmente en el presupuesto público y, en el costo de vivir y de emprender actividades productivas en un país.

En la medida que el gobierno cumple satisfactoriamente con lo encomendado, el Estado se fortalece. Sin embargo, las reglas mal diseñadas crean privilegios y no exentan al Estado de amenazas que lo desvían de su fin último: el desarrollo del potencial de cada habitante. Disminuir las amenazas es encomienda que tiene el gobierno para salvaguardar al Estado. Por medio de múltiples actividades los gobiernos pueden prevenirlas, lo que representa un costo que la sociedad decide si sufraga. En consecuencia, es necesario reflejar explícitamente dicho costo en el presupuesto público.

La transparencia es fundamental para generar confianza en el gobierno; un primer paso para alcanzarla es teniendo acceso a la información con la cual se puede conocer el costo de las

---

[6] Resultados insuficientes y el incumplimiento de promesas generan más controles por parte de la sociedad y de las mismas autoridades para de evitar negligencias, abusos e incompetencia. Sin embargo, mayores controles reducen la flexibilidad operativa de los ejecutores, lo que dificulta la toma de decisiones, y no necesariamente mejoran resultados ni atienden las causas que dieron origen a los errores y abusos. Así se inicia un círculo vicioso de más controles y menos efectividad gubernamental. Todo esto eleva el costo de las instituciones gubernamentales, costo que tendrán que pagar los contribuyentes.

actividades gubernamentales y después evaluar su cumplimiento y efectividad. El conocimiento del proceso presupuestario también es necesario: las reglas y los procedimientos que lo integran y los incentivos que ambos generan. La transparencia permite sujetar el proceso presupuestario al escrutinio público, para evitar que el mandato social fracase.[7] Para profundizar más en la relación Estado y presupuesto, a continuación se abunda acerca de los factores generadores del gasto público: la necesidad de un Estado; la importancia del gobierno y las instituciones en la determinación de los costos de transacción, y las amenazas que afectan la equidad, el desarrollo y el costo de vivir en un Estado. Este examen pone en contexto la relevancia de una reforma presupuestaria orientada hacia una mayor eficacia y productividad del gasto, componentes esenciales en la recuperación de la confianza en el gobierno.[8]

1. LA NECESIDAD DE ESTADO

El Estado, como forma de organización del poder, se instituye para lograr cuatro objetivos sociales fundamentales: orden, justicia, equidad y libertad, ingredientes indispensables en la conformación de un ambiente propicio para las actividades individuales y colectivas. Cuando existen las garantías básicas de libertad e igualdad ante la ley, se asegura a la población un acceso equitativo a oportunidades de movilidad social basado en el esfuerzo y el mérito individual. En particular, cuando se garantiza la integridad física y se protege el patrimonio de las personas, se dispone de condiciones que generan confianza en el Estado.

Como institución social, el Estado es una de las más complejas inventadas por el ser humano para organizarse; facilita o inhibe el surgimiento de otras instituciones. La formulación de leyes, la creación de instancias administrativas públicas que aseguren su observancia y la contratación y retención de perso-

---

[7] Las etapas del proceso presupuestario consideradas aquí son planeación, programación, presupuesto, ejercicio, evaluación y auditoría.

[8] Se usa la palabra *eficacia* en el sentido de alcanzar resultados que afecten favorablemente a la sociedad.

nas que dirijan y manejen los recursos de esas organizaciones, es esencial para la conformación de instituciones.

El Estado surge como una necesidad de las sociedades que deciden constituirlo para encauzar los esfuerzos individuales hacia la obtención de beneficios comunes que sólo colectivamente es posible alcanzar. Por esta razón, el desarrollo de cualquier sociedad es, por naturaleza, una tarea en la que son corresponsables todos sus miembros. No existe país que no haya recurrido a la organización de un Estado para sustentarse.

El Estado surge de la nación o del pueblo como la institución suprema que se organiza de manera soberana en un territorio determinado, con un régimen jurídico específico, con independencia y autodeterminación, con órganos de gobierno y de administración en diferentes niveles de competencia; dichos órganos pretenden la consecución de los objetivos determinados en una Constitución, y para cumplirlos, actúan en nombre del Estado.

Desde una perspectiva económica, el Estado desempeña un papel fundamental en la formación de la institución conocida como *mercado formal* al asegurar: *a)* el cumplimiento de los contratos; *b)* el respeto de los derechos de propiedad, y *c)* la observancia de la ley. Estas actividades son responsabilidad exclusiva del gobierno. A este respecto, Douglass C. North, Premio Nobel de Economía por sus contribuciones al llamado nuevo institucionalismo económico,[9] señala como una de las principales causas del subdesarrollo económico la falta de cumplimiento de los contratos y de la ley.[10]

---

[9] Es una corriente de pensamiento dentro de la teoría económica que otorga a las instituciones, entendidas como reglas que regulan la conducta, una función central en el estudio del intercambio económico. Las instituciones pueden tener un carácter formal, como las normas jurídicas, o informal, como los valores, las actitudes y la cultura de un país. Desde esta perspectiva, lo importante es evaluar cómo las instituciones facilitan u obstaculizan las transacciones, base del intercambio económico. Para una visión de conjunto de este enfoque pueden consultarse, entre otros, Douglass C. North, *Instituciones, cambio institucional y desempeño económico*, Fondo de Cultura Económica, México, 1990; José Ayala, *Instituciones y economía*, FCE, México, 1999; Thrainn Eggerstson, *Economic Behavior and Institutions*, Cambridge University Press, 1989, y Geoffrey Hodgson, *Economics and Institutions*, Wheatsheaf, Londres, 1988.

[10] Véase Douglass C. North, *op. cit.*

Para que el Estado cumpla estas tareas requiere de reglas, consideradas legítimas por los ciudadanos y nacidas de un proceso aceptado por mayoría para orientar la suma de voluntades individuales hacia un beneficio colectivo. El respeto a las reglas sólo se logra si hay confianza en la autoridad que las hace cumplir. La confianza es un insumo básico para la cooperación entre individuos y para que éstos tengan motivos de contribuir al sostenimiento de las instituciones públicas.

La confianza de los ciudadanos en la capacidad del gobierno para cumplir con los objetivos encomendados es la base sobre la que se apoya cualquier sistema económico y social. Reglas de juego claramente definidas, con entidades para hacer que ellas se cumplan, establecen las bases económicas para la producción, el crecimiento y las innovaciones tecnológicas. La exigencia de un mejor nivel de vida, la búsqueda de justicia y el cambio tecnológico impulsan a las sociedades a revisar continuamente las funciones del gobierno y su papel en la economía. Esto conlleva nuevas formas de organización que pretenden mejorar el nivel de vida de los habitantes. En los países en desarrollo la revisión del desempeño del gobierno de un Estado tiene un imperativo adicional: promover el crecimiento económico, el cual al mismo tiempo reduce tanto las desigualdades sociales como las regionales.

Del individuo al Estado

En su lucha por la libertad cultural, religiosa y económica, el hombre busca incrementar sus capacidades y potencialidades. A lo anterior Amartya Sen, Premio Nobel de Economía, agregaría que la libertad es fin y medio del desarrollo económico.[11] Sin embargo, el ejercicio de esa libertad requiere de instituciones efectivas, esto es, reglas y organizaciones, que garanticen su aplicación justa y aseguren una convivencia pacífica entre sus miembros.[12]

---

[11] Amartya Sen, *Development as Freedom*, A. A. Knopf, Nueva York, 1999.
[12] Esto corresponde a la definición de institución de Douglass C. North, *op. cit.*: "son las limitaciones ideadas por el ser humano que dan forma a la interacción de las personas".

El Estado le da cauce al poder de la sociedad para, al ejercerlo, fortalecer y potenciar al individuo dentro de la colectividad. Al hacerlo así, reconoce que un ser humano aislado logra menos que interactuando en sociedad, y que la interacción individual sólo se logra en la colectividad mediante el respeto a los derechos de los demás. El Estado se justifica en la medida que vela por la dignidad de las personas, entendida como el reconocimiento de la importancia de la libertad individual para tomar decisiones, así como para crecer y desarrollarse en una colectividad regida por un marco jurídico. Por esta razón, en la concepción liberal el mandato que tiene el gobierno es garantizar el ejercicio de los derechos del individuo que salvaguarden esa libertad.

La naturaleza social del individuo requiere de la interacción social para su desarrollo; pero las relaciones humanas conducen inevitablemente a fricciones. El ser humano, ávido de conocimientos para comprender el mundo, crea constantemente condiciones adecuadas para desarrollarse física e intelectualmente, aunque en ocasiones lo haga a costa de otros. John Stuart Mill explica que esos conflictos surgen por el impulso natural que todo ser humano tiene de satisfacer los objetivos de su deseo, siguiendo el camino más fácil: quitarle al más débil.[13] De esta reflexión concluye que el papel fundamental del Estado es proteger los derechos de propiedad.

Para vivir en paz, la convivencia humana necesita de un *orden* que se considere formalmente superior a los individuos. Un orden, por supuesto, no arbitrario, formado por un conjunto de reglas que definan derechos y obligaciones que normen la conducta social, para el cual se constituye el gobierno con la consigna específica de velar y aplicar ese orden.

Erich Kahler explica los orígenes de esa relación entre el ser humano y el *orden*. En un principio el "orden superior", que regulaba la conducta social, fue considerado de naturaleza divina y controlado por una élite.[14] Pero conforme la civilización fue evolucionando la concepción del orden superior también cambió: pasó de la discrecionalidad absoluta de los *elegidos*, *intérpretes* o *iluminados* al establecimiento de reglas conocidas y

---

[13] John Stuart Mill, *Government*, artículo aportado a la Enciclopedia Británica para los suplementos de la cuarta, quinta y sexta ediciones de 1815-1824.
[14] Erich Kahler, *Historia universal del hombre*, FCE, México, 1996.

la constitución

aceptadas por todos.[15] La ley suprema es la que da origen al Estado como una instancia superior al individuo. Su aplicación exige una determinada privación de la libertad individual en aras de la observancia de las reglas de convivencia social. Durante la evolución del concepto de Estado en el siglo XX, se convierte no sólo en el medio para preservar el orden y los derechos de propiedad, sino también en la instancia para procurar equidad entre los individuos al ofrecer iguales oportunidades de desarrollo, ingrediente esencial para la cohesión de la sociedad. En los Estados democráticos impera la búsqueda continua por conciliar el interés colectivo con el interés individual.[16]

Si bien la vida social restringe la libertad individual, a cambio cada individuo obtiene los beneficios de la sinergia que logre darse en la colectividad. El arte, la ciencia, la cultura, así como las actividades que procuran el sustento cotidiano, sólo pueden desarrollarse de manera apropiada mediante la asociación y cooperación de las personas interesadas en objetivos de interés general.

Es fundamental también reconocer que la tecnología, la dotación de recursos naturales y el capital creado por el trabajo inteligente, hacen posible superar las restricciones al quehacer humano, tanto en el ámbito individual como en el colectivo. Un individuo sin capital humano, valores, vida cultural y espiritual, sin recursos materiales, ni acceso a las tecnologías de punta, poco puede aportar a la economía de la colectividad y a la suya propia.[17]

---

[15] Esta evolución se representa de manera abstracta con el cambio de modelo de "arriba-abajo" (*top down*) al de "abajo-arriba" (*bottom up*). En el primero, un ser divino designa al monopolista del ejercicio del poder, y éste lo aplica al pueblo. En el segundo, el pueblo, ejerciendo su soberanía, constituye el Estado y designa a sus representantes para ejercer el monopolio del poder.

[16] En los extremos de esta discusión acerca de la libertad humana están el individuo que se aísla y el Estado totalitario. En el primer caso se encuentra el ermitaño que vive para sus propios objetivos y de acuerdo con sus propias reglas sin afectar a otros. En el segundo, los individuos se ven forzados a acatar las reglas del gobierno aún a costa de su dignidad y hasta de su vida.

[17] En este contexto, el gobierno de un Estado moderno tiene un claro objetivo: crear las condiciones y circunstancias adecuadas para que todas las personas dispongan de las oportunidades que les permitan un desarrollo personal pleno. Sin estas condiciones, la convivencia pacífica no podrá darse y la viabilidad misma del Estado estará en peligro.

Estado propietario vs. Estado promotor y regulador

El debate acerca de la participación del Estado en la economía por medio del gobierno ha sido y será un tema permanente. Algunos aún sostienen que la propiedad gubernamental exclusiva de medios de producción es estratégica para dar fortaleza y rectoría al Estado.[18] Otros, por el contrario, argumentan que los mercados formales, sujetos a reglas claras que se aplican imparcialmente, son el mejor medio para elevar los niveles de bienestar. Se considera que los mercados formales crean condiciones para la competencia en las actividades productivas, impulsar el cambio tecnológico, atraer capitales que de otro modo tendrían que obtenerse de los contribuyentes, y mejorar la calidad y el precio de los bienes o servicios.

Un Estado es fuerte si el gobierno es capaz de lograr el *Estado de derecho* y si propicia un ambiente que eleve de manera sustentable el nivel de vida de los habitantes. Aquí radica la esencia de su rectoría. Un marco regulatorio bien diseñado y su efectiva aplicación orientan la conducta de individuos y empresas hacia los objetivos propuestos. El tamaño del aparato gubernamental y el número de industrias en propiedad gubernamental no tienen relación ni con la fortaleza ni con la rectoría del Estado.[19]

La experiencia ha demostrado que cuando el Estado suplanta e impide la propiedad privada de medios de producción se distrae de su fin último. La hipertrofia del gobierno, al aumentar su intervención como único participante en algunas ramas productivas, elimina contrapesos y aumenta riesgos. Además, confunde al resto de los participantes en el mercado al ejercer el papel de propietario e incurre en un conflicto de interés: es casi imposible conciliar los papeles de autoridad y participante en un mismo mercado. Ese conflicto de interés, aunado al au-

---

[18] Véase nota 3, p. 28.

[19] En México generalmente se mezclan los significados de "propiedad de los recursos naturales" con el de "propiedad de los medios de producción" para aprovechar esos recursos. Una forma de maximizar beneficios en favor de la población es que la *propiedad* de los recursos naturales, en especial los del subsuelo, sea de la nación, dejando a la sociedad escoger las opciones de "propiedad de los medios de producción" más adecuadas de retribuirla por el uso y explotación de sus riquezas naturales.

mento de los riesgos de un quebranto, constituyen una amenaza a la viabilidad del Estado.

Los protagonistas del Estado moderno

Ferdinand Lasalle definió como factores reales del poder en una sociedad, a las "fuerzas activas y eficaces" que influyen en todas las leyes promulgadas de un país. En una democracia, la toma de decisiones es afectada por estos factores de poder que, al perseguir su propio interés, pueden fortalecerla o debilitarla. Entre estos factores los más importantes son la burocracia, que ejecuta los planes y acciones de gobierno; la clase política, que organizada en partidos pretende atraer el mayor número posible de votantes; las iglesias, que satisfacen las necesidades religiosas de sus fieles e inciden indirectamente en la conducta social; los artistas, intelectuales y creadores, que promueven sus ideas políticas o estéticas; los medios de comunicación, formadores de opinión pública por medio de artículos o programas radiofónicos o televisivos; los empresarios, cuyo objetivo es ganar presencia en los mercados de bienes y servicios; los sindicatos, que luchan por conquistar mayores condiciones y prestaciones laborales; los profesionales independientes, que brindan a la sociedad sus conocimientos y cubren necesidades sociales; los estudiantes, que mientras adquieren los elementos que les ayudarán a incorporarse a la vida productiva, son a la vez una fuerza política que demanda espacios de participación; los maestros, que, a todos los niveles, son simultáneamente desarrolladores de capacidades y habilidades, transmisores de la cultura y ejemplos a seguir, y las organizaciones ciudadanas, que representan causas específicas de la población.

Para lograr la cooperación de los actores y evitar conductas contrarias a la sociedad y a la vida del Estado, el gobierno tiene el desafío de consensuar intereses hacia los propósitos nacionales. Y ello lo hace mediante la regulación y la observancia del marco legal con imparcialidad, del reconocimiento de los derechos de las personas y de la aplicación acertada de políticas públicas. Con estas medidas los protagonistas tendrán que mostrar sus intenciones, pues sólo si hay transparencia en sus intereses y en la fuente y el destino de los recursos con los que costean su activismo, la sociedad les podrá dar una ponderación justa en la vida del Estado.

2. LAS AMENAZAS AL ESTADO

El gobierno requiere de condiciones específicas para ser capaz de impulsar buenas leyes, de formular programas útiles y de realizar actividades que fortalezcan un Estado de derecho, para promover las actividades económicas. El Estado ha demostrado ser una organización conveniente para procurar a los miembros de una sociedad mejores niveles de vida; sin embargo, no está exento de amenazas que lo desvían de este objetivo.

Las amenazas provienen de la ausencia de instituciones o de su debilitamiento provocado por grupos sociales, protagonistas en la vida de cualquier Estado moderno. Los gobiernos tienen el mandato de evitarlas y, para ello, necesitan de una asignación adecuada de recursos, reflejada en el presupuesto público. A mayores amenazas más fondos se tienen que encauzar para la defensa del Estado a costa de las actividades que benefician directamente a la población. Esto demanda a la sociedad consensos acerca de prioridades para que la aplicación de los fondos públicos evite daños y haga realidad el bienestar social.[20]

Entre las amenazas más importantes se encuentran los monopolios, la ausencia de contrapesos, los procesos de selección deficientes, la impunidad, las consecuencias de malas políticas, la irresponsabilidad fiscal y monetaria, la depredación y la irresponsabilidad social, la marginación y la pobreza, y la ignorancia.

---

[20] En este libro se proponen dos instrumentos que facilitarán el análisis de las prioridades de los distintos actores de la sociedad y la efectividad con la que éstas se atienden: la Nueva Estructura Programática (NEP) y el Sistema de Evaluación del Desempeño (SED). Éstos son herramientas para mostrar con mayor transparencia la asignación del gasto con la cual los representantes sociales podrán inducir una mayor eficiencia y eficacia gubernamental. Ambas, una mejor asignación y una operación eficiente y eficaz del gobierno, son las que previenen las amenazas.

Monopolios

Un Estado monopolista de bienes y servicios provoca alteraciones en el funcionamiento de la economía, y en consecuencia, mayores costos a la sociedad: primero, al desempeñar el gobierno los papeles de propietario de los medios de producción, de regulador y de operador, llega a generar conflictos de interés. Segundo, sobreinvierte en lo que no es prioritario para los usuarios sino para el monopolio; así, los ciudadanos terminan pagando más por algo que podría haber costado menos. Tercero, en situaciones de déficit fiscal, se recurre a las entidades monopólicas para generar superávit en las finanzas públicas mediante menores inversiones y mayores impuestos que elevan los precios y tarifas; el monopolio incrementa y concentra riesgos fiscales; si no hay monopolios, los errores de una mala administración sólo afectan a quienes voluntariamente reciben el servicio o el bien de quien los comete; por lo contrario, la existencia del monopolio, en particular en bienes y servicios de uso local y regional no susceptibles de conseguirse en otros lugares, obliga al gobierno a rescatarlo, pues no hay otra instancia que proporcione esos bienes o servicios. Cuarto, el monopolio, arbitrariamente o con base en una racionalidad propia, disminuirá las inversiones útiles para producir menos bienes y servicios, y así elevar el precio por encima del que hubiera determinado un mercado competitivo formal; así, un Estado propietario exclusivo de industrias no es garantía de que la población vivirá mejor ni le puede asegurar a largo plazo un bienestar sostenido; lo peor es que los monopolios tienden a crear más monopolios; es decir, procuran mantener esa condición, perjudicando así la economía de un Estado.[21]

El poder que acumulan los monopolios proviene de dos fuentes: la *exclusividad* y la *información privilegiada*. La *exclusividad* limita la entrada de inversiones mediante nuevos participantes

---

[21] Los monopolios acumulan poder para fortalecer su posición; para simular eficiencia ante la autoridad que los regula, reducen costos de transacción minimizando el número de proveedores. Por el escaso margen para negociar de que dispone frente al monopolio, el proveedor pequeño se ve obligado a ceder su operación en favor de un proveedor mayor, a fusionarse con otros, o a cerrar su negocio. Así el monopolio, al crear una red de proveedores exclusivos, fortalece su poder en el mercado.

e impide que se produzcan bienes o servicios menos costosos con tecnologías más avanzadas; además, conlleva riesgos para la sociedad. La información de sus actividades, por definición, sólo la tienen los monopolios; por esto siempre darán a conocer a las autoridades que buscan regularlos sólo lo que más les interese en el tiempo y la forma que más les convenga.

La presencia de un monopolio desaparece las opciones de elección a los ciudadanos, usuarios o clientes. En el ámbito político esto ha conducido a que el monopolio de la fuerza legítima se atenúe con el ejercicio de la democracia y la división de poderes para crear contrapesos necesarios; en el ámbito económico, a contar con una autoridad sólida con facultades para supervisar y aplicar una regulación que equilibre los intereses entre usuarios y productores.

En los últimos años, se ha hecho un esfuerzo en el mundo para acotar el poder de los monopolios por medio de regulaciones más efectivas. Por eso es necesario mantener al mínimo indispensable el número de monopolios que existen en un Estado, y éstos sólo concentrarlos para los objetivos que única y exclusivamente competen a determinadas funciones gubernamentales, como legislar, procurar e impartir justicia, ofrecer seguridad pública, otorgar medios de pago, así como diseñar y establecer políticas públicas.[22] Para otro tipo de monopolios, plenamente justificados, se requiere regular sus planes, programas y proyectos por medio de leyes y reglamentos que representen un contrapeso real que limite los alcances de su acción.

Los monopolios pueden convertirse en un riesgo para la viabilidad misma del Estado cuando centralizan algunas funciones de manera exclusiva. Por eso, dividir el monopolio del poder es una manera de controlarlo. De ello surge la necesidad de definir los ámbitos de competencia del "monopolio de la fuerza legal" entre los distintos órdenes de gobierno. Mediante los dis-

[22] La Constitución Política de los Estados Unidos Mexicanos, en su artículo 28, prohíbe explícitamente los monopolios: "En los Estados Unidos Mexicanos quedan prohibidos los monopolios, las prácticas monopólicas, los estancos y las exenciones de impuestos en los términos y condiciones que fijan las leyes" (primer párrafo) [...] "y, en general, todo lo que constituya una ventaja exclusiva indebida a favor de una o varias personas determinadas y con perjuicio del público en general o de alguna clase social" (párrafo segundo).

tintos órdenes (federal, estatal y municipal),[23] la sociedad puede estar más cerca de la autoridad competente en las actividades del quehacer diario, con la posibilidad de reclamar de manera más expedita sus derechos y de exigirle cuentas, si fuera el caso. La división del poder colectivo es la solución también al problema de la ausencia de contrapesos y evita concentrar en un solo lugar el poder público.

Ausencia de contrapesos

Las sociedades, conscientes de que el Estado entrega al gobierno la administración del monopolio del poder legal colectivo, buscan continuamente la mejor manera de controlar esa exclusividad en el ejercicio del poder. Para ello se han creado contrapesos internos y externos a los órganos de poder, para evitar abusos y conflictos. Recordemos que, como dice Madison, se necesita un Estado para asegurar la paz social y hacer respetar la propiedad y los contratos. Sin embargo, un Estado con su poder puede también violarlos arbitrariamente, por lo que la única manera de controlarlo es por medio de otro poder.

La paradoja de este arreglo es que no debilita el poder de la sociedad, sino que, más bien, al abrir una mayor cantidad de vías mediante las cuales se puede ejercer, lo incrementa. La existencia de varios poderes y de un esquema de pesos y contrapesos efectivo puede asegurar que la administración pública tenga los incentivos para explicar las razones y méritos de las políticas que propone (por ejemplo, en el presupuesto público), y así cumpla mejor con las funciones y deberes que le son encomendados.

Un esquema similar de contrapesos ocurre al interior de la administración pública. La existencia de varias entidades o dependencias con competencias complementarias y operando como contrapesos la una de la otra, puede contribuir a evaluar distintas alternativas para cada opción de política y, mediante la competencia entre ellas, elegir la más adecuada. Así, por ejem-

---

[23] En otros países consideran también a la ciudad y comunidad como nivel de gobierno diferente al municipal.

plo, mientras existió la Secretaría de Programación y Presupuesto, ésta cumplió un papel de contrapeso frente a la Secretaría de Hacienda y Crédito Público, proponiendo opciones a las medidas y políticas que esta última planteaba. Aunque esto tornaba lenta la toma de decisiones al interior de la administración pública centralizada, también aseguraba que la información que el presidente recibía estuviera más depurada y fuera de mayor calidad, y que los méritos y defectos de las distintas opciones planteadas se discutieran exhaustivamente, favoreciendo la elección de la mejor opción. De hecho, durante la primera parte de la administración 1988-1994 en el que estas secretarías funcionaron, se mantuvo un severo control sobre el déficit fiscal, el cual se debe, sin duda, a ese arreglo institucional que llegó a darse en la administración pública federal.

La participación ordenada y constructiva de la sociedad es el mejor contrapeso para las instituciones gubernamentales; y una de las formas más efectivas de evitar la concentración de poder es la transparencia y la rendición de cuentas. Pero esto sólo puede ocurrir en la medida en que la misma sociedad tenga acceso a la información acerca de lo que hacen las distintas instancias de gobierno del Estado y cuando existan los medios para llamar a cuentas.

Procesos de selección deficientes

Uno de los contrapesos que evita la discrecionalidad de quienes administran el poder público es la elaboración de procesos de selección transparentes para los cuadros que lo conforman. El Estado moderno requiere de un proceso de selección y de acceso a posiciones de dirección adecuados, tanto en las instituciones públicas como en las privadas. Una verdadera cultura del mérito y del reconocimiento al esfuerzo individual atrae y retiene a los mejores hombres y mujeres en la conducción de dichas instituciones.

Los Estados se acercan a este ideal cuando se da transparencia a los mecanismos de ascenso a posiciones de poder dentro del gobierno y a los puestos de dirección en las empresas públicas y privadas. Estos mecanismos tienen que estar diseñados de manera que se pueda reconocer el mérito de las personas con base en el establecimiento de características y perfiles objetivos y verificables. Los procesos de selección que se basan en el mérito fortalecen la democracia, del mismo modo que la debilita la presencia del favoritismo. Evidencia de que los procesos de selección están fallando en muchas partes del mundo es que en las últimas décadas las sociedades han ido perdiendo la confianza en las instituciones gubernamentales del Estado. En distintos países, la población ha reducido su confianza tanto en los políticos como en quienes participan en la administración y la legislación, pues siente que el interés público no ha sido debidamente cuidado.[24]

La tendencia mundial es incorporar mejores formas de participación política de los ciudadanos, al tiempo que se mejoran los procesos de selección y se crean condiciones que aseguren el cumplimiento del mandato social por parte de los políticos. Esto es fundamental para recobrar la confianza en el Estado que, sin duda, será el principal desafío que enfrentarán las instituciones públicas en el siglo XXI. Sólo si los ciudadanos recobran la confianza en sus gobiernos, el orden social y económico prevalecerá en el largo plazo.

La impunidad

Cuando falla la transparencia en los sistemas de evaluación y rendición de cuentas, la población disminuye la confianza en sus instituciones y cumple con ellas cada vez menos. Esto incluye tanto a las leyes como a los contratos que los individuos celebran entre sí. Si en la relación de los individuos entre sí y con el Estado no se satisfacen los contratos y las leyes no se observan, aparece la impunidad, que rompe el orden y acaba con los derechos individuales y colectivos. Entonces la expan-

---

[24] R. Putnam, S. Pharr y R. Dalton, *What is troubling in the trilateral democracies?*, citados en *The Economist*, 17 de julio de 1999, dicen que en los Estados Unidos, país que se considera que tiene una de las democracias más perfeccionadas, casi 66% de los habitantes piensa que los representantes populares no se interesan por sus problemas; cabe señalar que en la década de los sesenta ese porcentaje era de 33 por ciento.

sión de los mercados se verá afectada y se recurrirá a *sustitutos* que nunca serán óptimos.[25] Será el inicio de un círculo vicioso que implicará mayores costos y con ellos sus consecuencias: precios más altos, que finalmente pagan los consumidores, y evasión de impuestos, con la correspondiente mengua de ingresos fiscales.

Cuando las instancias encargadas dejan de funcionar y ya no son eficaces, se rompe también la cohesión de la sociedad y ésta, para protegerse, recurre a maniobras que rebasan la autoridad. Es así como se quebranta el Estado de derecho, se desvía al Estado de sus objetivos, y se pierde la confianza en las autoridades; por el vacío que crea la ausencia de coacción.[26] La desconfianza incrementa el costo de vivir en sociedad. Desde el punto de vista económico, el país pierde competitividad frente a otros donde el Estado de derecho es observado estrictamente.

La manera más efectiva de combatir la impunidad es aplicar reglas claras y sin excepciones. En el caso del gobierno, si éste informa con claridad acerca del destino de los fondos públicos y los resultados obtenidos, coloca las bases para que los responsables de asignar y ejercer esos recursos no tengan incentivos que favorezcan actitudes ilícitas, sino que, convencidos de que reditúa mejor el cumplir con la ley que el transgredirla, rindan bien sus cuentas.

Las consecuencias de malas políticas

Del mismo modo, como Estado y mercado son dos caras de la misma moneda, instituciones y políticas públicas son inseparables. Así, cuando el Estado, por las razones que sean, aplica políticas erróneas, termina por socavar las instituciones.

---

[25] Así, por ejemplo, las empresas y los individuos contratarán sólo entre conocidos, ya que ello incrementa las posibilidades de asegurar el cumplimiento de lo pactado. En el proceso ignoran a otros competidores que pudieran hacer mejores ofertas, pero que son desconocidos. O pueden integrarse verticalmente, para conseguir al interior de su empresa lo que de otra manera habrían podido conseguir por medio del mercado.

[26] Cuando no existe confianza en el gobierno, los ciudadanos destinan recursos crecientes a actividades que originalmente corresponden a las instituciones gubernamentales. Por ejemplo, la falta de confianza en las autoridades

Una política pública que admite monopolios sin oponerles contrapesos efectivos, cuya selección del personal es defectuosa y su procuración e impartición de justicia no persigue y castiga eficazmente el delito, acarreará al Estado secuelas costosas. Por ejemplo, el descuido en el manejo financiero de los monopolios puede resultar en un aumento en la deuda pública.[27] Lo mismo ocurrirá si el gobierno es irresponsable en su política monetaria o en el manejo de las finanzas públicas. Un déficit fiscal sin control, al tratar de reducirlo, provocará una recesión en el corto plazo, y una política fiscal irresponsable provocará inflación. Ambas situaciones siempre afectan más a quienes menos tienen e incrementan la pobreza. Esto, a su vez, torna al Estado menos capaz de crear un marco institucional sólido, equitativo y justo, lo que aumenta la desigualdad en la sociedad. La ausencia de contrapesos y de mecanismos de selección eficientes hace más vulnerable a los Estados; la impunidad favorece a que autoridades y particulares dejen de respetar la ley.

La irresponsabilidad fiscal y monetaria

El gobierno tiene el monopolio sobre varios instrumentos que inciden en el comportamiento de la economía del Estado. Si aplica políticas expansivas del gasto público que se financian con deuda o con emisión monetaria, entonces la inestabilidad de las variables económicas será inevitable.

La inflación es otra de las consecuencias del manejo irresponsable de la economía. De hecho, como establecen varias investigaciones, las políticas macroeconómicas irresponsables son una de las causas de la pobreza en la región.[28] Un proceso

policiacas obliga a las personas y a las empresas a contratar servicios de seguridad privados. En la medida que hay desconfianza se van creando instancias para compensar la falta de fe o de crédito en el gobierno, las cuales consumen recursos, incrementando los costos de transacción, reduciendo los márgenes de acción del gobierno, y de ese modo negando la eficacia del Estado como organización del poder.

[27] Generalmente el gobierno se ve obligado a absorber los pasivos del monopolio para restablecer el servicio o el bien que éste proveía.

[28] Diversos estudios demuestran que los altos niveles de inflación provocados por políticas macroeconómicas irresponsables pueden incrementar la pobreza en periodos relativamente cortos. Por ejemplo, un estudio sobre Bra-

de ajuste macroeconómico mal ejecutado puede incrementar en varios puntos porcentuales el nivel de pobreza extrema, de ahí que la responsabilidad fiscal debiera ser siempre un componente central de cualquier política contra la pobreza.

La inflación es un cáncer social porque socava la confianza que la sociedad tiene en las autoridades financieras, ya que éstas por culpa de la inflación también confiscan ingresos a quienes menos tienen y a quienes carecen de los medios para eludir sus efectos. Si bien toda la sociedad termina pagando el equivalente a un impuesto, vía poder adquisitivo, siempre los más perjudicados son los asalariados y los desempleados.

Depredación e irresponsabilidad social

Un entorno institucional débil, aunado a una distribución asimétrica de la información y al poder monopólico en algunas partes de la economía, propicia la aparición de prácticas depredadoras que deterioran la base social y los mercados de competencia justa. Y lo más grave: dichas prácticas, combinadas con un entorno en el que los servidores públicos o las organizaciones que componen la administración pública no están obligados a rendir cuentas, generan un terreno fértil para el desarrollo de la corrupción.[29] Ésta es una de las conductas depredatorias que más afectan a las instituciones de un Estado porque cancela la

---

sil de Edward Amadeo y Marcelo Neri, "Macroeconomic Policy and Poverty in Brasil", BID, Washington, 1998, muestra cómo la pobreza se duplicó entre 1989 y 1994 al aumentar la tasa de inflación de 8 a 40% al mes y luego cómo bajó en casi 40% al año siguiente al aplicarse el Plan Real. De hecho, una política responsable de ajuste económico puede contribuir a aliviar los niveles de pobreza. Samuel A. Morley, *Poverty and Inequality in Latin America*, Johns Hopkins University Press, 1995, muestra el caso de Argentina, donde se redujo la pobreza en 50% entre 1989 y 1995, siendo la reducción mayor entre 1989 y 1991 cuando Menem introdujo el Plan de Convertibilidad. Morley, "La pobreza en tiempos de recuperación económica y reforma en América Latina: 1985-1995", en E. Ganuza, L. Taylor y S. Morley, *Política macroeconómica y pobreza en América Latina y el Caribe*, Banco Interamericano de Desarrollo, Washington, 1999, afirma también que algo similar ocurrió en Perú, aunque no tan marcadamente como en Argentina y Brasil.

[29] Según Robert Klitgaard, *Controlling Corruption*, cap. 3, University of California Press, San Francisco, 1988, a mayor nivel de monopolio mayor discrecionalidad y menor rendición de cuentas; habrá también más oportuni-

confianza en la autoridad, crea un ambiente propicio para la impunidad, torna inservibles las leyes y empobrece aún más a quienes menos tienen. Un entorno institucional deficiente está en la raíz de estas prácticas. Si se trata de bienes privados que se intercambian en un mercado, el Estado no puede asegurar que las partes (de la iniciativa privada o del sector público) sean castigadas por no cumplir con lo que acuerdan, lo cual propicia que alguna de éstas actúe de manera oportunista, ya sea resistiéndose a cumplir con lo que le corresponde, aunque la otra parte ya lo haya hecho, o que incluso se niegue a cooperar. En este contexto, la base del problema estriba en la falla de los mecanismos coactivos de los acuerdos.

Tratándose de bienes públicos, las fallas institucionales pueden ocasionar que sólo un grupo pague el costo de los mismos, mientras que el resto, que también los disfruta, no contribuya con su parte. Así, los oportunistas, gorrones o *free riders*, en la jerga económica, se benefician de un sistema de incentivos que no les obliga a pagar lo que reciben.[30]

Esto llega a extremos cuando un grupo consigue una legislación que le brinda ganancias extraordinarias a costa del esfuerzo de los demás. Como señaló Anne Krueger,[31] en un entorno institucional deficiente grupos de interés organizados pueden incidir indebida pero exitosamente en el proceso normativo al impedir que sus competidores internos o externos ingresen a sus mercados mediante la interposición de barreras legislativas o administrativas. El resultado se traducirá en beneficios económicos extraordinarios para los grupos favorecidos por la restricción normativa, pero éste a la vez será un perjuicio para los

dades para que un servidor público pueda obtener ilegalmente dinero de un ciudadano. Para conocer un análisis de la corrupción en México, véase José Octavio López Presa (coord.), *Corrupción y cambio*, FCE, México, 1998.

[30] Un estudio pionero y clásico del tratamiento de este problema según la teoría económica contemporánea puede consultarse en Mancur Olson, *The Logic of Collective Action*, Harvard University Press, Cambridge, Mass., 1965. Un comentario actualizado de este tema puede encontrarse en Todd Sandler, *Collective Action: Theory and Applications*, University of Michigan Press, Ann Arbor, 1992. Una discusión sobre los posibles efectos de los grupos de interés y la conducta del "gorrón" sobre el crecimiento, puede verse en M. Olson, *The Rise and Decline of Nations*, Yale University Press, New Haven, 1982.

[31] Anne O. Krueger, "The Political Economy of a Rent Seeking Society", *American Economic Review*, junio de 1974, pp. 291-303.

consumidores, quienes deberán pagar mayores precios debido a la falta de competencia.

Hay otras conductas depredadoras que también minan la base social de un Estado. Una de ellas es el acaparamiento improductivo de recursos y riqueza; otra es la delincuencia organizada y, desde luego, la de aquellos que no observan las disposiciones y reglas destinadas a proteger el medio ambiente y los recursos naturales. En este último caso, la conducta depredatoria es grave. El mal uso de los recursos naturales no sólo afecta a las generaciones presentes sino a las futuras, quienes deberán erogar enormes cantidades de recursos para sanear el, ambiente y para hallar sustitutos de lo ya agotado.

Otra modalidad de depredación son las conductas monopólicas, las cuales o se apropian de los excedentes de los consumidores, en perjuicio del bienestar colectivo, o llevan a cabo prácticas de comercio desleal. Otros depredadores del Estado son los defraudadores del fisco y de las instituciones, los corruptos y corruptores y aquellos que promueven la cultura del "no pago".

La acción de los oportunistas mina las instituciones públicas y privadas del Estado. Ésta es una razón fundamental para justificar la intervención estatal; sólo el Estado puede hacer más costoso el infringir la ley que cumplirla, por medio de un efectivo sistema de administración y procuración de justicia que envíe las señales adecuadas para desmotivar las conductas depredatorias, y que sancione pronta e imparcialmente a los infractores.

La marginación y la pobreza

Así como suele hablarse de fallas de mercado, las hay del Estado, y la pobreza es un resultado de fallas en las estructuras y organización del Estado. La pobreza se genera al excluir un núcleo de seres humanos del acceso a oportunidades de desarrollo personal. En la medida que las oportunidades de educación y salud no se conviertan en una realidad para la gente, el Estado fracasará en su principal cometido, poniendo en peligro su existencia. Dos son las tareas fundamentales que efectúa el gobierno de un Estado para evitar que esto suceda: promover el crecimiento económico y asegurar mínimos y crecientes niveles de bienestar social a la población.

El crecimiento económico es la única fuente permanente de generación de empleo y una condición necesaria para elevar el ingreso de las personas. El gobierno promueve el crecimiento económico desde varios aspectos: la política fiscal, la política monetaria, la política comercial e industrial y la aplicación del sistema legal y normativo. Sin embargo, el crecimiento por sí mismo no garantiza que sus beneficios se distribuyan de manera equitativa entre los distintos grupos sociales y regiones, en particular cuando los mercados no son competitivos por alguna de las siguientes causas: monopolios, existencia de barreras que dificultan la entrada al mercado, distribución asimétrica de la información, comportamiento depredador, estructura fiscal regresiva[32] y la existencia de condiciones socioeconómicas iniciales desfavorables en grupos e individuos.[33]

La ignorancia

Victor Hugo decía que la ignorancia es sinónimo de ceguera, preocupación, error, superstición, despotismo, arbitrariedad, humillación, miseria e inmoralidad. En el contexto del presente libro la ignorancia es una cultura política o social deficiente, que impide a los habitantes de una nación participar de modo activo en la toma de decisiones, porque no tienen los elementos necesarios para analizar las propuestas de los gobernantes o para elaborar las suyas propias. Por esta limitación tampoco tienen la información indispensable que les permita formarse su propia opinión acerca de los acontecimientos públicos. Eso los hace presa fácil de la manipulación y, por lo mismo, hasta llegan a obstaculizar cambios que serían benéficos para todos.

La ignorancia fomenta la superstición, que es terreno fértil para el fanatismo. También es el mejor instrumento para la peor

---

[32] En el ámbito tributario, es aquella donde los que más tienen contribuyen con menos. En el ámbito del gasto, cuando los que tienen más reciben más.

[33] Por esta razón, es deseable que la competencia política incida en la asignación presente y futura de los recursos nacionales entre los miembros de la sociedad, para preservar y mejorar la vida individual en el seno de la colectividad.

de las explotaciones; la de una minoría informada sobre una mayoría desinformada.[34] La ignorancia promueve la intolerancia, que obstaculiza tanto el diálogo como las instancias para discutir pacíficamente diferencias y puntos de vista. Quien mantiene la ignorancia hace a la sociedad un daño semejante al genocidio, porque aniquila toda posibilidad de desarrollo del espíritu. La ignorancia es una de las grandes amenazas contra el Estado porque la madurez de cualquier democracia depende del grado de cultura política de sus habitantes.[35]

La principal fuente de ignorancia es una deficiente educación o la ausencia de ésta, que provoca que el individuo acepte mensajes falsos. En el mundo de la globalización[36] la educación será uno de los pilares que sostengan al Estado nacional y a sus instituciones. Por eso el gobierno mexicano tiene la enorme responsabilidad y el desafío de fomentarla.

3. LAS INSTITUCIONES Y LOS COSTOS DE TRANSACCIÓN

Para los objetivos de este libro es útil describir el concepto de "institución" con mayor detalle. Douglass C. North caracteriza a las instituciones como restricciones formales o informales a la conducta.[37] Esta definición se puede enriquecer si se incluye a los arreglos administrativos.[38] Las instituciones no son sólo

---

[34] Federico Reyes Heroles, *Memorial del mañana*, 1999, afirma que la ignorancia es "el desconocimiento de lo elemental para poder sobrevivir con dignidad, criar y educar a nuestros hijos, obtener un empleo, ser útil por lo que se sabe y se puede hacer".

[35] Curiosamente hay excepciones. En la Revolución francesa y en algunas etapas de la historia de la democracia griega, un exceso de cultura política también condujo al caos.

[36] Este término contempla dos aspectos: mayor apertura comercial o reducción de barreras al intercambio, y un mayor acceso a mejores medios de comunicación e información.

[37] Esta definición de "institución" difiere fundamentalmente del uso corriente que se le da a la palabra, sobre todo en lo relacionado con el de una organización administrativa. Institución se refiere a las "reglas del juego", no a las organizaciones humanas; estas últimas en realidad participan en un "juego" definido por ciertas reglas.

[38] Los arreglos administrativos son los procesos internos que hacen que una regla se cumpla. Los procesos están constituidos a su vez por los trámites,

reglas; las constituyen además las organizaciones y los procesos internos encargados de hacer que las reglas sean observadas.[39] Esto abarca al personal que labora en tales organizaciones y al marco de ideas, actitudes y valores o cultura (los "modelos mentales", según North) con los que este personal se ha formado y que emplea para interpretar el sentido de las reglas con base en la misión, la visión y los objetivos enunciados cuando se instituyeron.[40] La interacción de estos elementos es lo que condiciona o limita la conducta de las personas.

El Estado favorece o inhibe el desarrollo de las instituciones cuando aplica las leyes. Éstas proporcionan las reglas y los lineamientos que crean el marco con los incentivos que encuadra las actividades de los particulares. Así es como la ley encauza el poder de la sociedad hacia los objetivos que ella misma establece.

Costos de transacción

Las instituciones son el contexto en donde ocurren las transacciones de los individuos; el intercambio no ocurre en un mundo ideal, donde todas las transacciones son simultáneas, sin fricción y sin costos. Cada intercambio o transacción cuesta. A estos costos se les denomina *de transacción* y se refieren al uso del tiempo; a la toma de decisiones gerenciales; a la planeación y aplicación de programas; a los arreglos y negociaciones institucionales, y al establecimiento de contratos. Los costos de transacción representan el uso de recursos para asegurar el cumplimiento de los

los procedimientos, la normatividad y las políticas internas que es necesario observar para operar. Los arreglos, por lo general, se describen en los manuales de organización y departamentales en cualquier entidad pública o privada.

[39] Un estudio más detallado de esta aproximación puede verse en José Alberto Garibaldi, *Institutions, Contracts and Organizations*, en Claude Menard (ed.), Edward Elgar, Londres. También, de manera general, en Mark Granovetter, "Economic Action and Social Structure: A Theory of Embeddedness", *American Journal of Sociology*, 91, noviembre de 1985, pp. 481-501, y José Alberto Garibaldi, "Legal Traditions, Enforcement and Rationality", artículo presentado en la *II Annual Conference of the International Society of New Institutional Economics*, Washington University, St. Louis, 1999.

[40] Al respecto, véase Douglass C. North, *Transaction Costs, Institutions and Economic Performance*, International Center for Economic Growth, San Francisco, 1992.

contratos;[41] ayudan a explicar por qué los mercados cuestan y por qué, en lugar de mercados, se tienen las "jerarquías" o estructuras organizacionales (como las empleadas en el gobierno) como medios para el intercambio.

Ronald Coase[42] afirmó que las empresas y los mercados son modos alternativos de organizar las actividades económicas.[43] Para llegar a esa conclusión planteó dos preguntas: ¿por qué existen empresas donde no operan las leyes del mercado sino jerarquías, es decir, el mando centralizado de un gerente?, y ¿por qué no se encarga toda la producción de un país a una empresa grande, para evitar los costos de transacción del sistema económico?

La dirección del empresario sustituye cientos de transacciones que de otro modo hubieran sido hechas por medio de sendos contratos en el mercado; lo que hubiese implicado muchos costos de transacción. Sustituir dichas transacciones de mercado por una dirección empresarial resulta más económico.[44]

¿Por qué las empresas (las jerarquías) no pueden crecer y producir todo lo que un país necesita, reduciendo sus costos de transacción? La respuesta se encuentra en la complejidad de organizar y dirigir empresas que crecen constantemente. En una gran empresa, los propietarios tienen que diseñar una estructura organizacional para la división del trabajo y la asignación de responsabilidades, lo que implica una burocracia ejecutiva, delegar la toma de decisiones, crear un sistema de incentivos y aplicar un mecanismo de monitoreo y evaluación de los subalternos. El personal, el sistema de incentivos y el mecanismo de monitoreo cuestan; son los costos de transacción de una empresa.[45]

---

[41] Este enfoque de costos de transacción ha sido ampliamente explorado por destacados investigadores, algunos de los cuales han sido reconocidos con el Premio Nobel de Economía. Ronald Coase, "The Nature of the Firm", *The Firm, Market and the Law*, University of Chicago Press, 1988, lo usó para desarrollar una teoría de la empresa, y Douglass C. North, *op. cit.*, para explicar la función de las instituciones en una economía de mercado. Véase también José Ayala, *Mercado, elección pública e instituciones*, Facultad de Economía, UNAM-Miguel Ángel Porrúa, México, 1996.

[42] R. H. Coase, *op. cit.*

[43] R. H. Coase, citado por O. Williamson y S. Winter, *La naturaleza de la empresa. Orígenes, evolución y desarrollo*, FCE, México, 1996.

[44] Williamson y Winter, *op. cit.*

[45] Estas intuiciones han dado lugar a una escuela dentro de la economía institucional que examina cómo los costos de transacción generan distintas

Así, las ganancias por aumentar el grado de funcionalidad y la diversificación se compensan con los costos de transacción.

De modo similar, el gobierno es una forma de jerarquía que busca reducir los costos de transacción del Estado, aunque genera otros por la necesidad de coordinar múltiples actividades y personas. Cuando el gobierno pretende emplear de manera exclusiva las jerarquías en lugar de los mercados crea múltiples distorsiones, que suman ineficiencias crecientes. Así lo demostró el experimento del socialismo real.

Apoyarse íntegramente en el mando centralizado para facilitar el intercambio resulta una salida falsa; de allí que en la práctica se observe una mezcla de ambas, en la que el gobierno en nombre del Estado proporciona condiciones que permiten el funcionamiento eficiente de los mercados, valiéndose de un marco de instituciones respetadas para propiciar el intercambio libre y competitivo.

La reducción de los costos de transacción del país es consecuencia de la confianza que inspiran las instituciones del Estado, sean públicas o privadas.[46] Gran parte de los costos de transacción se producen al ejercer el Estado su autoridad: la protección de los derechos de propiedad, la distribución de las funciones productivas entre el mercado y los distintos órdenes de gobierno, así como la forma de sufragar los gastos gubernamentales y el monto de los mismos, van determinando en gran medida el número de transacciones que se efectúan en un Estado, lo que, por consiguiente, determina el monto de los costos de transacción.

Las principales fuentes de costo de transacción que provienen de la función pública son: *a)* satisfacer los requisitos a los que los individuos y las organizaciones son obligadas por la ley; *b)* hacer posible la aplicación del sistema legal, y *c)* tener un

formas de gobierno para las funciones que se realizan. Para un resumen, véase O. Williamson (ed.), *Organization Theory: from Chester Barnard to the Present and Beyond*, Oxford University Press, Nueva York, 1990.

[46] Este argumento es aplicado por Robert Putnam, *Making Democracy Work*, Harvard University Press, 1996, para evaluar los distintos modelos de desarrollo entre el pujante norte y el abatido sur de Italia. El estudio de Putnam corrobora mediante encuestas la confianza que tiene la población en el gobierno estatal y local; mientras que en el próspero norte la confianza era alta, en el atrasado sur era más bien baja.

gobierno para dirigir el Estado. Si la autoridad exige engorrosos trámites a quienes deciden constituir una empresa, los costos de arranque aumentan; es entonces cuando aparecen los "mercados informales", que no tienen la protección del derecho. Esto, la informalidad, diluye el valor de los derechos de propiedad, porque es muy difícil transferir derechos que no están protegidos,[47] lo que eleva los costos de transacción para un país. Algo similar ocurre si el mecanismo para dirimir controversias y conflictos contractuales es lento, parcial o no se respeta; si el régimen tributario es complicado y engorroso, o si hay desconfianza en el proceso electoral y se requiere de más recursos para probar su legítimidad.[48]

Con la aplicación de la ley, un marco regulatorio claro y preciso e información accesible previenen amenazas y el gobierno contribuye a reducir los costos de transacción del país. La competencia exige costos bajos para servir mejor al consumidor, al cliente y al ciudadano, y, de ese modo, sobrevivir. Un desempeño gubernamental eficiente, al minimizar los trámites, disminuye los costos de transacción, con lo que ayuda a que los contribuyentes eviten costos innecesarios, teniendo siempre un efecto favorable para el país porque los recursos disponibles pueden reasignarse para atender rezagos que obstaculizan los objetivos del Estado o a otras actividades que tengan un efecto directo en el desarrollo de la sociedad.

---

[47] En un estudio ya clásico acerca del sector informal en Perú, Hernando de Soto encontró que el costo de una vivienda "informal" sin derechos de propiedad bien determinados era bajo, pero cuando éstos se definían dicho costo se incrementaba casi nueve veces. En esta misma línea de investigación, Andrew Stone, Brian Levy y Ricardo Paredes, "Public Institutions and Private Transactions: A Comparative Analysis of the Legal and Regulatory Environment for Business Transactions in Brazil and Chile", en Lee J. Alston, T. Eggerstson y D. North (eds.), *Empirical Studies in Institutional Change*, Cambridge University Press, Londres, 1966, observaron que los costos de acceso a distintas actividades en Chile y Brasil creaban mercados para contratar gestores que se ocupaban de hacer los trámites para ingresar a una actividad y, una vez en ella, todavía tenían los dirigentes de la empresa que desperdiciar mucho tiempo para cumplir requisitos administrativos exigidos por la autoridad.

[48] La desconfianza en el sistema electoral hace que la sociedad destine cuantiosos recursos para vigilar las elecciones.

Estado y mercado

Hablar del mercado no es posible sin relacionarlo con el Estado, ya que sin éste los mercados formales difícilmente podrían prosperar. Pero el Estado se beneficia también de los mercados, en particular de los que son competitivos, porque éstos generan riqueza fiscal y, además, se autorregulan en varios aspectos pues la competencia disciplina a los distintos oferentes en cuanto a la determinación del precio y la calidad, evitando la intervención gubernamental.[49] Estado y mercado son caras de la misma moneda, unidos por instituciones. Los mercados son en sí mismos instituciones; cuentan con reglas que definen derechos de acceso, uso y disposición de bienes (derechos de propiedad) y reglas para intercambiarlos (contratos) y con las organizaciones, arreglos administrativos y personas encargadas de darles apoyo y hacerlas cumplir. Dichas organizaciones y arreglos administrativos suelen formar parte del gobierno.

Un factor fundamental de las instituciones, particularmente de las que tienen un carácter escrito y formal, es que no se constituyen por sí mismas: requieren de un acuerdo político previo, de un "orden superior" para sostenerlas: el Estado.[50] De ahí que éste incida para asegurar que los mercados sean posibles y prosperen, pues éstos también son la fuente para cubrir los costos de operación de la autoridad.[51]

---

[49] La riqueza que los mercados generan es considerada por algunos de los principales exponentes del nuevo institucionalismo económico como una de las razones para el surgimiento del Estado. A este respecto, Mancur Olson, "Dictatorship, Democracy and Development", en *American Political Science Review*, vol. 87, núm. 3, menciona que durante la anarquía reinante en China, a comienzos de siglo, grupos de bandidos expoliaban regularmente a poblaciones rurales aisladas y que los bandoleros podían maximizar sus beneficios si sustituían el pillaje periódico por la protección continua a una población contra los ataques de otras bandas, todo ello a cambio de un pago regular por parte de los campesinos. Véase también Douglass C. North, "A Neoclassical Theory of the State", en *Structure and Change in Economic History*, Norton, 1981.

[50] Véase Douglass C. North y Barry Weingast, "Constitutions and Commitment, The Evolution of Institutions Governing Public Choice in Seventeenth Century England", *The Journal of Economic History*, vol. 49, núm. 4, diciembre de 1994, y Mancur Olson, *op. cit.*

[51] Es común la afirmación de que para lograr el crecimiento se requiere "más mercado y menos Estado". Esta idea surge de que la participación del

El giro hacia el mercado implica una nueva visión del Estado y de las organizaciones que facilitan el intercambio,[52] ya que los mercados no surgen de manera espontánea; son resultado de la maduración de los intercambios económicos que realizan las personas y sus organizaciones, asegurados, entre otros, con los medios que brinda el Estado.[53]

El mercado es un sistema de información para transmitir señales de escasez por medio de los precios. Dichas señales informan a compradores y vendedores acerca de la abundancia relativa de recursos primarios, los factores de producción y sobre los bienes y servicios de uso intermedio y final. Son los precios los que motivan a los oferentes a producir más los bienes que escasean. Los oferentes compiten en un marco regulatorio que garantiza igualdad; un marco regulatorio eficiente, considerado legítimo junto a organizaciones que lo hacen coercible, es el que regula las fuerzas del mercado.

Estado en los medios de producción por medio de la regulación y la propiedad gubernamental obstaculiza el desarrollo de las actividades productivas. Esta posición, que resurgió hace casi dos décadas, se sustentó en un resultado teórico que supone que los mercados distribuyen y asignan las rentas económicas con el mismo éxito que un "planificador benevolente". Así, se ha concluido que si el gobierno es el equivalente a ese planificador, ¿para qué necesitan las actividades económicas del Estado si una economía de mercado funciona bien? Un supuesto en que se basa la afirmación es que el planificador tiene pleno conocimiento de los deseos y preferencias de la sociedad. La existencia de un "planificador benevolente" que conozca las preferencias es imposible en la realidad; por eso los economistas concluyen: *el mercado es la mejor opción para asignar los recursos de cualquier país*. Véase David Romer, *Advanced Macroeconomics*, Mc Graw-Hill, 1996. Un sucinto análisis de los obstáculos que enfrentan los países latinoamericanos a este respecto puede encontrarse en Aymo Borner, "Institutional Obstacles for Latin American Growth", *Occasional Paper*, International Center for Economic Growth, 1993. Para un examen más exhaustivo, puede verse Guillermo Perry y Shahid J. Burki, *Beyond the Washington Consensus, Institutions Matter*, Banco Mundial, Washington, 1998.

[52] Moisés Naim, "Latin America's Journey to the Market: From Macroeconomic Shocks to Institutional Therapy", *Occasional Paper*, International Center for Economic Growth, San Francisco, 1995.

[53] El hincapié que este trabajo hace en las instituciones formales no implica que no puedan existir transacciones sólidas y estables garantizadas por instituciones informales. Sin embargo, en el contexto de los Estados contemporáneos, aunque las instituciones informales no requieren del Estado para florecer, la existencia de las instituciones "formales" representa el último recurso al cual acudir para efectuar transacciones. Esto afecta inevitablemente el desempeño de las instituciones informales. De allí que sean las instancias formales las que resulten esenciales, por defecto o por exceso, para un análisis

En un mercado formal, la función de los participantes y las bases sobre las que se asegurará el cumplimiento de los contratos se determina por medio de reglas que fijan las responsabilidades y los derechos, el pago de impuestos, y los mecanismos para resolver disputas y controversias. No es extraño notar que los mercados más competitivos son regulados por complejas reglas y mecanismos de cumplimiento. El mejor ejemplo son los grandes mercados de títulos y valores, como el de Nueva York, Chicago o Londres (NYSE, NYMEX, COMEX o IPE) que, a pesar de ser considerados como competitivos, son los más regulados y más supervisados por la autoridad gubernamental. Son muchos los requisitos necesarios para que un mercado opere. En primer lugar, requiere de instituciones que garanticen el acceso a los mercados y una competencia real. La aparición de un mercado no significa que quienes participan en él vayan a competir; así lo advertía Adam Smith.[54] Los competidores tienden a dificultar el ingreso de otros imponiendo mecanismos para controlar y coordinar los precios de ese mercado y

y que finalmente afecten el funcionamiento de todas las demás instituciones en la economía. Para un ejemplo latinoamericano del mismo tema, véase Hans Jurgen Brandt, *En nombre de la paz comunal*, Fundación Friedrich Ebert, Lima, 1988. Puede consultarse también Robert C. Ellickson, *Order without Law: How Neighbors Settle Disputes*, Harvard University Press, 1995. Una revisión general de la bibliografía sobre el tema puede hallarse en Claude Menard, "Enforcement of contractual arrangements", trabajo presentado en la Inaugural Conference of the International Society of New Institutional Economics, Washington University, St. Louis, 1998. Para una revisión de la eficiencia relativa del cumplimiento formal frente al informal, véase Avner Greif, "Contracting, Enforcement and Efficiency: Economics Beyond the Law", trabajo presentado en la Annual Bank Conference on Development Economics, Washington, 1996. Para ejemplos históricos de instituciones informales: véanse Avner Greif, Paul Milgrom y Barry Weingast, "Coordination, Commitment and Enforcement: The case of the Merchant Guild", *The Journal of Political Economy*, 102 (4), 1994, pp. 745-776; Avner Greif, "Contract Enforceability and Economic Institutions in Early Trade: The Mahgribi Traders' Coalition", *American Economic Review*, 83(3), 1993, pp. 525-548.

[54] Adam Smith, *Investigación sobre la naturaleza y causas de la riqueza de las naciones*, FCE, México, 1958, afirma que si se deja solos en un cuarto a un grupo de hombres de negocios, lo primero que harán es ponerse de acuerdo para evitar la competencia entre ellos y crear un monopolio; esto es lo que maximiza sus ganancias, no un mercado libre y abierto. Aun en el incierto caso de que no surgiera un monopolio o se impusiera la ley del más fuerte, los mercados que aparecerían en ausencia de reglas serían rudimentarios y sólo se harían transacciones simples y por cortos periodos de tiempo.

lograr mayores ganancias, en perjuicio de los consumidores. En segundo lugar, implica la necesidad de educar y formar a los reguladores, es decir, a las personas que trabajan en las instancias públicas. Theodor Schultz observaba, en un estudio practicado en fábricas alemanas durante la década de los cincuenta, que el mismo equipo y maquinaria producía más cuando era operado por personal calificado y familiarizado con el mismo, y producía menos cuando este equipo se exportaba a otros países. Dedujo que el factor humano hacía también que el capital físico produjera más o menos. Esta conclusión puede extrapolarse a muchos otros campos de la economía, no sólo en la producción, sino en las finanzas, en los servicios e incluso en las actividades gubernamentales. Si se quiere que la economía y los mercados operen de manera eficiente, hay que educar a quienes resguardan las condiciones que los hacen posibles y a quienes compiten en ellos. Esto obliga al Estado a asegurar la existencia de instituciones que promuevan la educación y el desarrollo social.

Por último, se necesitan medios para que la ley no se convierta en letra muerta. Es necesaria una autoridad que garantice la observancia de las leyes que regulan la vida en la sociedad. Si no es posible asegurar el respeto a ellas, surgirán problemas de acción colectiva. Los mismos mercados se desarrollarán de manera primitiva y la búsqueda de la ganancia individual no propiciará el bienestar colectivo. En ese contexto, el Estado verá desaparecer los beneficios fiscales que el desarrollo de los mercados le podría reportar.

Cuando las actividades económicas se realizan en mercados no regulados e informales, la riqueza se concentra en pocas manos y, en muchos casos, se torna improductiva. Sin un marco regulatorio, las pérdidas por mal manejo de los bienes de producción del Estado deben ser pagadas fiscalmente, para lo cual, en el mejor de los casos, es necesario desviar recursos que podrían haber beneficiado directamente a la población o, lo que es peor, se producen déficit que llevan a severas políticas de ajuste macroeconómico. Así, los fracasos de la intervención estatal recaerán siempre en los contribuyentes. En cambio, en los mercados formales, los que asumieron los riesgos son quienes deben pagar las deudas.

Esta circunstancia puede llegar a extremos; si la búsqueda de la ganancia por parte de los agentes económicos no es restringida por reglas e instancias que obliguen a su cumplimiento, la situación se tornará incontrolable y se impondrá entonces la voluntad del más fuerte. Una coyuntura como ésta hace que los individuos pierdan la confianza en las autoridades; todo ello por falta de una coerción legítima.[55]

En suma, la interacción armónica Estado-mercado promueve el bienestar colectivo si cada quien desempeña el papel que le corresponde, ya sea autoridad, consumidor, accionista, acreedor, deudor, empresario o trabajador, y se dispone de los contrapesos e incentivos necesarios para ello.

4. INSTITUCIONES PRESUPUESTARIAS Y TRANSPARENCIA

El sistema presupuestario como institución también limita la acción de sus participantes; por el lado de la recaudación, fija reglas entre el fisco y los contribuyentes; para la formulación, aprobación y fiscalización de los ingresos, egresos y endeudamiento, establece términos al contenido y procedimientos a los poderes Legislativo y Ejecutivo; los responsables del control del gasto marcan normas para el ejercicio de los recursos públicos a las unidades administrativas.

---

[55] Si no hay confianza en las autoridades policiacas, las personas y a las empresas se ven obligadas a contratar servicios de seguridad privada y se propicia la aparición de instancias que compensen la falta de fe en el gobierno; esas nuevas instancias aumentarán al consumo de recursos, incrementarán los costos de transacción y reducirán los márgenes de acción del gobierno. Así *de facto* se descalifica la eficacia del *poder* del Estado, se incrementa el costo de vivir en sociedad y, desde el punto de vista de la economía, se resta competitividad frente a quienes operan en un *Estado de derecho* efectivo; lo cual incrementa los costos de vivir en sociedad y, desde un punto de vista económico, resta competitividad frente a otros donde el Estado de derecho es observado estrictamente. Ramsey McMullen, en *Corruption and the Decline of Rome*, 1998, estudia este argumento como una de las posibles explicaciones del debilitamiento y posterior colapso de las fronteras del Imperio romano en los siglos IV y V. La compra de protección frente al pillaje en esas zonas eliminó normas tradicionales que articulaban formas de ayuda y protección mutua en las poblaciones de las fronteras, y contribuyó eventualmente a socavar la defensa de todo el Imperio, y a su posterior disolución.

Las leyes y reglamentos que regulan este sistema crean incentivos orientando el comportamiento de los participantes del proceso presupuestario. Es deseable que estos incentivos, además de generar conductas honestas y eficientes en el uso de los recursos públicos, motiven a los ejecutores a obtener resultados favorables para la población.

La transparencia es condición necesaria para generar esos incentivos. Sin embargo, para dar funcionalidad a la transparencia se necesita una metodología que dé orden y congruencia entre lo que se quiere, lo que se tiene, lo que se hace y lo que se logra.[56] "Transparencia", que significa "ver a través de un objeto físico", cambia y orienta la conducta de los participantes al hacer evidentes las ineficiencias y, en su caso, actos de corrupción. Asimismo, permite adoptar medidas encaminadas a la reducción de cotos de poder e impunidad y, en el caso de delitos relacionados con el mal uso de recursos públicos, proporcionar pruebas para perseguirlos y castigarlos.

La transparencia fortalece a la institución presupuestaria y a las finanzas públicas cuando muestra intenciones y acciones, así como la propuesta de resultados *a priori* y *a posteriori*. Más aún, el ideal de la transparencia no es la publicación de documentos voluminosos con miles de cifras sino mostrar que se procede conforme a las reglas fijadas por la sociedad o sus representantes y que, al hacerlo, se alcanzan los resultados deseados.

En cuanto a actitud, la transparencia es tomar decisiones frente a quienes sufragarán el costo y efecto de las mismas. Así se incentiva a que el dinero se destine a lo que la población percibe justo y útil, tornándose además en un acicate para que la administración del gobierno sea menos costosa.[57]

Dar transparencia al presupuesto público requiere del conocimiento de las distintas etapas del ciclo presupuestario.[58] Información veraz y accesible acerca del costo de las actividades

[56] La propuesta de la NEP y del SED expuestos en este libro van orientados en esa dirección.

[57] En una democracia tener un sistema presupuestario transparente es un valor entendido, pues es la única forma como los habitantes presionan a sus representantes para que juzguen la propuesta de gasto del Poder Ejecutivo federal, pedirles cambios y descubrir ineficiencias, errores, negligencias y omisiones.

[58] Esto incluye la planeación, programación, el proyecto de presupuesto, la aprobación del mismo, la ejecución, el seguimiento, la evaluación y la auditoría.

gubernamentales, sistemas de evaluación claros y un control eficaz de la aplicación de las leyes son piezas necesarias para la institución presupuestaria. También lo son los mecanismos que ayudan a la rendición de cuentas y los sistemas de contrapeso, selección y asignación de responsabilidades al interior de la administración pública. Éste es el objetivo de las reformas que aquí se proponen.

La observancia de la ley y del derecho es fundamental en cualquier esquema de intercambio y el presupuesto público es básico para ello: recibe fondos de los contribuyentes para devolvérselos en forma de bienes y servicios de mayor valor. Si la población está lo suficientemente informada puede existir un nivel de confianza aceptable en el quehacer de la autoridad; así, se reducen las excusas y los pretextos a los contribuyentes para el sostenimiento del gobierno.

Es importante asegurar que el uso de los fondos públicos contribuya al cumplimiento de las leyes, promueva mejores condiciones de desarrollo en la población y disminuya las amenazas al Estado. Desde esta perspectiva, el desafío es dar suficiencia presupuestaria a las instituciones de justicia y las actividades relacionadas con el mejoramiento de las condiciones de vida de la población. Ya que los recursos públicos son escasos y provienen de diferentes grupos de la población, los protagonistas dentro del Estado buscan incidir en la carga de la recaudación y en su asignación. Esto conlleva otro desafío: lograr consensuar criterios aceptados por la mayoría para definir las prioridades de la sociedad y, con base en éstas, asignar los recursos públicos. Por eso se puede afirmar que el presupuesto es el instrumento que refleja las relaciones políticas y sociales de un país.[59]

Un marco institucional compatible con las convicciones, valores e intereses legítimos de la población es fundamental. Si las leyes y actividades que elabora el Estado son contrarias al parecer mayoritario de la población, pocos las observarán por convicción y el Estado deberá gastar más recursos para obligar

---

[59] El tema central de este libro es proponer dos herramientas que ayuden a los actores del Estado a definir con objetividad las prioridades nacionales, guiar la asignación de los fondos públicos con base en éstas y verificar que se obtengan los resultados deseados.

su observancia; de ahí el imperativo de tener una vida política responsable, activa y abierta, así como una discusión razonable de los propósitos de las leyes y de los recursos necesarios para hacerlas cumplir.[60]

Algunas consideraciones adicionales

En las condiciones presentes de globalización y competencia mundial, la actualización continua de las instituciones gubernamentales es indispensable para asegurar mejores niveles de vida. La globalización pone a competir entre sí a los poderes legislativos, judiciales y ejecutivos de los Estados nacionales por atraer capitales y talento. Todo lo que sea un recurso exiguo se moverá hacia donde existan instituciones que ofrezcan mayor certidumbre, protejan mejor los derechos de propiedad y procuren un ambiente propicio para el desarrollo. El desafío es aún mayor con la gente. Mientras la globalización facilita el movimiento de capitales, mercancías y servicios, la misma globalización obstaculiza la migración, en particular de quienes tienen un capital humano menor, y los obliga a permanecer al margen de la dinámica mundial.

Al igual que los individuos, las sociedades no pueden participar de los beneficios del desarrollo mundial sin instituciones legítimas y eficientes, capital humano, acceso a recursos ni tecnología. Al fortalecer económicamente una nación y garantizar el Estado de derecho, las sociedades crean condiciones para aprovechar las oportunidades de las tendencias mundiales.

Es conveniente reflexionar acerca de lo que distingue a un país altamente desarrollado de otro que no lo es; no son los niveles de ingreso y la riqueza material de que disponen porque ésas son consecuencias. Los países desarrollados han creado un marco en el que predominan tres condiciones que les facilitan la consecución de mayores niveles de bienestar: *a)* tener instituciones que facilitan la organización de las capacidades

---

[60] Sin embargo, aunque el funcionamiento de las instituciones formales de coerción ha sido examinado en tiempos recientes, el papel del presupuesto para incrementar la legitimidad y confianza de la población en las actividades del gobierno ha sido escasamente estudiado.

individuales y de grupos para resolver los problemas nacionales, regionales y locales; instituciones sustentadas en procesos democráticos que generan consensos; *b)* poseer un sistema de incentivos en el cual el cumplimiento de la ley y de las reglas permite que los individuos que observan la ley vivan mejor que quienes no cumplen con ella, y *c)* dar claridad a la asignación de los riesgos.

En los países subdesarrollados, en cambio, no existe esta certidumbre en la asignación de riesgos, lo que provoca que los protagonistas emprendan actividades económicas sólo si cuentan con algún tipo de garantía del gobierno; así, en caso de pérdidas privadas son los contribuyentes los que terminan pagándolas. Asimismo, la debilidad de la estructura institucional para hacer cumplir las leyes y lo imperfecto de los procesos democráticos son causas importantes del subdesarrollo.[61]

En México, el nivel insatisfactorio de los ingresos de las familias y nuestras características demográficas y sociales marcan al Estado dos desafíos inmediatos: *a)* consolidar un ambiente institucional idóneo para que la economía del país registre un crecimiento lo suficientemente alto para dar empleo con remuneraciones dignas, y *b)* educar a millones de jóvenes para brindarles los elementos que, junto con el esfuerzo y el mérito personal, los conviertan en ciudadanos honestos y productivos, capaces de preservar la vida de las instituciones. Para enfrentar con éxito estos desafíos, es necesario un gobierno confiable y eficaz, con capacidad de convocar y generar consensos entre los sectores productivos y los protagonistas del Estado. Para ello es necesario perfeccionar el sistema de reglas y normas, aumentar la eficacia en la procuración e impartición de justicia y hacer más eficiente la operación del gobierno.[62]

Una tarea fundamental para lograr los objetivos enunciados es revisar los procesos clave de la administración pública. Éstos orientan y dirigen el quehacer de las personas dentro de las organizaciones humanas, en especial cuando éstas son de gran tamaño. En el proceso presupuestario concurren todas las ins-

---

[61] Douglass C. North, *op. cit.*

[62] Por ejemplo, el exceso de controles administrativos implica altos costos de transacción al interior del Estado, porque se destinan cuantiosos recursos a las actividades de seguimiento, auditoría y recolección de información.

tancias de gobierno; sin embargo, la información acerca de la forma como se asigna, controla y evalúa el gasto público es sumamente especializada. Este libro presenta, en los siguientes capítulos, una propuesta para utilizar el mismo proceso presupuestario como un medio que induzca a las instituciones públicas a la transparencia cuando éstas rindan cuentas, a fin de promover los incentivos que mejoren los resultados del quehacer público.

II. EL GASTO PÚBLICO

EL GASTO PÚBLICO es un instrumento importante de la política económica. Los gobiernos de los países lo utilizan como un medio de compensación de desigualdades, un impulsor del crecimiento económico y como instrumento para que el gobierno cumpla con los objetivos del Estado. Si bien los administradores públicos precisan la manera más adecuada de alcanzar dichos objetivos por medio de políticas públicas, programas y proyectos, la disponibilidad de recursos es la que determina la velocidad con que podrán obtenerse.

Mucha gente en México cree que la mayor parte del gasto público federal se dispendia o se asigna a partidas superfluas como teléfonos celulares, viáticos y automóviles de lujo para los altos funcionarios públicos; en realidad pocos saben en qué se gasta la mayoría de los impuestos y cuál es el margen de maniobra del gobierno para asignar y reasignar cada año los recursos públicos dentro del presupuesto federal.[1]

En este capítulo el lector podrá conocer el destino de las contribuciones federales y tener una idea clara de los problemas y las restricciones que enfrenta el gobierno federal en materia fiscal.

1. PRESUPUESTO PÚBLICO Y MERCADO

Los gobiernos de los países pretenden proporcionar el mayor bienestar posible a los habitantes considerando las restricciones de recursos, tecnología y la madurez de los mercados. Se han realizado numerosos debates acerca de la manera más adecuada de alcanzar este propósito. Desde la perspectiva institucional, desarrollada en el capítulo anterior, los mercados flore-

---

[1] Una razón de por qué la gente "cree" esto es que hasta hace poco difícilmente se podía "saber" en lo que se gastaba, cuando la obligación de informar siempre estuvo contemplada en el marco jurídico. Otra razón son los casos de dispendio y corrupción que se han hecho públicos.

cen sólo cuando el gobierno genera las condiciones apropiadas. Por ello tanto el mercado como la presencia del gobierno son indispensables para la buena conducción económica, social y política de cualquier Estado.

En lo que existe acuerdo en ese debate es que el mercado conduce a la asignación más eficiente posible de los recursos de un país en términos de estabilidad, crecimiento y equidad, cuando existen condiciones de competencia.[2] Sin esto, el sistema de mercado propicia asignaciones socialmente indeseables. Cuando se da esta situación, el gobierno interviene utilizando uno de los instrumentos de la política económica: el gasto público. Sin embargo, el uso de los recursos públicos puede resultar contraproducente si la manera de financiar el presupuesto no es adecuada, ya sea porque la estructura impositiva desaliente las actividades productivas o porque se incurra en déficit, que no se podrá cubrir después sin afectar áreas prioritarias.

La sociedad, por medio de los procesos democráticos, determina qué tanto está fallando el mercado y, en consecuencia, cuán grande tiene que ser el nivel de gasto para corregir los desequilibrios, y señala así el camino más justo y adecuado de financiar dicho gasto.

2. GASTO PÚBLICO Y BIENESTAR SOCIAL

El crecimiento económico es indispensable para que la población tenga un empleo bien remunerado y niveles de bienestar crecientes. Éstas son condiciones suficientes para sentar las bases de una justicia distributiva que favorezca un desarrollo político armónico y democrático. Sólo en un contexto de crecimiento económico sostenido se podrá asegurar nuestra soberanía en un ambiente de globalización económica, se fortalecerá el Estado de derecho y se logrará el desarrollo social y político que la sociedad mexicana espera.

La urgencia por alcanzar un crecimiento económico vigoroso tiene su causa en la necesidad de generar los empleos que

---

[2] Richard A. Musgrave y Peggy B. Musgrave, *Hacienda pública. Teórica y aplicada*, Mc Graw-Hill, México, 1995.

demanda la sociedad. Actualmente la población económicamente activa crece a una tasa anual cercana a 3%. Esto significa que cada año poco más de un millón de personas buscan empleo por primera vez. Dado que la economía creció en promedio 2.4% anual durante 1980-1999, hoy en día la población no tiene acceso suficiente a ocupaciones bien remuneradas en el sector formal de la economía.[3] Por lo mismo, México enfrenta un problema muy grave de desempleo, o de empleo de baja productividad. A ello hay que agregar que una parte importante de la población vive en condiciones de pobreza extrema.

La actividad económica debe crecer al menos 5% anual para absorber a los nuevos demandantes de empleo. Esa tasa de crecimiento permitirá duplicar el PIB per cápita en casi 19 años, de acuerdo con la tasa esperada de crecimiento anual de la población; si se pretende lograr un mejoramiento continuo en las oportunidades de empleo y abatir los rezagos históricos más aprisa, el crecimiento económico tiene que ser mayor.

Como se explicó en el capítulo anterior, son indispensables instituciones legítimas, fuertes y eficientes para garantizar un entorno que estimule el intercambio y el desarrollo de mercados competitivos, mismos que son la base del crecimiento económico. En este marco, el aumento de la productividad de los factores de la producción y la inversión física y en capital humano podrán impulsar altas tasas de crecimiento.

En México, la contribución directa del sector público al crecimiento económico proviene, primero, de asegurar la salvaguarda de los derechos de propiedad y de la aplicación eficaz del sistema legal y normativo y de las actividades que se derivan de él; posteriormente del gasto que se destina a proyectos de infraestructura básica y del que se destina a inversión en educación, salud, nutrición y seguridad social. Un marco institucional confiable es determinante para que los agentes puedan programar y emprender actividades económicas, favoreciendo el uso eficiente de los recursos de una sociedad. Cuando se invierte en infraestructura se atraen inversiones productivas que incrementan la productividad y competitividad del país, al facilitar la corriente

---

[3] En dicho periodo la población mexicana creció a una tasa anual de 2.04 por ciento.

de bienes y servicios entre regiones y al exterior, facilitando el desarrollo de actividades económicas.

Respecto al gasto en capital humano, cuando el gobierno destina recursos a la educación, la salud, la seguridad social y el desarrollo regional, promueve la equidad de oportunidades entre los habitantes de un país. Esto facilita también el desarrollo de las habilidades individuales y redunda en que las personas proporcionen un mayor valor agregado a las actividades que emprenden, incrementando la competitividad del país.

Por los argumentos expuestos, parecería que entre mayor sea el gasto del gobierno más se impulsaría el crecimiento económico y, en consecuencia, se podrían lograr mayores niveles de bienestar social. No obstante, si el déficit fiscal es demasiado alto en relación con la capacidad de ahorro del país, entonces la demanda de financiamiento del gobierno competirá con la de los sectores privado y social, y ocasionará un aumento en las tasas de interés que perjudicará a las familias y a las empresas endeudadas. Las tasas elevadas restringen, además, el acceso al crédito e inhiben así las actividades productivas, porque los inversionistas se ven obligados a posponer o cancelar sus proyectos. Así pues, un gasto público que excede los ingresos esperados y que no genera beneficios sociales permanentes limita la inversión productiva y reprime el crecimiento.

3. Crisis económicas y gasto público

La experiencia mexicana en el manejo del gasto público es fundamental para entender muchos de los problemas económicos contemporáneos del país. A finales de la década de los setenta y principios de los ochenta, la fuerte expansión del gasto público fue una de las causas que provocaron las crisis económicas de 1982 y 1986-1987. Por ello, en los últimos 15 años los esfuerzos fiscales del sector público federal se dirigieron a contener el gasto público y a fortalecer la recaudación tributaria para reducir el déficit público.

Un elemento clave en el éxito de los ajustes del gasto fue el cambio estructural al sector público federal de finales de la década pasada y principios de la actual. Este cambio fue una importante reforma institucional que reorientó la participación del Estado en la economía y su relación con los mercados en los que opera la iniciativa privada. Esa reforma consistió en redefinir y precisar la función del gobierno en la economía para concentrarse en las áreas que requieren una coordinación nacional de esfuerzos, sobre todo en la de desarrollo social. En este nuevo entorno institucional, los sectores privado y social han tenido mayores oportunidades de participación, impulsando el crecimiento de las actividades económicas que antaño fueron manejadas por el gobierno.

Como resultado de dichos cambios, las erogaciones se contrajeron y el déficit, es decir, la diferencia entre los ingresos y el gasto, descendió de manera drástica en los años 1987-1991. Así, mientras que en 1981 el gasto programable como proporción del PIB fue de 27.8%, en 1999 la participación fue de sólo 15.5%[4] (véase la gráfica II.1).

Éste fue el principal resultado de las reformas macroeconómicas de finales de los años ochenta y de la década pasada. Desde entonces, mantener las finanzas públicas en equilibrio ha sido la ortodoxia. Sin embargo, en México algunos sectores de la sociedad todavía creen que a mayor gasto público corresponde un mayor bienestar y un mayor crecimiento, cuando en realidad la experiencia muestra que el gasto público sólo puede promover y detonar el crecimiento, pero no ser su motor permanente. Esta misma experiencia nos enseña que sólo encauzando el gasto público a regiones y grupos sociales estratégicos se obtienen mayores frutos de crecimiento y bienestar social.

Varias lecciones se aprendieron en materia de gasto público en el pasado reciente. La primera de ellas, y quizá la más importante, es la disciplina fiscal. Disciplina fiscal significa que el nivel de gasto público debe corresponder a los ingresos esperados. El sentido común dice que lo más recomendable es financiar el gasto público con fuentes estables y permanentes; las fuentes que con el tiempo han mostrado mayor estabilidad y permanencia en México son los ingresos tributarios, sobre todo

---

[4] El gasto programable es igual al gasto neto total menos el costo financiero de la deuda, los adeudos de ejercicios fiscales anteriores y las participaciones a entidades federativas y municipios. En el siguiente capítulo se dará una definición más completa de las distintas categorías de gasto.

GRÁFICA II.1. *Evolución del gasto y del déficit público (porcentaje del PIB)*

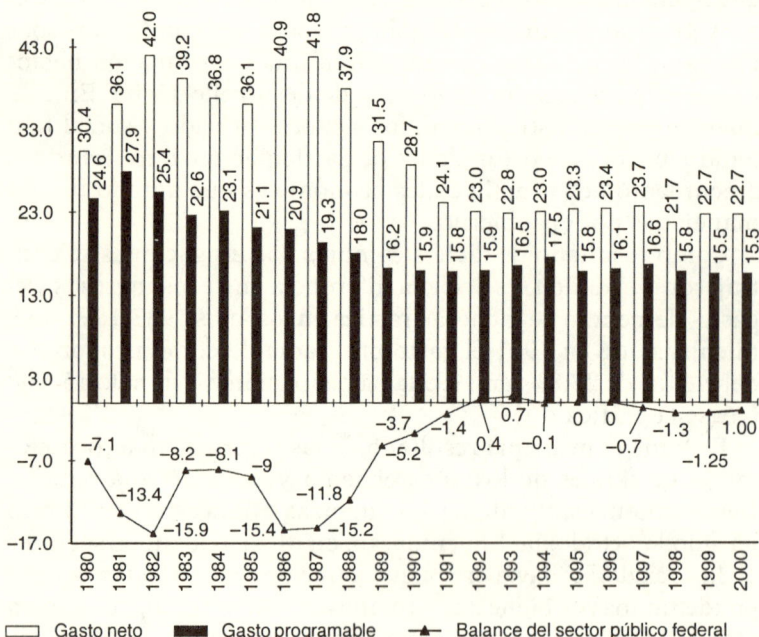

Gasto neto (valores): 30.4, 36.1, 42.0, 39.2, 36.8, 36.1, 40.9, 41.8, 37.9, 31.5, 28.7, 24.1, 23.0, 22.8, 23.0, 23.3, 23.4, 23.7, 21.7, 22.7, 22.7

Gasto programable (valores): 24.6, 27.9, 25.4, 22.6, 23.1, 21.1, 20.9, 19.3, 18.0, 16.2, 15.9, 15.8, 15.9, 16.5, 17.5, 15.8, 16.1, 16.6, 15.8, 15.5, 15.5

Balance del sector público federal: −7.1, −13.4, −15.9, −8.2, −8.1, −15.4, −9, −15.2, −11.8, −3.7, −5.2, −1.4, 0.7, 0.4, −0.1, 0, 0, −0.7, −1.3, −1.25, 1.00

Años: 1980, 1981, 1982, 1983, 1984, 1985, 1986, 1987, 1988, 1989, 1990, 1991, 1992, 1993, 1994, 1995, 1996, 1997, 1998, 1999, 2000

Leyenda: ☐ Gasto neto   ■ Gasto programable   ▲ Balance del sector público federal

FUENTE: Proyecto de Presupuesto de Egresos de la Federación, 2000.

el ISR, el IVA, el IEPS, el Impac y los impuestos al comercio exterior. Sin embargo, la disciplina fiscal no significa el equilibrio entre ingresos y egresos. Puede haber déficit fiscales si son para financiar proyectos o programas de alta rentabilidad social o económica que garanticen *a posteriori* una corriente suficiente de recursos para cubrir las obligaciones contraídas.

Otra de las lecciones obtenidas es que la restricción del gasto es vital para disminuir el déficit, debido a que la capacidad de recaudación es limitada y difícilmente puede modificarse en el corto plazo. Por eso el gasto público se ha convertido en una de las variables económicas de mayor flexibilidad y efectividad para equilibrar las finanzas del sector público federal en casos de urgencia económica, como se demostró durante la crisis de 1994.

GRÁFICA II.2. *Gasto programable en varios países*
(porcentaje del PIB de 1996)

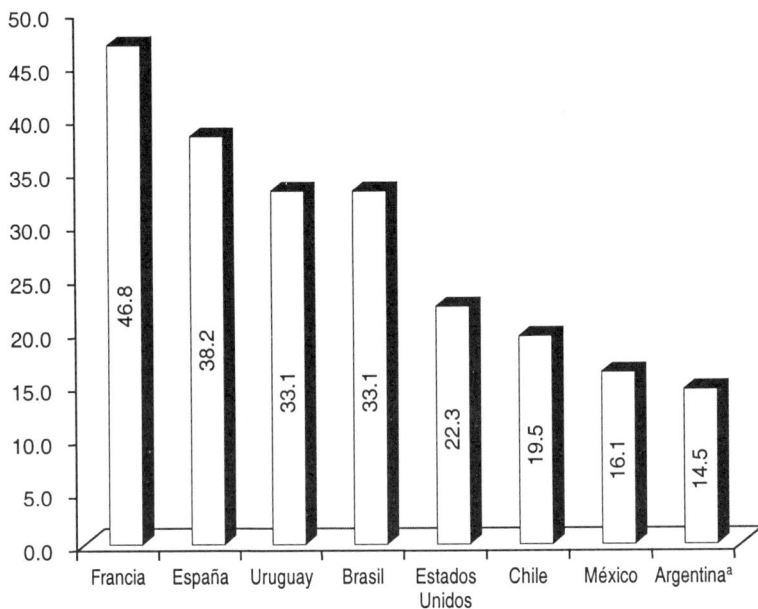

ᵃ Corresponde a 1995.
FUENTE: Informe sobre el desarrollo mundial 1998/99 del Banco Mundial y *Algunos aspectos del gasto público en México*, SHCP, 1998.

Sin embargo, hay que reconocer que, como resultado de los ajustes pasados, actualmente el nivel del gasto público es muy pequeño en relación con el tamaño de la economía, incluso comparado con el de otros países (véase la gráfica II.2).

Un gasto público tan reducido se traduce en una restricción a la asignación del gasto, porque éste no puede aumentar en el corto plazo debido a la rigidez de la capacidad de recaudación del gobierno federal. La restricción demanda emprender una reforma que, a diferencia de las anteriores, se concentre en el nivel microeconómico, esto es, reglas transparentes y eficientes que mejoren la asignación y la productividad de las erogaciones para lograr más resultados con una cantidad limitada de recursos. Como se expuso en el capítulo anterior, la NEP y el

SED pretenden proporcionar los incentivos para un mejor desempeño y hacer más transparente la administración pública, combinando eficiencia y eficacia con mayor flexibilidad.

4. Composición del gasto público en México

Cada año, durante la discusión del Proyecto de Presupuesto de Egresos de la Federación, se discute acerca de la asignación del gasto que propone el Ejecutivo federal. Todos los actores involucrados fijan posiciones en favor de aumentar el gasto a la educación, a los municipios, a la vivienda, a la salud, al campo, por mencionar algunos ejemplos. Cuando se observa a las fracciones parlamentarias debatir acerca del Presupuesto de Egresos de la Federación, se tiene la impresión de que los representantes sociales creen que existe una fuente inagotable de recursos para sufragar las necesidades del país. Desde luego esto no es así: el sector público federal, como cualquier agente económico, enfrenta también una restricción, que es impuesta por la capacidad de recaudación y un nivel de deuda prudente, de ahí la importancia de considerarlos conjuntamente con el gasto a la hora de formular el presupuesto. Además, el gasto público federal tiene una inercia que difícilmente puede cambiarse de un año a otro; la manera como esta inercia funciona será el tema central de los siguientes capítulos.

Es preciso enfocar el PEF de una manera integral. Examinarlo requiere tener en consideración los ingresos con los que se cuenta, el nivel de gasto que se requiere y el total de la deuda. La NEP y el SED lograrán que el gasto que se apruebe se apegue a las disponibilidades en un contexto de transparencia y responsabilidad; así, al considerar conjuntamente las variables que intervienen en la formulación del PEF se podrá discutir la política fiscal y proponer cambios en ella de manera prudente.

Por ahora nos concentraremos en analizar el tipo y la naturaleza de las principales fuentes de recursos del sector público federal y su destino correspondiente. Esta información será de gran utilidad para conocer el margen de maniobra dentro del PEF al momento de asignar o reasignar recursos.

Fuentes

Las principales fuentes de recursos financieros del sector público federal son las siguientes: *a) ingresos presupuestarios*, que son conformados por los ingresos del gobierno federal y por los ingresos de las entidades paraestatales; representan 89.3% del total de los ingresos, de los cuales 62.2% provienen del gobierno federal y 27.1% de las entidades paraestatales;[5] *b) endeudamiento neto*, que aporta 9.3%,[6] y *c) diferimiento de pagos*, que representa 1.4 por ciento.[7]

El principal aportante de recursos financieros es el gobierno federal, cuyos ingresos provienen de los ingresos tributarios (46.1% del total de las fuentes) y de los no tributarios (16.1%). Los primeros agrupan todos los impuestos, entre los cuales destacan el ISR, el IVA, el impuesto a los activos y el IEPS. Estos ingresos resultan de la recaudación y son los que han tenido a través del tiempo mayor estabilidad y permanencia (véase la gráfica II.3).

Por su parte, los ingresos no tributarios están compuestos por los derechos, los productos y los aprovechamientos. El principal componente de los ingresos no tributarios son los derechos por hidrocarburos, que también pueden denominarse como "renta petrolera". Ésta se refiere a los ingresos provenientes del usufructo de los hidrocarburos que Pemex extrae del subsuelo mexicano (véase la gráfica II.3).

En síntesis, son cuatro los conceptos de ingreso que aportan la mayoría de las fuentes de recursos del gobierno federal y, en consecuencia, del sector público federal: el ISR (19.3% del total de las fuentes), el IVA (13.7%), la renta petrolera (10.1%), y el

[5] El gobierno federal se refiere sobre todo a los tres poderes de la unión; las entidades paraestatales son los organismos públicos descentralizados, como Pemex, CFE e IMSS, que tienen patrimonio propio, así como aquellas empresas cuyo capital es propiedad del gobierno federal. Los porcentajes se calcularon con base en la información de la Cuenta de la Hacienda Pública Federal de 1998. En la sección 4 del capítulo III se da una explicación de los principales conceptos utilizados en el presupuesto.

[6] El endeudamiento neto es la diferencia entre la contratación de deuda pública menos las amortizaciones a la misma. Si el resultado es positivo, la deuda aumenta; si es negativo, entonces hay un desendeudamiento.

[7] El diferimiento de pagos es el monto de adeudos que por razones de tiempo se estima que no podrán pagarse en el ejercicio fiscal.

GRÁFICA II.3. *Fuentes de recursos del sector público federal en 1998 (millones de pesos)*

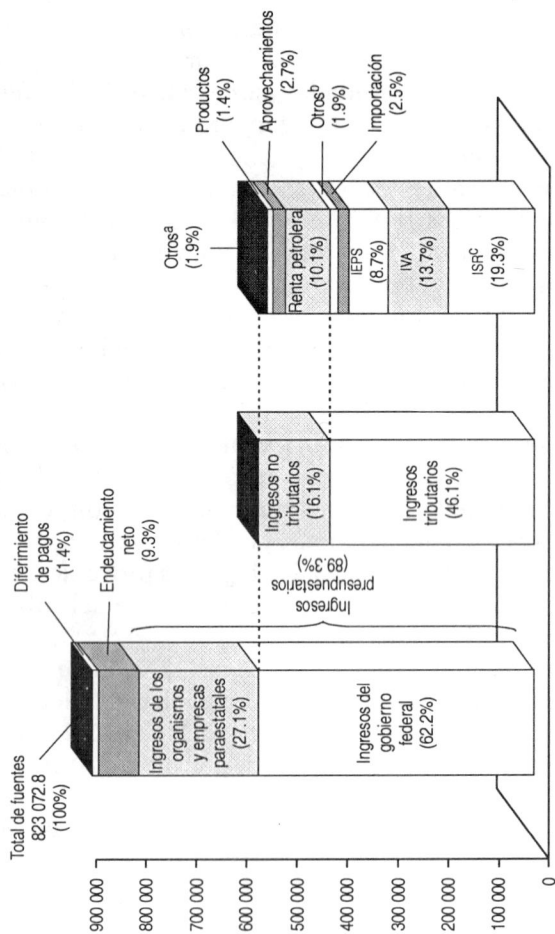

a Contribución de mejoras y otros derechos.
b Tenencia, impuesto sobre automóviles nuevos, exportación, accesorios y otros.
c Incluye impuesto al activo.
FUENTE: elaborado con base en la Cuenta de la Hacienda Pública Federal de 1998.

IEPS (8.7%). En conjunto representan 51.8% del total de las fuentes (véase la gráfica II.3).

Las contribuciones mencionadas son las que financian la mayor parte del gasto público y se consideran las variables más efectivas que puede utilizar el gobierno federal para aumentar la recaudación, excepto la renta petrolera que está determinada por factores exógenos.[8]

La renta petrolera ha sido una de las principales fuentes de recursos del desarrollo del país porque con ella se ha financiado parte importante de la infraestructura nacional. En años recientes, gracias a lo favorables que fueron los precios internacionales del petróleo, ésta contribuyó a equilibrar las finanzas públicas y a evitar mayor endeudamiento. Depender de esta fuente de recursos resulta problemático porque la determinación de su monto está subordinada a factores ajenos al país. Durante 1998 el sector público federal tuvo que hacer tres recortes al gasto público para compensar una severa disminución de ingresos provocada por la caída de los precios internacionales del petróleo. Además, la riqueza petrolera está sujeta a una limitación natural, misma que obliga a programar la intensidad de la explotación y el destino de los beneficios que se obtienen, pensando en las generaciones futuras a quienes no podemos, de manera irresponsable, dejar desprotegidas.

Otras fuentes de ingresos del sector público federal son el endeudamiento neto y el diferimiento de pagos. Se entiende por endeudamiento neto la diferencia que resulta de la contratación de deuda, suscrita para cubrir el déficit del sector público federal, menos las amortizaciones. El diferimiento de pagos incluye los adeudos que, sobre todo por razones de trámite, no logran liquidarse en un ejercicio fiscal, por lo que su pago se difiere al siguiente año. En el sector privado algo equivalente son las cuentas por pagar, las cuales constituyen el saldo del pasivo circulante al cierre de un ejercicio.

---

[8] Se denomina "renta petrolera" al monto total de derechos por hidrocarburos que paga Pemex al gobierno federal por explotar los hidrocarburos del subsuelo, propiedad de la nación.

Usos

En el PEF se especifica la aplicación que se da a las fuentes del sector público federal. Del gasto neto total, 40.2% se destina al gasto del gobierno federal;[9] 32.8%, al gasto de las entidades paraestatales; 13.2%, al pago del costo financiero de la deuda[10] y a los programas de apoyo financiero, y 13.8%, a los gobiernos locales, en forma de participaciones.[11] La suma del gasto del gobierno federal y el de las entidades paraestatales es igual al gasto programable (véase la gráfica II.4).[12]

La mayor parte del gasto lo ejerce el gobierno federal, pero sólo una pequeña porción puede considerarse como gasto de la *burocracia*: del 40.2% ejercido en 1998 sólo 14% se destinó a las entidades paraestatales del sector público federal y a los sectores social y privado en forma de subsidios y transferencias; 14.9%, a las previsiones y aportaciones de los estados, municipios y Distrito Federal en materia de salud, educación y desarrollo municipal,[13] y sólo 11.3% se destinó al gasto directo de los tres poderes federales. De ese gasto directo casi la mitad (5.6%) corresponde al gasto de cuatro dependencias del Ejecutivo federal: la Secretaría de Educación Pública, la Secretaría de la Defensa Nacional, la Secretaría de Marina y la Secretaría de Comunicaciones y Transportes (véase la gráfica II.4).

El gasto de las entidades paraestatales ocupa el segundo lugar en importancia. De 32.8% del total del gasto que éstas ejercen, 10.6% corresponde al gasto del IMSS; 8.7% al de Pemex; 6.8% al de la CFE, y 6.8% al del resto de las entidades (véase la gráfica II.4).[14]

---

[9] Incluye a las dependencias del Poder Ejecutivo, del Poder Legislativo, del Poder Judicial y del Instituto Federal Electoral. A partir del ejercicio fiscal de 2000 se separa del Ejecutivo el presupuesto de la Comisión Nacional de Derechos Humanos. En el capítulo III se da una explicación detallada de los términos más utilizados en el presupuesto.

[10] Son las erogaciones que se destinan a cubrir los intereses, las comisiones y los gastos relacionados con la contratación de deuda pública.

[11] De acuerdo con la Cuenta de la Hacienda Pública Federal de 1998.

[12] En la sección III.4, p. 107 del siguiente capítulo, se define este concepto de gasto.

[13] Las previsiones y aportaciones se refieren a las transferencias que otorga el gobierno federal a las entidades federativas y municipios en el marco de diversos convenios de federalización y descentralización.

[14] ISSSTE, LyFC, Pipsa, Asa, Capufe, Lotenal y Ferronales.

GRÁFICA II.4. *Destino de las fuentes del sector público federal en 1998 (millones de pesos)*

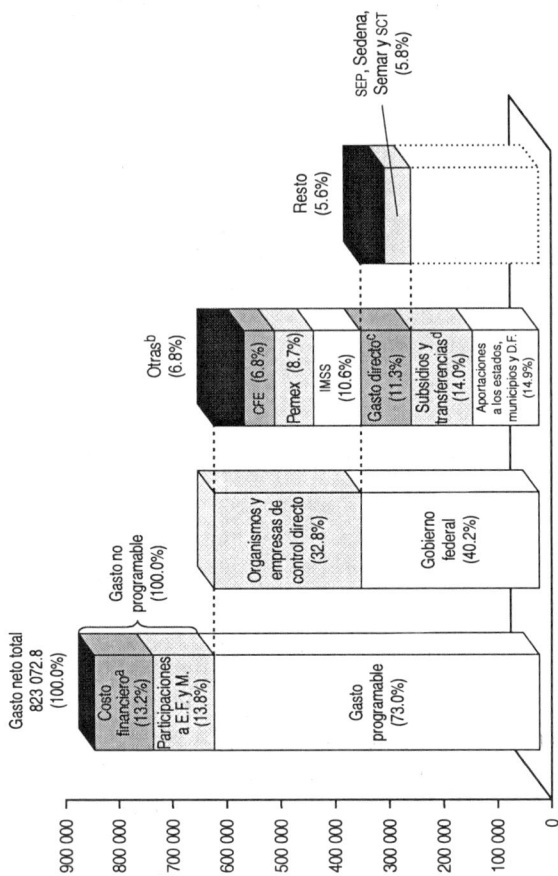

Gasto neto total
823 072.8
(100.0%)

Costo financiero[a] (13.2%)

Participaciones a E.F. y M. (13.8%)

Gasto no programable (100.0%)

Gasto programable (73.0%)

Organismos y empresas de control directo (32.8%)

Gobierno federal (40.2%)

Otras[b] (6.8%)

CFE (6.8%)
Pemex (8.7%)
IMSS (10.6%)
Gasto directo[c] (11.3%)
Subsidios y transferencias[d] (14.0%)
Aportaciones a los estados, municipios y D.F. (14.9%)

Resto (5.6%)

SEP, Sedena, Semar y SCT (5.8%)

900 000
800 000
700 000
600 000
500 000
400 000
300 000
200 000
100 000
0

[a] Incluye los programas de apoyo financiero.
[b] ISSSTE, LyFC, Conasupo, Ferronales, ASA, Capufe, Pipsa y Lotenal.
[c] De las dependencias y poderes federales.
[d] A los sectores privado y social, así como a los organismos públicos y entidades de control indirecto.
FUENTE: elaborada con base en la Cuenta de la Hacienda Pública Federal de 1998.

Gasto corriente y gasto de capital

Del total del gasto programable, 80% se destina a sufragar erogaciones corrientes, y 20% a gasto de capital.[15] Muchas personas
creen que el gasto corriente es el que se destina a comprar papelería y útiles de oficina, rentar inmuebles, pagar viáticos y
utilizar el servicio telefónico. Esto es cierto; sin embargo, afirmar que la mayor parte del gasto corriente se destina a liquidar
estos gastos es incorrecto.

Son dos los principales insumos que se adquieren y que se
registran como gasto corriente: el pago de las remuneraciones
y el pago de las pensiones de los trabajadores; del 80% de gasto
corriente, 41.4 y 11.6% son, respectivamente, para sufragar tales gastos.[16] En suma, la mayor parte del gasto corriente, y en
consecuencia del gasto público, se destina al pago de los sueldos, salarios y prestaciones de los servidores públicos.

También se tiene la creencia de que los sueldos de los secretarios y del mismo presidente absorben la mayor parte
del gasto en servicios personales. En realidad, los servidores
públicos a quienes se destina la mayor parte del gasto en remuneraciones son los profesores, en el sistema educativo, y
los médicos y el personal de apoyo, en las áreas de salud y de
seguridad social. Los médicos, el personal de apoyo y los profesores, en conjunto, representan 70.8% del total. Estas remuneraciones absorben 29.3% del gasto programable (véase
la gráfica II.5).[17]

Si bien al gasto corriente se destina la mayor parte del gasto
programable, el gasto corriente es en gran porcentaje gasto en
desarrollo social: las funciones de salud y educación son las
que absorben la mayor parte de las erogaciones corrientes. Por
ejemplo, 64.3% del gasto corriente se dirige sobre todo al pago
de las remuneraciones de maestros y médicos, al pago de pensiones, a la compra de medicamentos y a la impresión de libros
de texto gratuitos. La segunda prioridad del gasto corriente es
la energía. A ésta se destina 16.2% del gasto corriente. Por tan-

---

[15] En el capítulo III se explicará en detalle qué se incluye en dichos conceptos.
[16] *Algunos aspectos del gasto público en México*, SHCP, 1998.
[17] *Ibid.*

GRÁFICA II.5. *Composición del gasto corriente en 1998*
(millones de pesos)

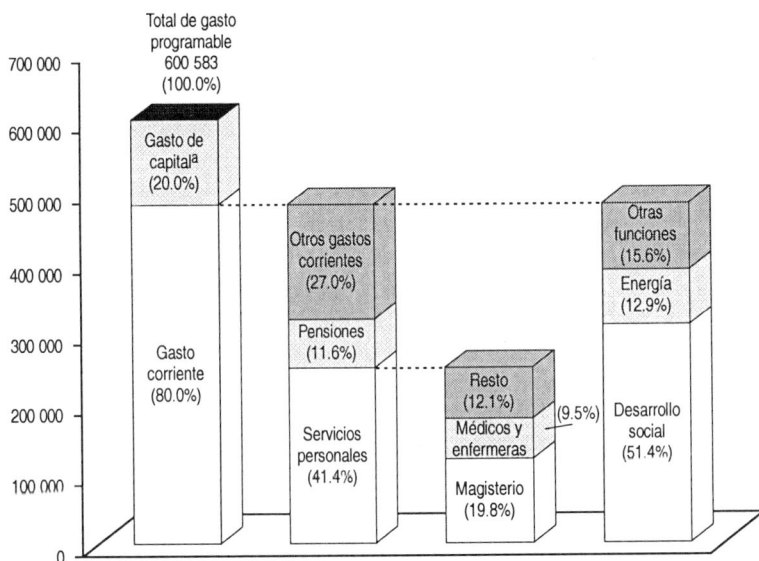

ª Incluye 6 732.1 millones de pesos del fondo para el fortalecimiento de los municipios y del Distrito Federal.

FUENTE: elaborada con base en la Cuenta de la Hacienda Pública Federal de 1998 y en *Algunos aspectos del gasto público en México*, SHCP, 1998.

to, el gasto en desarrollo social y en energía absorbe 80.5% del gasto corriente (véase la gráfica II.5).[18]

Gasto en desarrollo social y recaudación

El gasto en desarrollo social es el principal medio para lograr la equidad, ya que se orienta a impulsar el potencial humano y a garantizar la igualdad de oportunidades. Es también el principal medio redistributivo del ingreso porque los estratos sociales más bajos son los principales beneficiarios, quienes, de tener que pagarlos personalmente, no podrían tener acceso, por

[18] *Ibid.*

ejemplo, a los servicios de salud, educación, seguridad social e infraestructura.

Por este motivo dicho gasto es la mayor preocupación de los gobiernos porque cada peso que se destina al desarrollo social incrementa las habilidades personales de los habitantes. El desarrollo social es el principal destino del gasto federal: 57.9% del gasto programable es para educación, salud, desarrollo regional y urbano, seguridad social y abasto y asistencia social (véanse las gráficas II.6 y II.7).

El sector público tiene un grave problema en el financiamiento del gasto en desarrollo social. Aunque no está contemplado en ley alguna, es justo que haya una transferencia de recursos de los sectores sociales más pudientes hacia los que menos tienen. Es así como el gobierno promueve la equidad. Al analizar las fuentes de ingresos se hace patente que la recaudación tributaria es insuficiente para cubrir el gasto en desarrollo social y para pagar las participaciones respectivas a los gobiernos locales. Por ejemplo, el monto del IVA, un impuesto al consumo, que es aportado en gran parte por los estratos sociales altos, es inferior al gasto en educación básica, que beneficia sobre todo a los grupos sociales más bajos (véanse las gráficas II.8 y II.9).

El país tiene un grave problema de recaudación porque los ingresos tributarios son insuficientes para cubrir el gasto programable del gobierno federal. Esto tiene implicaciones importantes en las finanzas públicas, porque una gran parte del gasto se cubre con ingresos no tributarios, en especial con los del petróleo y con los obtenidos de la venta de empresas paraestatales.

Como estos ingresos no son estables ni permanentes y representan el patrimonio de los mexicanos, incluyendo a las generaciones futuras, el sector público federal tiene dos problemas en materia de finanzas públicas: uno de carácter financiero y otro de justicia intergeneracional. El primero, que los ingresos no tributarios son volátiles, lo cual disminuye certidumbre a la programación presupuestaria. El segundo, que la generación actual está utilizando parte del patrimonio que debe preservarse para las futuras generaciones.

GRÁFICA II.6. *Composición del gasto programable por funciones (millones de pesos)*

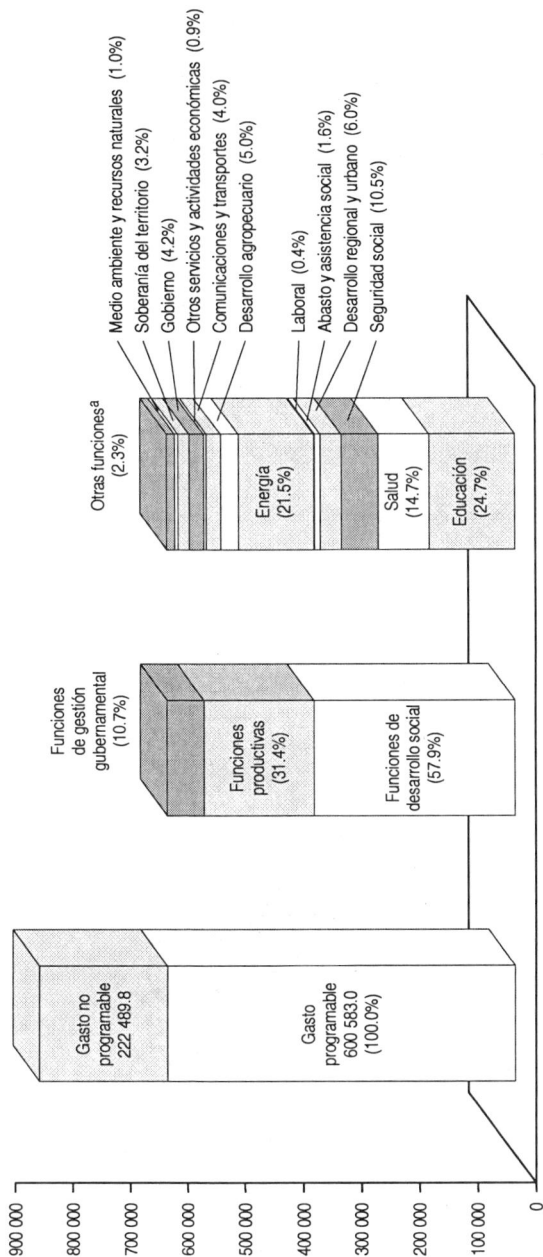

[a] Impartición de justicia 0.9%; organización de los procesos electorales 0.6%; procuración de justicia 0.5%; y legislación 0.5 por ciento.

FUENTE: elaborada con base en la Cuenta de la Hacienda Pública Federal de 1998.

GRÁFICA II.7. *Evolución de la participación del gasto en desarrollo social (porcentaje)*

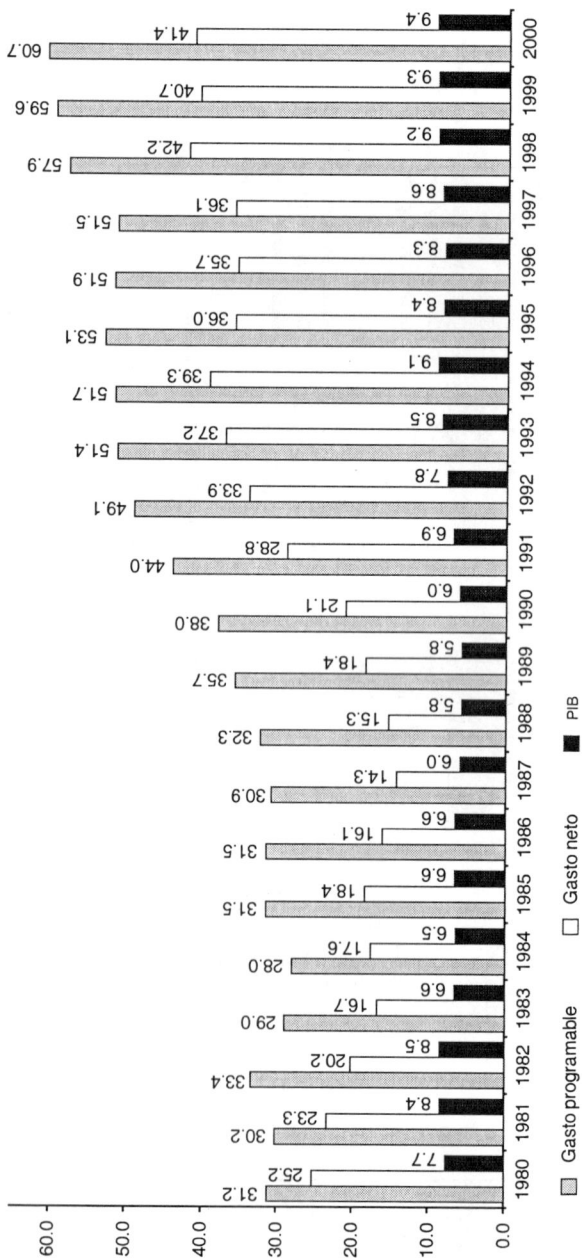

FUENTE: Proyecto del Presupuesto de Egresos de la Federación, 1999.

GRÁFICA II.8. *Gasto social y recaudación tributaria en 1998 (millones de pesos)*

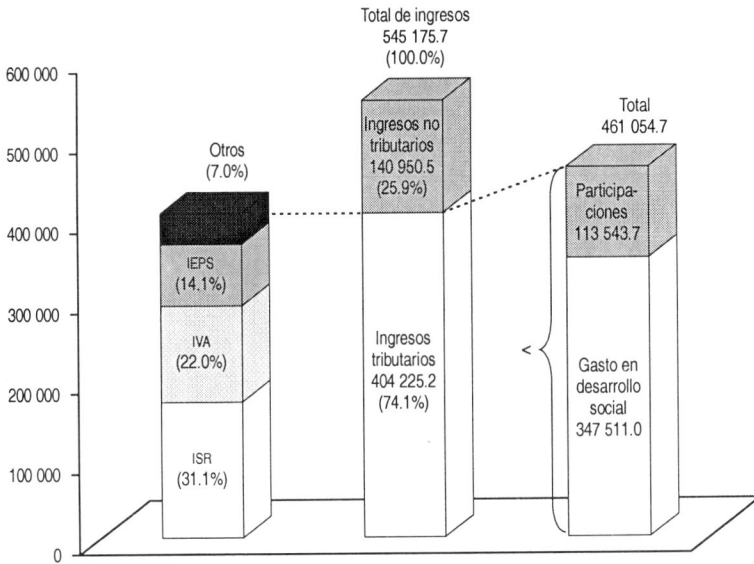

Total de ingresos
545 175.7
(100.0%)

600 000

500 000 — Otros (7.0%)

Ingresos no tributarios 140 950.5 (25.9%)

Total 461 054.7

400 000 — IEPS (14.1%)

Participaciones 113 543.7

300 000 —

200 000 — IVA (22.0%)

Ingresos tributarios 404 225.2 (74.1%)

Gasto en desarrollo social 347 511.0

100 000 — ISR (31.1%)

0

FUENTE: elaborada con base en la Cuenta de la Hacienda Pública Federal de 1998.

5. COMPROMISOS Y RESTRICCIONES

El sector público federal tiene también graves problemas por el lado de los gastos. Uno de ellos es que el monto de gasto que se ejerce anualmente es muy pequeño en relación con el tamaño de la economía y con las necesidades sociales. Otro problema es que la mayor parte de las erogaciones ya están predeterminadas por compromisos jurídicos y obligaciones contractuales y por prioridades establecidas de antemano; ambos reducen el margen de maniobra en la asignación de los recursos. Respecto a los compromisos, en unos casos el marco jurídico establece la obligación del Ejecutivo federal para erogar montos específicos, mientras que en otros sólo fija la obligación. Además, existen áreas prioritarias que fueron establecidas por la sociedad durante las campañas políticas y por sus representantes durante las discusiones del PPEF.

GRÁFICA II.9. *Gasto en educación y recaudación por* IVA
(millones de pesos)

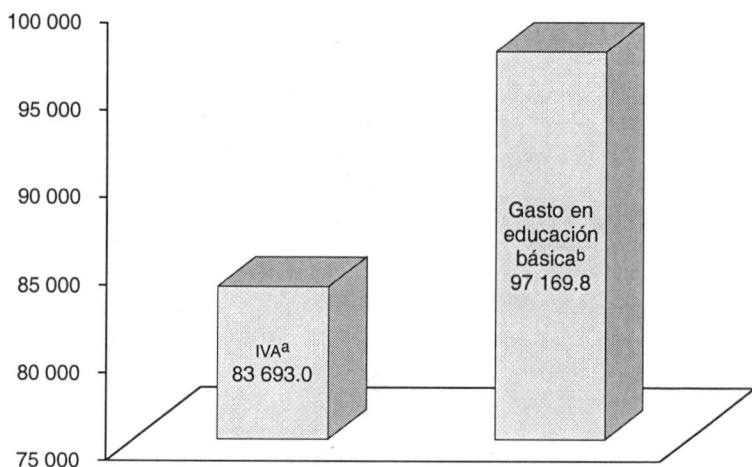

ª IVA neto de participaciones.
ᵇ Gasto en educación básica correspondiente al año escolar 1998-1999.
FUENTE: elaborada con base en el documento *Algunos aspectos del gasto público en México*, SHCP, 1998, así como en el PPEF 2000.

En 1998 los ordenamientos jurídicos determinaron que el gasto público federal de 1998 sería de 83.7%. Cuando se agregó el gasto prioritario, que representó 3.7%, el resto del gasto neto total por asignar a las demás responsabilidades quedó en 12.6%. La asignación del gasto se torna compleja debido a lo reducido del margen de maniobra de la restricción presupuestaria, lo que se suma a la imposibilidad de aumentar a corto plazo el monto del gasto público (véase el cuadro II.1).

6. DESAFÍOS PARA LA POLÍTICA DE GASTO

En México existen importantes rezagos sociales que imponen significativos desafíos a las finanzas públicas porque demandan recursos adicionales que el sector público no tiene. Los más importantes son:

Educación. La tasa de analfabetismo es cercana a 10%. La escolaridad promedio nacional es de 7.7 años, en tanto que la de nuestros principales socios comerciales es de 15 años. Hay además grandes diferencias regionales; en Baja California mientras que 96.3% de los alumnos inscritos en primaria la terminan, en Chiapas lo hace sólo 65.8%.[19] La calidad de la educación también requiere mayor atención; en 1999 el gasto público que se destinó a educación fue 4% del PIB.[20]

Salud. Se estima que poco más de tres millones de habitantes aún no tienen acceso a los servicios de salud. Si bien se pretende que la esperanza de vida se incremente de 72.6 años en 1994 a 74.4 años en 2000, el índice de mortalidad infantil es de 30.5%, muy elevado si se compara con el que tienen otros países de desarrollo similar como Chile, que es de 12%; Uruguay, de 18%, y Argentina, de 22%. La de nuestros socios comerciales en América del Norte es la siguiente: Estados Unidos, 8%, y Canadá, 6%.[21] Como porcentaje del PIB el gasto público en salud fue 2.5% en 1999.[22]

Seguridad social. La estructura demográfica actual señala que en el futuro próximo la tasa de crecimiento de la población pensionada será mayor que la de la población activa; este fenómeno incidirá en los sistemas de pensiones. Aunque ya se han considerado medidas para proteger a los trabajadores contemplados en el apartado "A" del artículo 123 constitucional, falta reestructurar los sistemas de pensiones para los servidores públicos de los tres órdenes de gobierno y los de los maestros de las universidades de los estados.

Agua potable y alcantarillado. 13.9% de los mexicanos carecen del servicio de agua potable, y 27.4%, del de alcantarillado.[23]

[19] Anexo estadístico del *V Informe de Gobierno* del Poder Ejecutivo Federal, 1999.

[20] *Presupuesto de Egresos de la Federación 2000.* En promedio, en 1996 los países del G7 destinaron a educación un gasto público de 5.3% del PIB, véase *World Development Indicators*, Banco Mundial, 1999.

[21] Informe acerca del desarrollo mundial, *El Estado en un mundo en transformación*, Banco Mundial, 1997.

[22] *Presupuesto de Egresos de la Federación 2000.* En promedio, en 1990-1997 los países del G7 destinaron a salud un gasto público de 6.5% del PIB, véase *World Development Indicators*, Banco Mundial, 1999.

[23] Anexo estadístico del *V Informe de Gobierno* del Poder Ejecutivo Federal, 1999.

CUADRO II.1. *Compromisos del gasto público federal en 1998*

Ordenamientos que fijan un monto de gasto	Ordenamientos que establecen una obligación de gasto	Compromisos adquiridos	Prioridades de gasto	Resto de las responsabilidades
Ley Orgánica del Congreso General de los Estados Unidos Mexicanos	Ley General de Educación	Proyectos de inversión autorizados: Decretos aprobatorios de los PEF	Pobreza y pobreza extrema	Tribunales agrarios, fiscales y laborales, fiscalización, empleo, procuración de justicia, vivienda, aeropuertos, ferrocarriles, abasto, asistencia pública, turismo, comunicaciones y transportes, política fiscal, desarrollo regional y urbano, relaciones con el exterior, desarrollo agropecuario y comercio interior y exterior, política interior, promoción turística y planeación demográfica
Ley Orgánica del Poder Judicial de la Federación	Ley General de Salud	Endeudamiento: Leyes de ingresos, con base en la Ley de Deuda Pública	Agua potable y saneamiento	
Código Federal de Instituciones y Procedimientos Electorales	Ley General que Establece las Bases de Coordinación del Sistema Nacional de Seguridad Pública	Contratación de servicios personales: Ley Federal de los Trabajadores al Servicio del Estado y Contratos Colectivos de Trabajo		
Ley General de Deuda Pública	Decreto de Procampo			

Ley de Coordinación Fiscal con Entidades Federativas y Municipios	Ley General de Equilibrio Ecológico y Protección al Medio Ambiente
Ley del Seguro Social	Ley Orgánica del Ejército y Fuerza Aérea
Ley del ISSSTE	Ley Orgánica de la Armada de México
Ley del ISSFAM	Ley del Servicio Público de Energía Eléctrica
	Ley Reglamentaria del Artículo 25 Constitucional en Materia de Petróleo
286 050.3 millones de pesos[a]	403 125.6 millones de pesos[b]	s.c.	30 618.1 millones de pesos[c]	103 278.8 millones de pesos

[a] Gasto de los poderes Legislativo y Judicial, IFE, costo financiero, participaciones y función seguridad social.
[b] Gasto de las funciones de educación, salud, medio ambiente, energía y soberanía, y gasto en el sistema nacional de seguridad pública y Procampo.
[c] Gasto en pobreza extrema en la vertiente de desarrollo de capital físico, oportunidades de ingresos y nutrición, y gasto en agua potable y alcantarillado.
s.c.: sin contabilizar. No se contabilizan estos rubros para evitar la doble contabilización en los rubros de las otras columnas.
FUENTE: la estimación de los montos se obtuvo de la Cuenta de la Hacienda Pública Federal de 1998 y del anexo del V Informe de Gobierno del Poder Ejecutivo Federal.

Pobreza extrema. Se estima que aproximadamente 27.4 millones de mexicanos viven en condiciones de pobreza extrema, lo cual es 21.5% de los hogares del país. De ese total, 15.4 millones habitan en localidades rurales dispersas, la mayoría con una población menor a 99 habitantes, y 12 millones, en localidades semirrurales y urbanas que tienen una población entre 2 500 y 15 000 habitantes.[24] La pobreza extrema se caracteriza por una carencia total de capital, tanto humano como material, que crea un círculo perverso de subinversión y de mayor atraso alrededor de quienes la padecen.

Saneamiento financiero. Después de la crisis de 1994, buena parte de las familias y de las empresas enfrentaron un grave problema de endeudamiento, que debilitó las instituciones bancarias. El costo de los programas de saneamiento financiero para los deudores de la banca demandará importantes recursos del presupuesto federal durante varios años.

Cubrir todas las necesidades mencionadas demanda cuantiosas erogaciones adicionales al gasto actual. Muchas de esas necesidades son difíciles de expresar en términos monetarios, porque al atender unas se descuidan otras. Es el caso del agua potable y del alcantarillado, que tienen un efecto favorable en la salud pública y en la educación. Asimismo, la falta de un sistema de evaluación de costos sociales dificulta estimar las necesidades de gasto para poder atenderlas.

Para atender las necesidades de la población, dada la actual estructura fiscal, se demandan recursos adicionales provenientes de los impuestos, por lo que será necesario elevar la recaudación. Otra opción es aumentar la productividad de las erogaciones porque continuar reduciendo el gasto puede afectar la operación del gobierno debido al escaso margen de maniobra en el presupuesto y a lo pequeño que es el gasto público en relación con el tamaño de la economía (véase la gráfica II.1). Por tanto, una estrategia que combine ambas opciones es lo más indicado.

---

[24] *Presupuesto de Egresos de la Federación 2000*, t. I.

7. LA POLÍTICA DEL GASTO PÚBLICO DEL FUTURO

El gasto público ya no es una causa de inestabilidad económica para el país; incluso, ha sido la variable más eficaz para la estabilidad. Por el momento, además de controlar el nivel de las erogaciones, la prioridad es vigilar su composición, destino, uso y eficiencia. Para ello, es imperativo que sólo los programas y proyectos de menor costo y mayor efectividad se privilegien en el PEF. Si se quiere que esto sea posible, urge una reforma presupuestaria que innove la manera de asignar, administrar, controlar y evaluar la aplicación de los recursos públicos. Una reforma presupuestaria a fondo tiene que empezar con una evaluación del desempeño del Estado. Respecto al gobierno, habrá que evaluar tanto la distribución de las responsabilidades entre los tres órdenes de gobierno como el modo de financiarlas, que debe ser el más adecuado.

Es necesario un instrumento para la programación del gasto que permita ver la situación presente y futura de las finanzas públicas, para que las decisiones que se tomen hoy resuelvan el problema de insuficiencia de recursos en el futuro. En los siguientes capítulos se presentará una propuesta encaminada a incrementar la productividad del gasto público. Para tal fin, primero se presenta en el capítulo III una amplia descripción del PEF y del proceso que lo origina. Luego, en el capítulo IV se juzgarán las debilidades del proceso presupuestario.

III. EL PROCESO PRESUPUESTARIO
EN MÉXICO

PARA HABLAR DEL PRESUPUESTO de egresos de la federación (PEF) primero hay que referirse al sector público federal y a la planeación gubernamental. El presupuesto de egresos no es un fin sino parte del proceso de planeación, que se inicia con el planteamiento de propósitos y prioridades.

Un propósito es el objetivo que se pretende; por ejemplo, uno de los objetivos o propósitos de las acciones de salud es disminuir el porcentaje de enfermedades previsibles por vacunación o aumentar la esperanza de vida al nacer. Estos objetivos se concretan después en la programación de acciones, como sería aplicar un millón de vacunas o construir 100 centros de atención médica.

Es la disponibilidad de recursos la que condiciona la rapidez para realizar los propósitos. Por eso la finalidad de todo presupuesto público es relacionar la recaudación de ingresos con la asignación de éstos a objetivos concretos de acuerdo con las prioridades que determine la sociedad. En esto consiste en esencia la planeación.

En México, la planeación del sector público federal se rige por el Sistema Nacional de Planeación Democrática (SNPD). A continuación se presentan las características y los logros del SNPD para entender cómo funciona el proceso de planeación gubernamental. Con estas bases se podrá estudiar el proceso presupuestario, que conjunta la política de gasto y la de ingresos con el proceso de planeación.

1. EL SECTOR PÚBLICO EN MÉXICO

El gobierno mexicano tiene la encomienda de preservar el Estado de derecho para garantizar el cumplimiento de las garantías individuales plasmadas en la Constitución, condición ne-

cesaria para la prosperidad de los mexicanos. En un país en desarrollo como el nuestro, el gobierno tiene que generar, además,
las condiciones que reduzcan las desigualdades entre los grupos
sociales y las regiones geográficas, para que existan los medios
materiales que permitan otorgar a todos por igual las garantías
constitucionales.

El sector público en México proporciona a la sociedad los
bienes y servicios que dan cohesión y confianza a la colectividad, como la defensa del territorio y la soberanía, la seguridad
pública, los servicios sociales, la procuración e impartición de
justicia, el servicio postal, los medios de pago, la administración tributaria, los servicios básicos y la regulación de las actividades sociales y productivas. Estos servicios corresponden a
funciones vitales para el buen funcionamiento del país, que difícilmente costearía el sector privado. De acuerdo con la Constitución, tres órdenes de gobierno conforman la actividad pública para proporcionar los bienes y servicios mencionados: el
federal, el estatal y el municipal.[1]

Corresponde al orden federal diseñar y aplicar políticas públicas que unan las entidades federativas en un Estado nacional. La Constitución establece que las funciones no asignadas
de manera explícita a la autoridad federal deberán ser consideradas de orden estatal.[2] Actualmente los gobiernos estatales proporcionan los servicios educativos, la atención médica y la vigilancia epidemiológica; diseñan y aplican políticas locales para
el cuidado del medio ambiente; promueven el desarrollo regional estatal; construyen y administran las vías de comunicación
intraestatal; procuran e imparten la justicia que no sea del ámbito federal, y fomentan el turismo y las actividades económicas, entre las actividades más importantes.

El orden municipal es responsable, entre otros, del servicio
local de suministro de agua potable, alcantarillado y drenaje,
del alumbrado público, de la recolección y tratamiento de la
basura, del tránsito local, de la seguridad pública, de la admi-

---

[1] La excepción es el Distrito Federal, donde los órdenes estatal y municipal
tienen un estatuto especial.

[2] Artículo 124. Las facultades que no están expresamente concedidas por
esta Constitución a los funcionarios federales se entienden reservadas a los
estados.

nistración de parques y jardines públicos, rastros, mercados y cementerios, de la sanidad local, de los bomberos y del registro civil. Asimismo, tiene la facultad de expedir los bandos de policía y gobierno, emitir las disposiciones administrativas de observancia general en sus jurisdicciones que organicen la administración pública municipal o que regulen los servicios públicos de su competencia, elaborar planes de desarrollo urbano municipal, administrar el uso del suelo y regular la construcción y el transporte públicos.[3]

Ya que los gobiernos funcionan con las aportaciones de la misma sociedad, y éstas tienen un límite, el gobierno requiere organizarse eficientemente para hacer el mejor uso de estos recursos. La planeación, entonces, surge como el primer paso para que toda institución pública cumpla de la mejor manera posible el mandato social.

2. La planeación gubernamental a partir del Sistema Nacional de Planeación Democrática

Quien ha construido una casa o viajado sabe que tanto la construcción como el viaje fueron exitosos cuando hubo una reflexión y preparación previa de lo que se deseaba. Una planeación adecuada facilita al viajero alcanzar el destino escogido; en la construcción, facilita la especificación de los espacios requeridos y deseados. En ambos casos, se consideraron las restricciones inevitables: el dinero y el tiempo disponibles, el medio de transporte, la comodidad mínima deseada, la fecha oportuna de iniciarlos, por citar algunas. En resumen, es preferible planear, para lograr u obtener de manera eficaz algo que improvisar al menor costo.

De la misma manera, llevar al país, región, entidad o comunidad a un mejor estadio de desarrollo requiere de un plan sustentado en proyectos concretos. En el caso de México, la escasez de recursos y la existencia de importantes rezagos sociales y de infraestructura obligan a eliminar cualquier desperdicio.

[3] *Constitución Política de los Estados Unidos Mexicanos*, artículo 115.

Para lograr ese objetivo, un sistema de planeación nacional tiene que contemplar una forma de establecer y consensuar prioridades; el diseño de programas y de proyectos para resolver las prioridades acordadas, y los mecanismos de evaluación de los resultados. El propósito es que las prioridades originales sean satisfechas y, así, dejen de serlo y surjan nuevas por medio de un proceso continuo y permanente.

Un sistema nacional de planeación no significa que el gobierno es responsable de todo lo que se hace en un país y por ello tiene que ser el propietario de todos los medios de producción. La manera como funcionan estos sistemas en la práctica varía de un país a otro; en unos casos los principales aspectos de la vida política, económica y social son resultado de una planificación central del gobierno, como en Cuba, China o Corea del Norte; en otros, donde el sistema democrático avala el proyecto de país, las personas toman las decisiones y asumen los riesgos correspondientes con una regulación y supervisión gubernamental eficaz; en este caso se encuentra la mayoría de los países miembros de la OCDE.

Los sistemas de planeación de cada país muestran el grado de participación del gobierno en la economía y son resultado de la cultura política y del desarrollo de la democracia, es decir, de la forma e intensidad en la que participan sus ciudadanos y representantes. En este sentido, la democracia actúa como un mecanismo para desplazar ordenadamente lo que no sirve o que no proporciona los resultados ofrecidos y para dejar, en cambio, lo que sí funciona.

La historia ha demostrado que el gobierno, como una organización emanada de la misma sociedad para asegurar los intereses del Estado, se legitima si los niveles de vida mejoran, como resultado de una disponibilidad y distribución de bienes y servicios públicos de alta calidad y bajo costo. Cuando el Estado resuelve de la mejor manera los problemas de escasez de recursos, creando las condiciones para una distribución equitativa de ellos, la sociedad avanza a un nivel de desarrollo superior. Ocurre también lo contrario, cuando la planeación gubernamental no ha sido eficaz y los contrapesos políticos se tornan ineficaces.

Actualmente, la planeación del sector público en el ámbito federal está prevista en la Ley de Planeación que publicó el gobierno del presidente Miguel de la Madrid. Dicha ley pretende sistematizar la planeación del desarrollo del país por medio de procedimientos administrativos claros y coherentes; de ella nace el denominado Sistema Nacional de Planeación Democrática (SNPD). Éste es el marco de referencia de lo que hoy se conoce como proceso de planeación, programación y presupuesto de los recursos públicos.[4]

El SNPD es un conjunto de relaciones que establecen las dependencias y las entidades del sector público federal con la sociedad y con los demás órdenes de gobierno para planear, ejecutar y evaluar la agenda del desarrollo nacional. El SNPD consta de un proceso de planeación, una estructura institucional y una infraestructura de apoyo (véase la figura III.1).[5]

Proceso de planeación

El núcleo del SNPD es el mismo proceso de planeación;[6] éste dispone las etapas y los procedimientos para formular, aplicar, controlar y evaluar el Plan Nacional de Desarrollo (PND) y los programas que se deriven tanto de éste como del SNPD. El proceso de planeación planteado originalmente en el SNPD tiene cuatro etapas: formulación, instrumentación, control y evaluación; su propósito es vincular a la operación diaria con los objetivos de mediano plazo.

La etapa de formulación consiste en elaborar el PND y los programas de mediano plazo. El PND es el principal documento de planeación del Ejecutivo federal y contiene los objetivos generales y las prioridades de una administración.[7]

---

[4] El proceso de planeación, programación y presupuesto es el conjunto de etapas y procedimientos que las dependencias federales siguen para formular el presupuesto.

[5] Sistema Nacional de Planeación Democrática, *Principios y organización*, SPP, México, 1985.

[6] En México la palabra *planeación* se utiliza para expresar al conjunto de actividades ordenadas y programadas con anticipación para lograr los objetivos de política del desarrollo. Otros países utilizan el término *planificación*. En nuestro país dicho término se ha asociado en general a una planeación central.

[7] Véase el anexo A.

FIGURA III.1. *Componentes del SNPD*

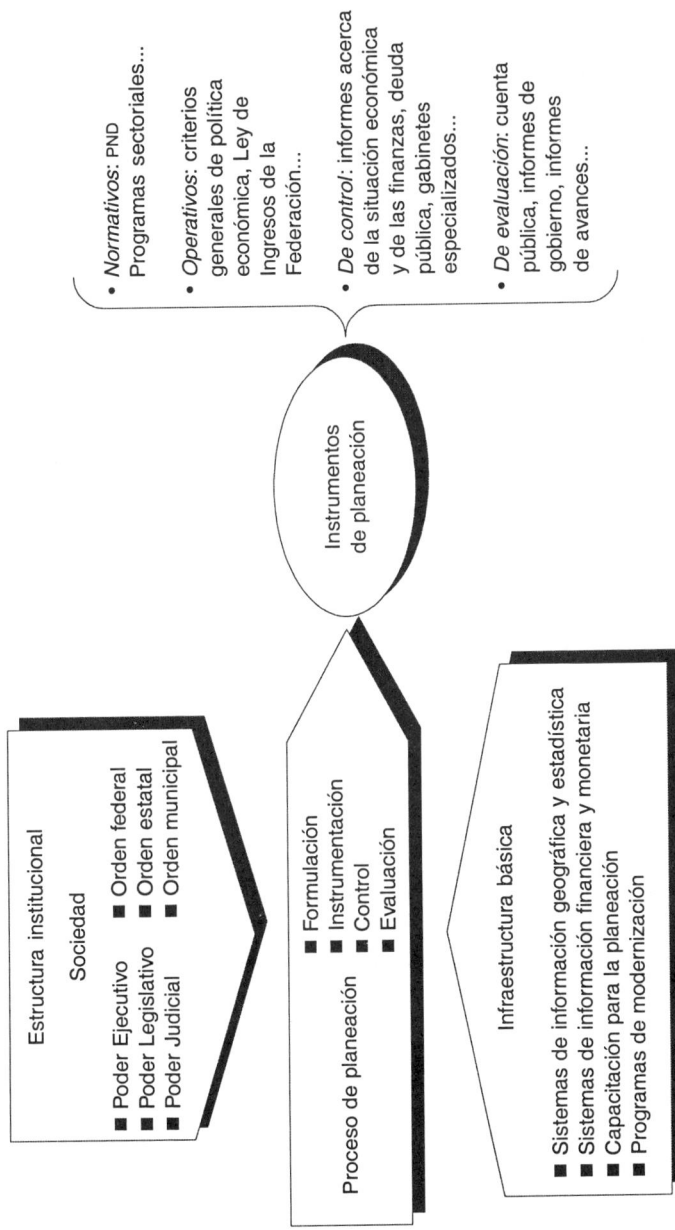

Estructura institucional

Sociedad

- Poder Ejecutivo
- Poder Legislativo
- Poder Judicial

- Orden federal
- Orden estatal
- Orden municipal

Proceso de planeación

- Formulación
- Instrumentación
- Control
- Evaluación

Infraestructura básica

- Sistemas de información geográfica y estadística
- Sistemas de información financiera y monetaria
- Capacitación para la planeación
- Programas de modernización

Instrumentos de planeación

- *Normativos:* PND Programas sectoriales...

- *Operativos:* criterios generales de política económica, Ley de Ingresos de la Federación...

- *De control:* informes acerca de la situación económica y de las finanzas, deuda pública, gabinetes especializados...

- *De evaluación:* cuenta pública, informes de gobierno, informes de avances...

⊙ Presentada por el autor en 1997 en distintos foros nacionales y publicada por primera vez en la Exposición de Motivos del Proyecto de Presupuesto de Egresos de la Federación para el ejercicio fiscal de 1998 y en la página de internet de la Secretaría de Hacienda y Crédito Público de ese año.

En la etapa de instrumentación se establecen los objetivos y las metas anuales por alcanzar; se enumeran los medios (instrumentos) necesarios para cumplirlas; se especifican las tareas por realizar; se cuantifican las necesidades de recursos, y se designa a los responsables de efectuar las acciones. Los instrumentos son las normas y los procedimientos que guían las tareas cotidianas.

La etapa de control consiste en vigilar que la realización de las tareas corresponda con lo establecido en las normas y en los procedimientos diseñados en la etapa de instrumentación. Existen dos tipos de control: el normativo o administrativo, y el económico y social. El primero vigila el cumplimiento de las normas y los procedimientos por parte de las dependencias y las entidades del sector público federal; tiene el propósito de promover la eficiencia, la transparencia y la racionalidad de las acciones. El segundo tipo de control garantiza que la realización de los programas y los presupuestos causen los efectos deseados en la sociedad.

Por último, en la etapa de evaluación se califican cualitativa y cuantitativamente los resultados del PND, de los programas y del funcionamiento del propio SNPD (véase la figura III.2).[8]

Estructura institucional

Otro de los componentes del SNPD es la estructura institucional; se refiere a las dependencias y entidades de la administración pública de los tres órdenes de gobierno y a las representaciones de los grupos sociales que participan en las actividades de planeación.

El SNPD contempla consultar y coordinar el trabajo de las instancias de gobierno del país y de los grupos sociales para elaborar y realizar el programa de desarrollo del país.

---

[8] A la fecha no se ha publicado una evaluación del SNPD ni una versión actualizada.

⦿ FIGURA III.2. *Etapas del proceso de planeación*

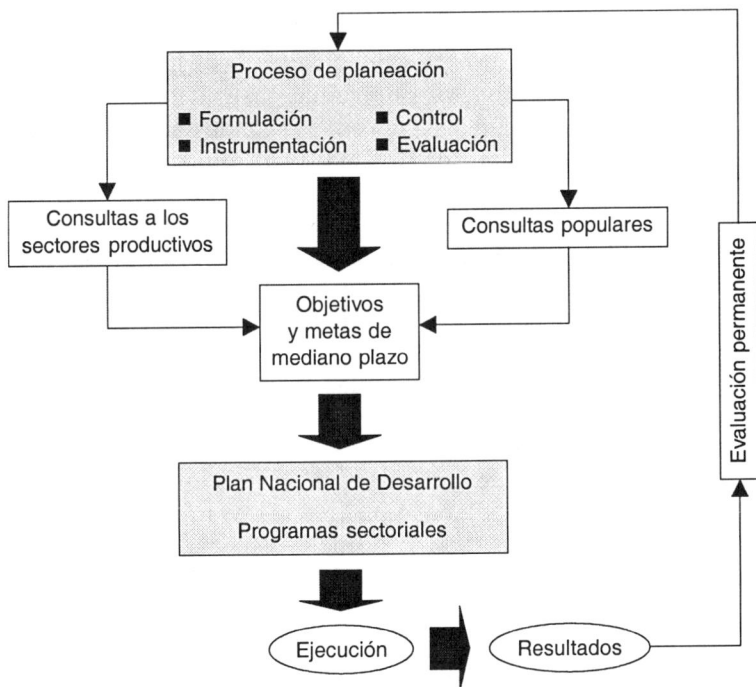

```
                    Proceso de planeación

                ■ Formulación    ■ Control
                ■ Instrumentación ■ Evaluación


Consultas a los                          Consultas populares
sectores productivos

                        Objetivos
                       y metas de
                      mediano plazo


                  Plan Nacional de Desarrollo

                    Programas sectoriales


              Ejecución          Resultados
```

Evaluación permanente

Infraestructura de apoyo

La infraestructura de apoyo del SNPD esta relacionada con los servicios, bienes y recursos que se requieren para apoyar al proceso de planeación y para mejorar la calidad de los planes y los programas: sistemas de información geográfica y estadística, sistemas de información financiera y monetaria, programas de capacitación para la planeación económica y programas de modernización administrativa.

Instrumentos del SNPD

El SNPD considera varios tipos de instrumentos para apoyar el proceso de planeación, y para orientar en las etapas de la planeación. Éstos pueden ser normativos, operativos, de control y de evaluación.

Los instrumentos normativos son el Plan Nacional de Desarrollo, los programas sectoriales, los programas estratégicos (regionales y especiales) y los programas institucionales.[9] Estos instrumentos contienen los temas de la agenda nacional previamente consensuados por medio de las consultas.

Los instrumentos operativos incluyen los programas anuales (Programa Operativo Anual Macro, hoy conocido como Criterios Generales de Política Económica, los programas operativos anuales y los programas de trabajo), la Ley de Ingresos de la Federación, el Presupuesto de Egresos de la Federación, los convenios de desarrollo[10] y los instrumentos administrativos. Todos pretenden especificar las acciones que tendrán que efectuarse en un año para lograr los objetivos del PND y de los programas sectoriales.

Los instrumentos de control se refieren a los informes trimestrales de la situación económica y de las finanzas y deuda públicas, los informes de los gabinetes especializados, los informes de la Comisión Intersecretarial de Gasto/Financiamiento y los informes de las auditorías gubernamentales. Con estos documentos los representantes populares y los responsables de las dependencias del Ejecutivo federal y de las entidades paraestatales evalúan el desempeño del gobierno.

Por último, los instrumentos de evaluación son los informes de gobierno, los informes de ejecución del PND, la Cuenta de la Hacienda Pública Federal, los informes sectoriales e institucionales y los informes anuales de evaluación de la gestión gubernamental. Los instrumentos de evaluación presentan los resultados alcanzados en un año por las dependencias y las entidades (véase el cuadro III.1).

---

[9] La Ley de Planeación y la Ley de Presupuesto, Contabilidad y Gasto Público Federal determinan las características que deben tener estos instrumentos. En el anexo A se presentan los detalles.

[10] En un principio el nombre fue Convenio Único de Desarrollo (CUD). Actualmente se conoce como Convenio de Desarrollo Social (Codesol).

CUADRO III.1. *Tipos de instrumentos del* SNPD[a]

Etapa	Tipo de instrumento
Formulación	Instrumentos normativos de mediano plazo
Instrumentación	Instrumentos operativos de corto plazo
Control	Instrumentos de control
Evaluación	Instrumentos de evaluación

[a] Sistema Nacional de Planeación Democrática, *Principios y organización*, SPP, México, 1985.

3. PROCESO DE INTEGRACIÓN DEL PPEF Y SU APROBACIÓN

El Poder Ejecutivo federal presenta a la Cámara de Diputados, representante de la sociedad, la propuesta de gasto público en el Proyecto de Presupuesto de Egresos de la Federación (PPEF) y la acompaña con la Iniciativa de la Ley de Ingresos y con los Criterios Generales de Política Económica.

El PPEF contiene la propuesta de gasto público, para un año determinado, de los tres poderes federales. Como instrumento de corto plazo del SNPD, el propósito del PEF es relacionar las acciones de corto plazo con los objetivos de mediano plazo, dada la disponibilidad de recursos que determina el comportamiento esperado de las variables económicas.

Cuando se discute la aprobación del Presupuesto de Egresos, éste ocupa el centro de atención por las decisiones que es necesario tomar para financiarlo, las cuales implican una transferencia de recursos entre sectores sociales, además del efecto macro y microeconómico que provoca el gasto. Cuando se integra el PPEF se considera, además, quiénes van a recibir los fondos públicos (grupos sociales), quiénes los van a ejercer y quiénes los van a aportar. Por eso el Presupuesto de Egresos es considerado uno de los principales instrumentos de la política económica y de la política social.

El estudio y análisis del PEF es complicado, no porque se formule con base en principios metodológicos complejos, sino por la enorme cantidad de datos que integra y relaciona. En México los presupuestos de egresos tienen una duración anual que coincide con el año fiscal, es decir, del 1 de enero al 31 de diciembre.

La facultad de iniciativa corresponde únicamente al Poder Ejecutivo, por lo cual éste es responsable de elaborar, integrar y preparar el proyecto del presupuesto; además, reúne las propuestas que formulan los poderes Legislativo y Judicial y el IFE (véase el cuadro III.2).

La Cámara de Diputados tiene la facultad exclusiva de analizar, discutir y, en su caso, aprobar dicho proyecto.[11] Corresponde a cada poder federal el ejercicio de los recursos previstos en el Presupuesto de Egresos en los términos y condiciones que apruebe la Cámara de Diputados. Finalmente, corresponde a esta Cámara el control y la evaluación del ejercicio del gasto (véase el cuadro III.2).[12]

La Ley de Presupuesto, Contabilidad y Gasto Público y los lineamientos para la programación y el presupuesto que emite anualmente la Secretaría de Hacienda y Crédito Público regulan la formulación del PPEF. Las etapas de elaboración e integración del PPEF son: a) concertación de estructuras programáticas; b) programa operativo anual; c) presupuesto preliminar; d) referencias nominales de gasto; e) techos definitivos de gasto, f) Proyecto de Presupuesto de Egresos de la Federación; g) discusión y aprobación del Proyecto de Egresos de la Federación, y h) calendarización de los egresos aprobados (véase el cuadro III.3).

La concertación de estructuras programáticas consiste en especificar los programas, proyectos y actividades para realizar en el año, con la finalidad de avanzar en los objetivos del PND y de los programas sectoriales. Durante la concertación, las dependencias y entidades enumeran sus objetivos, acciones y metas anuales relacionadas con el PND y con el programa o programas sectoriales bajo su responsabilidad.

[11] *Constitución Política de los Estados Unidos Mexicanos*, artículo 74, fracción IV.

[12] Las labores de fiscalización y auditoría que realiza la Cámara de Diputados se efectúan por medio de la Contaduría Mayor de Hacienda. El Poder Ejecutivo, la Secretaría de Hacienda y Crédito Público y la Secretaría de la Contraloría tienen atribuciones de control, vigilancia y fiscalización de los recursos aprobados por la Cámara de Diputados. La Entidad de Fiscalización Superior de la Federación tiene la facultad de auditar a los tres poderes de la Unión y a los gobiernos locales.

Una vez definidas las estructuras programáticas, las dependencias y entidades de la administración pública federal (APF) formulan programas anuales de trabajo que incluyen las estructuras programáticas, los requerimientos de recursos y las metas anuales. Esos programas de trabajo se denominan *programas operativos anuales* (POA). Los POA que remiten las dependencias y entidades paraestatales a la SHCP contienen las actividades que pretenden realizar, dada la disponibilidad de recursos. En un principio los POA fueron propuestas "ideales" de las actividades para efectuar, con el objetivo de cumplir fielmente con los programas sectoriales, sin considerar la restricción presupuestaria global del sector público federal; actualmente, para elaborar un POA se solicita al ejecutor lo que podría lograr con un monto de recursos con detalle de lo que alcanzaría con un incremento adicional de fondos.

El *presupuesto preliminar* es un cálculo financiero del gasto total que se necesitará en un año. Contiene los requerimientos mínimos necesarios para que la operación del sector público federal no se interrumpa y se utiliza como referencia para estimar el gasto que habrá de realizarse el año siguiente. El presupuesto preliminar se calcula con base en el presupuesto actual, se le restan los gastos que ya no se erogarán el siguiente año y se le suman los compromisos que habrán de adquirirse para el año siguiente.

Las *referencias nominales* son las metas fiscales del año. Equivale a lo que en economía se conoce como "restricción presupuestaria" cuando se refiere a la limitación que impone a un consumidor la disponibilidad de los recursos al momento de comprar un conjunto de bienes. Las metas son el resultado de los escenarios macroeconómicos esperados, que contienen supuestos acerca de la inflación, el tipo de cambio, las tasas de interés, el crecimiento económico y la balanza de la cuenta corriente que se considera financiable.

El marco macroeconómico se presenta anualmente en el documento denominado "Criterios Generales de Política Económica" (CGPE). Los CGPE contienen el programa económico anual del Ejecutivo federal, que se basa en los objetivos y en las metas de la política económica determinados en el Programa Nacional de Financiamiento del Desarrollo 1995-2000.

CUADRO III.2. *Marco jurídico del Presupuesto de Egresos de la Federación*

Preparación e iniciativa	Análisis, discusión y aprobación	Ejercicio	Control y evaluación
Poder Ejecutivo	Cámara de Diputados	Poder Legislativo Poder Ejecutivo Poder Judicial	Cámara de Diputados: Contaduría Mayor de Hacienda Entidad de Fiscalización Superior de la Federación Poder Ejecutivo: Secodam y SHCP
Constitución Política de los Estados Unidos Mexicanos (CPEUM): art. 74, frac. IV. Ley Orgánica de la Administración Pública Federal (LOAPF): art. 31, frac. XV. Ley de Planeación.	CPEUM: art. 74, frac. IV.	CPEUM: arts. 126 y 134. LOAPF: art. 31, fracs. XVII y XXV. Ley de Presupuesto, Contabilidad y Gasto Público Federal y su reglamento. Ley Federal de Entidades Paraestatales y su reglamento.	CPEUM. LOAPF. Ley de Presupuesto, Contabilidad y Gasto Público Federal y su reglamento. Ley Federal de Entidades Paraestatales y su reglamento. Ley General de Deuda Pública.

Ley de Presupuesto, Contabilidad y Gasto Público Federal y su reglamento.
Ley Federal de Entidades Paraestatales y su reglamento.
Ley General de Deuda Pública.
Ley de Adquisiciones y Obras Públicas.

Ley General de Deuda Pública.
Ley de Adquisiciones y Obras Públicas.
Decreto Aprobatorio del PEF.

Ley de Adquisiciones y Obras Públicas.
Decreto Aprobatorio del PEF.

CUADRO III.3. *Etapas de formulación e integración del PPEF*

Actividades	1997											1998
	Feb.	Mar.	Abr.	May.	Jun.	Jul.	Ago.	Sept.	Oct.	Nov.	Dic.	Ene.
1. Concertación de estructuras programáticas	▓	▓	▓	▓	▓	▓	▓					
2. Programa operativo anual					▓	▓	▓		▓	▓		
3. Presupuesto preliminar					▓	▓	▓					
4. Referencia nominal de gasto							▓					
5. Techos de gasto							▓	▓				
6. Proyecto de Presupuesto de egresos de la Federación						▓	▓	▓	▓	▓		
7. Discusión y aprobación del PPEF										▓	▓	
8. Calendarización								▓			▓	▓

El presupuesto preliminar y los distintos escenarios de marco macroeconómico se utilizan para evaluar las posibles opciones de gasto e ingresos. Este ejercicio de escenarios pretende hacer la elección más adecuada para el cumplimiento de los objetivos del programa económico. Así, las referencias nominales resultan de la opción elegida.

Estimadas las referencias nominales, se asigna a cada dependencia y entidad paraestatal un "tope" o "techo" de gasto. Con esto, las dependencias y las entidades paraestatales formulan los proyectos de presupuestos que junto con el proyecto de los poderes y el del IFE serán integrados al PPEF. A partir del ejercicio fiscal del año 2000 se incluye también, por separado, el proyecto de la Comisión Nacional de Derechos Humanos.

De acuerdo con el marco jurídico, el Ejecutivo federal presenta a la Cámara de Diputados el PPEF a más tardar el 15 de noviembre del año previo al ejercicio fiscal de que se trate, excepto cuando inicia una administración; en este caso, la fecha límite de presentación es el 15 de diciembre.

En la Cámara de Diputados el análisis del documento y del Proyecto de Decreto Aprobatorio comienza en la Comisión de Programación, Presupuesto y Cuenta Pública. Ésta, después de discutirlo al interior de la Cámara y con funcionarios de las dependencias, prepara y presenta al Pleno un dictamen. Este dictamen incorpora las modificaciones efectuadas, como reasignaciones, ampliaciones o disminuciones al gasto y la definición de reglas para promover conductas eficientes y eficaces en el uso de los recursos públicos. Posteriormente, el dictamen se debate y se vota en el Pleno. Una vez aprobado, se publica el Decreto Aprobatorio del Presupuesto de Egresos de la Federación en el *Diario Oficial de la Federación* para que entren en vigor las disposiciones y pueda iniciarse el ejercicio del gasto.

Una vez aprobado el proyecto de presupuesto, la SHCP *calendariza* el gasto público de acuerdo con el flujo esperado de los ingresos y con los financiamientos contratados y aprobados. La calendarización se refiere a los montos máximos que podrán gastar las dependencias y entidades mes a mes, y tiene dos propósitos: *a)* cuidar que el ejercicio del gasto no se salga de control durante el año, y *b)* programar los requerimientos de fondos.

Esto permite a la SHCP efectuar ordenadamente sus colocaciones de deuda interna y externa. También le facilita controlar el nivel de las erogaciones de las dependencias del Ejecutivo. En el caso de las entidades paraestatales, que manejan su propia tesorería, se utilizan los convenios de déficit y superávit para pactar la calendarización y establecer las bases de control del gasto durante el año. El ejercicio del gasto se sujeta a las disposiciones contenidas en el *Manual de Normas para el Ejercicio del Gasto Público Federal.*

Muchos diputados y líderes de opinión consideran que el tiempo para analizar el proyecto de presupuesto es reducido. Si bien no existe una forma para fijar un "plazo razonable" para la discusión, pues intervienen muchos factores tanto de índole política como económica, sí existe el consenso entre los principales actores del proceso presupuestario en ampliar el plazo. Sin embargo, aumentar el tiempo de discusión no garantiza la calidad de la toma de decisiones. Es necesario regular todo el proceso de aprobación de la iniciativa de la Ley de Ingresos y del Decreto Aprobatorio del Presupuesto de Egresos de la Federación para acordar anticipada y secuencialmente las metas de crecimiento económico con la meta correspondiente de inflación y el balance fiscal y de cuenta corriente; las prioridades de la sociedad acordes con el ámbito de responsabilidad federal; la concertación de programas y proyectos específicos dirigida a reducir los rezagos y consolidar lo efectuado,[13] y la asignación de los recursos disponibles en el presupuesto, con base en criterios objetivos y acordados de antemano. La aprobación por etapas del PPEF puede conducir a un mejor aprovechamiento del periodo de discusión siempre y cuando se garantice que el proyecto de presupuesto se apruebe en los tiempos acordados y se fortalezca la capacidad técnica de la Cámara de Diputados para analizar las propuestas.[14]

En un contexto de mayor pluralidad y competencia política, la Cámara de Diputados está adquiriendo un papel más importante al momento de evaluar la asignación de los fondos que el Estado destina al cumplimiento de diversas leyes y actividades

---

[13] Concertación de estructuras programáticas.
[14] La creación de la Unidad de Análisis de Finanzas Públicas de la Cámara de Diputados es un gran avance.

que facilitan la vida en común de la sociedad. Los pasos que se han dado para que la Cámara mejore su capacidad de análisis y evaluación de las finanzas públicas, con una información adecuada, están encaminados en la dirección correcta.

Se requiere también consensuar un *lenguaje común* entre los actores; esto es, disponer de bases y herramientas de análisis comunes que permitan una selección objetiva de los programas y los proyectos con base en costos y beneficios. Como se expondrá en los siguientes capítulos, la NEP y el SED, ejes de la reforma presupuestaria, son herramientas para crear un lenguaje adecuado. Para completar la tarea, es indispensable que la sociedad y sus representantes se informen detalladamente del contenido del PEF para participar más activa y propositivamente en la discusión del mismo por medio de sus representantes.

4. Contenido del Presupuesto de Egresos de la Federación

El léxico que se emplea en el Presupuesto de Egresos de la Federación es el siguiente:[15]

1. Sector público federal. Se refiere a la totalidad de las instituciones gubernamentales del orden federal, incluye los tres poderes de la Unión y el IFE.[16]

2. Gobierno federal. Comprende los tres poderes de la Unión y el IFE, pero excluye a las entidades paraestatales del Ejecutivo federal.

3. Administración pública federal. Es sinónimo de Poder Ejecutivo. Se integra con la administración pública centralizada y las entidades paraestatales federales.

4. Administración pública centralizada. Se conforma con las dependencias del Poder Ejecutivo federal, la Procuraduría Federal de la República, los tribunales agrarios y el Tribunal Fiscal de la Federación.

---

[15] Con base en el Presupuesto de Egresos de la Federación de 1998 y en la Ley Orgánica de la Administración Pública Federal.

[16] A partir del Presupuesto de Egresos de la Federación del 2000 se incluye a la Comisión Nacional de Derechos Humanos.

5. *Entidades paraestatales*. Son los organismos públicos descentralizados, donde el gobierno es el fideicomitente; las empresas de participación estatal mayoritaria; las instituciones nacionales de crédito, y las instituciones nacionales de seguros y fianzas. Las entidades paraestatales tienen personalidad jurídica y patrimonio propios.[17]

El PEF hace una distinción entre las entidades paraestatales de control directo y las de control indirecto presupuestario. La Cámara de Diputados aprueba el gasto de las primeras por su importancia estratégica para el desarrollo nacional.[18] No es el caso de las segundas, que se enlistan en el tomo v del Presupuesto y que sólo presentan corrientes de ingreso y gasto en las que aparecen los subsidios y las transferencias que recibirán de parte del gobierno federal.

A diferencia de las entidades de control directo, las entidades de control indirecto no presentan estrategia programática y sus erogaciones no se contabilizan en el gasto neto total; sólo el resultado del flujo de efectivo se incorpora al balance económico del sector público federal,[19] que se presenta en el documento de Criterios Generales de Política Económica.

Las erogaciones del sector público federal contenidas en el PEF se clasifican en varios grupos o agregados:

1. *Gasto neto total*. Es la suma de todas las erogaciones que se harán en un año, distintas de las amortizaciones de la deuda. Este nivel de gasto se utiliza para medir la participación del sector público federal en la economía. Es el máximo nivel de gasto que autoriza la Cámara de Diputados para un año.

2. *Gasto primario*. Es el gasto neto total menos el costo financiero de la deuda del sector público federal. Incluye las erogaciones para cubrir la operación e inversión de los

---

[17] Ley Orgánica de la Administración Pública Federal, artículo 3.

[18] Ley de Presupuesto, Contabilidad y Gasto Público Federal, artículo 16.

[19] El balance económico del sector público federal se refiere a la diferencia entre el total de los ingresos presupuestarios (los considerados en la Iniciativa de la Ley de Ingresos) y el gasto neto total del sector público federal bajo control directo, más la diferencia entre los ingresos y egresos netos (sin amortizaciones de deuda) de las entidades bajo control presupuestario indirecto.

tres poderes; las participaciones a las entidades federativas provenientes de la recaudación de impuestos y derechos, y los adeudos de ejercicios fiscales anteriores (Adefas).

3. *Gasto programable*. Es el conjunto de erogaciones destinadas a cumplir y atender las funciones y responsabilidades del gobierno federal, así como la producción de bienes y prestación de servicios por parte de las entidades paraestatales. Este nivel de gasto se obtiene restando del gasto primario, los Adefas y las participaciones a entidades federativas y municipios.

El análisis del gasto programable permite ver quién gasta los recursos públicos, qué insumos se adquieren y qué funciones y responsabilidades se atenderán con ellos: el "quién gasta" se refiere a la perspectiva o clasificación administrativa del gasto; el "qué insumo se adquiere" a la perspectiva económica, y el "qué se logra o "qué se hace" describe la funcional.[20]

Perspectiva administrativa. Muestra al ejecutor de los recursos con los que adquiere insumos para producir bienes o servicios. Con este objetivo presenta el gasto en ramos administrativos y ramos generales del presupuesto, así como el gasto de las entidades paraestatales de control directo. Los ramos administrativos contienen el presupuesto de los tres poderes, que contiene los subsidios y transferencias que se otorgan a las entidades paraestatales y órganos desconcentrados. En los ramos generales se lleva el presupuesto del costo financiero de la deuda, de las aportaciones a la seguridad social, de las provisiones económicas y salariales, de las participaciones a las entidades federativas y municipios y de las aportaciones federales para entidades federativas y municipios. La administración de los ramos del Poder Ejecutivo es responsabilidad de las dependencias (véase el cuadro III.4).

Todo ramo administrativo a su vez se subdivide en unidades responsables (UR), que en las empresas privadas equivalen a los "centros de costos" o "unidades de negocios". Para el PEF la unidad responsable es la célula administrativa básica en que se

---

[20] Los términos *clasificación, perspectiva* o *dimensión del gasto* se usarán indistintamente.

CUADRO III.4. *Clasificación administrativa*

Ramo	Tipo de ramo
01 Poder Legislativo	Administrativo
02 Poder Judicial	Administrativo
03 Presidencia de la República	Administrativo
04 Gobernación	Administrativo
05 Relaciones Exteriores	Administrativo
06 Hacienda y Crédito Público	Administrativo
07 Defensa Nacional	Administrativo
08 Agricultura, Ganadería y Desarrollo Rural	Administrativo
09 Comunicaciones y Transportes	Administrativo
10 Comercio y Fomento Industrial	Administrativo
11 Educación Pública	Administrativo
12 Salud	Administrativo
13 Marina	Administrativo
14 Trabajo y Previsión Social	Administrativo
15 Reforma Agraria	Administrativo
16 Medio Ambiente, Recursos Naturales y Pesca	Administrativo
17 Procuraduría General de la República	Administrativo
18 Energía	Administrativo
19 Aportaciones a Seguridad Social	General
20 Desarrollo Social	Administrativo
21 Turismo	Administrativo
22 Instituto Federal Electoral	Administrativo
23 Provisiones Salariales y Económicas	General
24 Deuda Pública	General
25 Previsiones y Aportaciones para los Sistemas de Educación Básica y Normal	General
26 Desarrollo Social y Productivo en Regiones de Pobreza	General
27 Contraloría y Desarrollo Administrativo	Administrativo
28 Participaciones a Entidades Federativas y Municipios	General
29 Erogaciones para las Operaciones y Programas de Saneamiento Financiero	General
30 Adeudos de Ejercicios Fiscales Anteriores	General
31 Tribunales Agrarios	Administrativo
32 Tribunal Fiscal de la Federación	Administrativo
33 Aportaciones Federales para Entidades Federativas y Municipios	General
34 Erogaciones para los Programas de Apoyo a Ahorradores y Deudores de la Banca	General
35 Comisión Nacional de los Derechos Humanos	Administrativo

FUENTE: Presupuesto de Egresos de la Federación, 2000.

divide la administración pública federal y sus órganos desconcentrados. En las dependencias, los despachos del secretario, subsecretarios y oficiales mayores y las direcciones generales son unidades responsables. Las unidades responsables son las receptoras y administradoras de los recursos públicos.

Gracias a la clasificación administrativa es posible conocer cuánto gasta una dependencia, por ejemplo, la Secretaría de Salud o la Secretaría de Educación Pública. En una dependencia es posible saber también cuánto gastan las UR. Por ejemplo, cuánto es el presupuesto destinado a la Dirección General de Epidemiología o a la Comisión Nacional de Libros de Texto Gratuitos. El instrumento de apoyo que se utiliza para clasificar al gasto desde esta perspectiva se denomina Catálogo de unidades responsables y de dependencias y entidades de la Administración Pública Federal.

Un presupuesto que presenta información únicamente desde el punto de vista administrativo es un presupuesto limitado. Por ello, el PEF tiene otra clasificación desde la perspectiva de los insumos que se adquieren; esa clasificación aporta los elementos para medir la eficiencia con la que se transforman dichos insumos en bienes y servicios.

Perspectiva económica. Presenta el gasto público desglosado en factores o insumos que adquiere o contrata el sector público federal para operar normalmente. Agrupa las compras gubernamentales en gasto corriente y en gasto de capital. El gasto corriente contiene las erogaciones destinadas a obtener insumos para la operación normal, como sueldos y salarios, mobiliario o electricidad de una dependencia o entidad; el gasto de capital son las erogaciones que se hacen para comprar activos físicos, ampliar los existentes o contratar obra pública. Tanto uno como otro incluyen las ayudas, subsidios y transferencias que se otorgan a los sectores privado y social.

En México, "subsidio" es la asignación de fondos públicos que se otorga al consumidor para que pague, por algunos bienes y servicios, un precio menor al del mercado o que se otorga al productor para que reciba por su producto un precio mayor que el del mercado. Se utiliza para denotar una ayuda gubernamental que no exige una contraprestación económica de parte de quien lo recibe. El término de transferencias, en cambio, se

usa para referirse a los recursos que recibe un órgano descon-
centrado y éste, a su vez, los ejerce para proporcionar un bien o
prestar un servicio. Por ejemplo, reciben transferencias los ins-
titutos de investigación y las universidades públicas. En la práctica, se trata de un subsidio.

Los insumos adquiridos se nombran, clasifican y agrupan de
acuerdo con el *clasificador por objeto del gasto*,[21] cuyos componentes de mayor a menor generalidad son los capítulos, los conceptos y las partidas (véase el cuadro III.5). Sin embargo, esta
clasificación permite aún muy poco análisis del gasto. Es deseable que un presupuesto público incluya también información acerca de los productos y servicios que se van a proporcionar a la población y cómo éstos repercutirán en las condiciones
de vida.

La insuficiencia de las dimensiones administrativa y económica hace necesario crear otra dimensión que muestre con más
claridad el destino de las erogaciones. Esa dimensión es la fun-
cional/programática o, simplemente, clasificación funcional.

Perspectiva funcional. Es la que expresa el tipo de las responsabilidades gubernamentales que el marco jurídico asigna al
sector público federal.[22] En el PEF, estas responsabilidades son
las "funciones": actividades generales como el combate a la pobreza, el desarrollo rural, la educación o la salud. La clasificación funcional del gasto informa, por ejemplo, cuánto se asigna
en promedio a una campaña para disminuir el analfabetismo;
cuánto a combatir la delincuencia, o cuánto a prevenir enfermedades. Por eso esta clasificación da una idea precisa de lo
que hace el gobierno y de sus prioridades.

Cada una de las perspectivas del gasto tiene su propia importancia porque muestra distintas maneras de ver el destino del
gasto público. Sin embargo, cuando éstas se relacionan conjuntamente, se obtiene información de mayor valor. Las clasificaciones administrativa y económica al combinarse con la fun-

---

[21] El clasificador por objeto del gasto es una herramienta de apoyo en la
formulación del presupuesto; es clave para el control contable del gasto porque con ella se precisan los factores e insumos que compran las dependencias
y entidades.

[22] Constitución Política de los Estados Unidos Mexicanos y las leyes y reglamentos que de ella emanan.

CUADRO III.5. *Clasificación económica del gasto público*

Capítulo	Concepto
1000 Servicios personales	1100 Remuneraciones al personal de carácter permanente 1200 Remuneraciones al personal de carácter transitorio 1300 Remuneraciones adicionales y especiales 1400 Pagos por concepto de seguridad social 1500 Pagos por otras prestaciones sociales
2000 Materiales y suministros	2100 Materiales y útiles de administración 2200 Alimentos y utensilios 2300 Materias primas y materiales de producción 2400 Materiales y artículos de construcción 2500 Productos químicos, farmacéuticos y de laboratorio 2600 Combustibles, lubricantes y aditivos 2700 Vestuario, blancos, prendas de protección y artículos deportivos 2800 Materiales explosivos y de seguridad pública 2900 Mercancías diversas
3000 Servicios generales	3100 Servicios básicos 3200 Servicios de arrendamiento 3300 Servicios de asesoría, informáticos, estudios e investigaciones 3400 Servicios comercial y bancario 3500 Servicios de mantenimiento, conservación e instalación 3600 Servicios de difusión e información

CUADRO III.5. *Clasificación económica del... (continuación)*

Capítulo	Concepto
	3700 Servicios de traslado e instalación 3800 Servicios oficiales 3900 Otros servicios
4000 Ayudas, subsidios y transferencias	4100 Ayudas 4200 Subsidios 4300 Transferencias para apoyo de programas 4400 Transferencias para el pago de intereses, comisiones y gastos 4500 Transferencias para inversión financiera 4600 Transferencias para amortización de pasivos 4700 Apoyos a estados y municipios
5000 Bienes muebles e inmuebles	5100 Mobiliario y equipo de administración 5200 Maquinaria y equipo agropecuario, industrial y de comunicación 5300 Vehículos y equipo de transporte 5400 Equipo e instrumental médico y de laboratorio 5500 Herramienta y refacciones 5600 Animales de trabajo y reproducción 5700 Bienes inmuebles 5800 Maquinaria y equipo de defensa y seguridad pública
6000 Obras públicas	6100 Obras públicas por contrato 6200 Obras públicas por administración 6300 Estudios de preinversión

CUADRO III.5. *Clasificación económica del... (conclusión)*

Capítulo	Concepto
7000 Inversión financiera y otras erogaciones	7100 Concesión de créditos 7200 Adquisición de valores 7300 Erogaciones contingentes 7400 Erogaciones especiales
8000 Participaciones de ingresos federales	8100 Fondo general de participaciones 8200 Fondo de fomento municipal 8300 Reserva de compensación 8400 Reserva de contingencias
9000 Deuda pública	9100 Amortización de la deuda pública 9200 Intereses de la deuda pública 9300 Comisiones de la deuda pública 9400 Gastos de la deuda pública 9500 Costo por coberturas 9600 Adeudos de ejercicios fiscales anteriores (Adefas)

FUENTE: Clasificador por objeto del gasto, SHCP.

cional contestan de modo simultáneo las siguientes preguntas cuando se elabora el presupuesto: ¿quién va a gastar?, ¿en qué se va a gastar?, o ¿qué se va a comprar? y ¿para qué? Es decir, se conoce quién es el responsable directo de ejercer los recursos; qué va adquirir con ellos y a qué funciones, programas y actividades los va a destinar. Existen otras dos perspectivas adicionales del gasto: la geográfica y la cualitativa. La primera nos informa acerca de la distribución del gasto entre las entidades federativas y los municipios. La segunda se refiere a la calidad del gasto, medida en términos de cobertura, efecto social, eficiencia y equidad (véase la figura III.3).

El PPEF que entrega el Ejecutivo federal a la Cámara de Diputados se presenta en cinco tomos:

⊙ Figura III.3. *Perspectivas del gasto público*

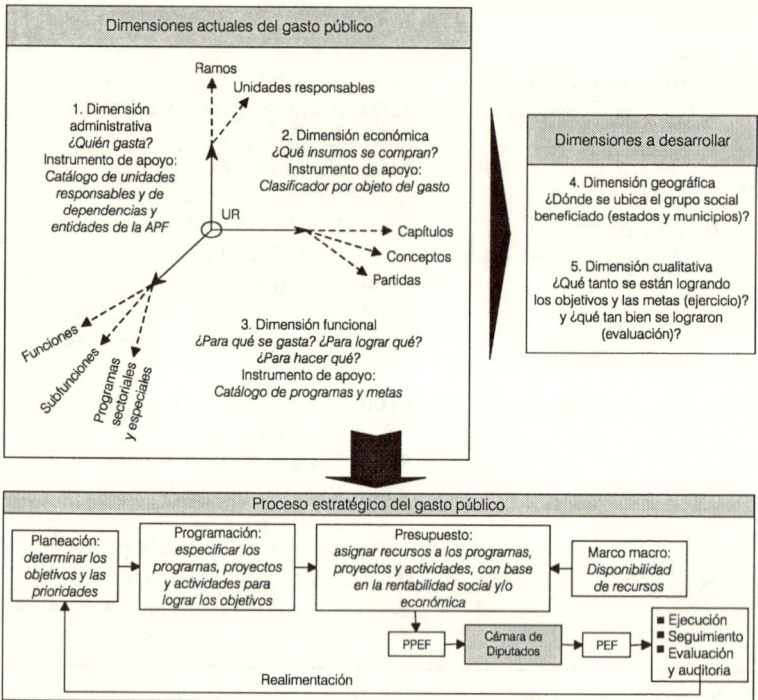

I. Exposición de motivos.
II. Presupuesto del gobierno federal.
III. Presupuesto analítico del gobierno federal.
IV. Presupuesto de organismos y empresas de control presupuestario directo.
V. Presupuesto de organismos y empresas de control presupuestario indirecto.

La *exposición de motivos* contiene los objetivos, las líneas de acción de la política del gasto público y el nivel y distribución de las erogaciones para un año determinado. Incluye también una descripción de los principales programas y proyectos que conforman el gasto programable y el gasto no programable del

Ejecutivo federal, así como los proyectos de presupuesto de los poderes y el IFE. Incluye, además, los resultados presupuestarios del sector público federal, es decir, si hay equilibrio, déficit o superávit, y la Iniciativa de Decreto del Presupuesto de Egresos. Los tomos II y III abarcan el *presupuesto del gobierno federal*; además, contienen información de los programas y unidades responsables de los tres poderes federales y del IFE por capítulos de gasto.

El tomo IV presenta los *presupuestos de organismos y empresas de control presupuestario directo*, que contienen también la información por capítulos de gasto de los programas y las unidades responsables de las entidades paraestatales; incluyen además los estados de ingresos y de egresos.

El tomo V sólo contiene los *presupuestos de organismos y empresas de control presupuestario indirecto*, expresados en términos de corriente de efectivo de ingresos y egresos.

5. CONTROL Y EVALUACIÓN DEL EJERCICIO DEL GASTO

El proceso de planeación debe realimentarse de manera continua para evaluar el avance de los objetivos y el cumplimiento de las metas. A esto se le conoce como control de la gestión gubernamental. Los informes acerca de la situación económica y de las finanzas públicas, los de los gabinetes especializados, los de la Comisión Intersecretarial de Gasto/Financiamiento y los de las auditorías gubernamentales son los instrumentos de control y evaluación previstos en el SNPD. Todos los instrumentos de control se concentran fundamentalmente en vigilar el flujo de efectivo, esto es, que el gasto público se ejerza de acuerdo con los montos y la calendarización autorizados. Otros instrumentos de evaluación son los informes acerca de la situación económica y la cuenta pública.

La SHCP elabora cada trimestre el Informe sobre la Situación Económica, las Finanzas Públicas y la Deuda Pública, para el Congreso de la Unión. Su propósito es informar acerca del desempeño de las principales variables económicas y sobre el cumplimiento de las metas de finanzas públicas, tanto en lo que se refiere al ejercicio del gasto como a la evolución de la recaudación de los impuestos, derechos y aprovechamientos, y a los ingresos de las entidades paraestatales.

El proceso de planeación requiere ser revisado para reconocer las desviaciones respecto a lo programado con la finalidad de rectificar o para reexaminar los objetivos y afinar las metas. La Cuenta de la Hacienda Pública Federal es el instrumento utilizado para la evaluación, junto con los Informes sobre Ejecución del Plan Nacional de Desarrollo, los informes de gobierno y las memorias de labores.

La contabilidad gubernamental y los resultados financieros del sector público federal se presentan en la Cuenta de la Hacienda Pública Federal; en ésta también se presenta un seguimiento de las acciones efectuadas en el ámbito presupuestario durante un año. La cuenta pública muestra las fuentes de los ingresos y la manera como se ejercieron los egresos. Además, contiene los estados financieros y patrimoniales del sector público federal.

Sin embargo, la información que contienen los instrumentos de evaluación acerca del avance de los programas sectoriales y del PND es ambigua. Se informa, por ejemplo, que se aplicaron millones de vacunas que costaron x millones de pesos; pero no se especifica qué avance anual representó esto ni cuál fue la meta sexenal en materia de erradicación de enfermedades previsibles por vacunación. La razón es que no existe un método sistemático de verificar o cuantificar el cumplimiento de los objetivos determinados al principio de cada sexenio en relación con el ejercicio del gasto. Éste es el tema de los siguientes capítulos.

IV. LA NECESIDAD DE UNA REFORMA PRESUPUESTARIA

LOS CAMBIOS POLÍTICOS que México ha experimentado en años recientes han motivado una exigencia de cuentas a los poderes Judicial, Legislativo y, en particular, al Ejecutivo federal. El pluralismo político, caracterizado por la mayoría de la oposición en la Cámara de Diputados durante la segunda mitad del sexenio del presidente Zedillo, ha contribuido a que el escrutinio de las finanzas públicas sea mayor, mientras que las crisis económicas de la década de los años ochenta y la de mediados de los noventa, han impuesto grandes limitaciones a la cantidad de recursos que capta el gobierno para realizar sus funciones. En consecuencia, los medios para asegurar la confianza de la población en las actividades del gobierno, y en particular el uso que hace de los recursos públicos, se han colocado en primer plano.

En las últimas décadas las sociedades les han perdido confianza a las instituciones públicas del Estado. La gente confía poco en los políticos y en quienes encabezan la administración pública. Asimismo, percibe que el interés social no es debidamente atendido.[1] Esto ha provocado una transformación de los gobiernos a fin de acabar, sobre todo, con la falta de transparencia en la administración de los recursos públicos, los insuficientes resultados y la inadecuada rendición de cuentas. La escasez de recursos y la molestia de los contribuyentes cumplidos se han tornado en exigencias adicionales para los gobiernos a fin de que se hagan más productivos y eficientes sin afectar la disciplina fiscal (véase la figura IV.1).

Un informe reciente de la OCDE destaca dos razones que han impulsado reformas en las administraciones públicas de los países miembros de ese organismo: *a)* las crisis fiscales, porque

---

[1] R. Putnam, S. Pharr y R. Dalton, "What is Troubling in the Trilateral Democracies?", *The Economist*, 17 de julio de 1999.

129

◉ FIGURA IV.1. *Percepción de la sociedad respecto al desempeño gubernamental*

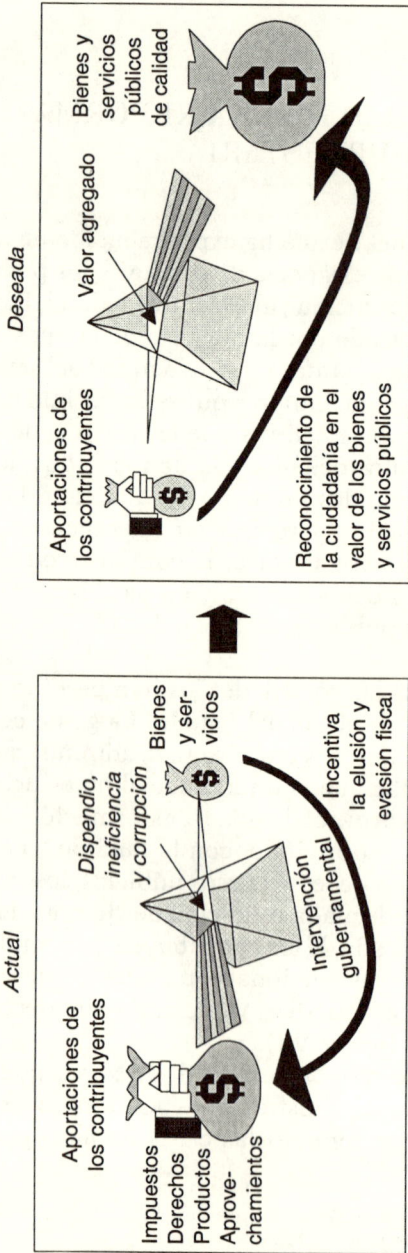

Actual

Aportaciones de
los contribuyentes

Impuestos
Derechos
Productos
Aprove-
chamientos

*Dispendio,
ineficiencia
y corrupción*

Bienes
y ser-
vicios

Intervención
gubernamental

Incentiva
la elusión y
evasión fiscal

Deseada

Aportaciones de
los contribuyentes

Valor agregado

Bienes y
servicios
públicos
de calidad

Reconocimiento de
la ciudadanía en el
valor de los bienes
y servicios públicos

han reducido la cantidad de recursos disponibles para el sector público, y *b)* la exigencia de alcanzar una mayor cantidad de logros, con esta menor cantidad de recursos.[2] En la tarea de mejorar el desempeño gubernamental, es muy importante la forma en que están estructuradas las reglas e instituciones que regulan el proceso presupuestario; ellas inciden tanto en la transparencia con la que la población percibe el funcionamiento del gobierno en general y la administración pública en particular, como en la eficiencia de la operación de la administración. Como señalamos en el capítulo I, dichas reglas son un componente central del entorno institucional del Estado. Ellas no sólo constituyen los medios para discutir de manera informada y pública la asignación monetaria que el Estado dará a las leyes y a las actividades que se derivan de ellas, sino que al establecer funciones, objetivos y procedimientos, generan implícitamente incentivos que propician conductas más o menos eficientes en las organizaciones públicas.

Por esta razón los cambios orientados a mejorar la eficiencia del gasto, desde esta perspectiva, han sido el centro de atención en la mayoría de los países que han reformado a sus administraciones públicas. Examinar la relevancia del marco institucional en el que se inscriben las reformas es importante para los objetivos de esta investigación. Para ello, después examinar las características generales del marco institucional de México, se presentan y evalúan en este capítulo los antecedentes del Presupuesto de Egresos de la Federación —y en particular del presupuesto por programas (*ppp*)— así como del Sistema Nacional de Planeación Democrática (SNPD), junto con las razones y motivos que sustentaron una reforma al proceso presupuestario mexicano en 1996.

1. La estructura programática y los incentivos intrínsecos del proceso presupuestario

La estructura programática es un instrumento para organizar el quehacer gubernamental; se define como el conjunto de funciones, programas, proyectos y actividades ordenados sistemáti-

---

[2] *Integrating People into Management Reform*, OECD-PUMA, París, 1998.

camente para guiar la asignación de los recursos públicos. Como se expuso en el capítulo II, es la herramienta de apoyo para formular el presupuesto desde la perspectiva funcional. Según el enfoque del institucionalismo económico, la estructura programática es tal vez una de las reglas más importantes que componen el marco institucional del presupuesto. La inclusión de niveles o *categorías* al quehacer gubernamental de lo general a lo específico, clasificado en funciones, subfunciones, programas, proyectos y actividades, permite conocer la asignación de los recursos con los cuales se dará cumplimiento a los objetivos que la Constitución y sus leyes marcan al gobierno; las categorías proporcionan también información acerca de la distribución de los fondos públicos entre las distintas instancias del aparato gubernamental, su ejecución y su evaluación. Este desglose en la información del gasto público precisa el monto de recursos asignados a las funciones y tareas que realizarán un vasto número de ejecutores al interior de la administración pública.

Como se afirmó también en el capítulo I, las reglas y su interpretación, las estructuras administrativas y la actitud de la burocracia conforman las restricciones que condicionan el desempeño de las personas que trabajan en la administración pública. Así, la estructura programática también puede considerarse una institución: un conjunto de reglas que regulan la conducta de los servidores públicos y la de los participantes del proceso presupuestario, conducta que afecta la eficiencia y eficacia del gasto gubernamental. De manera simultánea, configura múltiples arreglos administrativos para asegurar que los procesos internos de la administración pública generen resultados que sean observables por la sociedad.[3]

Para justificar la transformación de la estructura programática como parte de la reforma al proceso presupuestario, primero hay que examinar las características que tenía antes de la reforma. Como se verá en este capítulo, antes de la reforma lo que más se destacaba eran los procedimientos, descuidándose los resultados porque el marco jurídico y las normas que regulaban el proceso privilegiaban el primer aspecto, ignorando el

---

[3] No se debe olvidar que la estructura programática se diseña para responder las preguntas "¿para qué se gasta?" o "¿para lograr qué?"

segundo. Incluso todavía en la actualidad el hincapié en los procedimientos afecta el desempeño del presupuesto público pues ha hecho que las áreas encargadas de proporcionar servicios administrativos y de apoyo sean quienes formulen el presupuesto con base en la normatividad y, por lo mismo, tengan un papel central en el mismo. Dichas áreas se han convertido en la práctica en las instancias que asignan el gasto de una dependencia o entidad, siendo fundamentales en la determinación de las prioridades dentro del Poder Ejecutivo federal. Por lo contrario, las áreas sustantivas —las subsecretarías y las unidades responsables de los programas y las actividades públicas— se tornan en tramitadoras de recursos, por lo que buena parte de su tiempo transcurre en negociar y cumplir con los requisitos de las áreas administrativas. Así, estas áreas han adquirido una importancia desmedida en la administración y uso de los recursos.[4] Las áreas sustantivas, en cambio, carecen de medios propios para planear y asignar recursos para cumplir con las políticas públicas que están bajo su responsabilidad.

Los efectos perniciosos de este resultado institucional se refuerzan aún más al combinarlo con el sistema de controles, derivado de la disciplina fiscal, que se ha aplicado desde la década pasada. El control del gasto público ha consistido sobre todo en otorgar la mayor prioridad al flujo del efectivo, es decir, al equilibrio entre ingresos y egresos. Este sistema ha sido eficaz para garantizar finanzas públicas sanas, pero no es eficiente; de hecho, ha inducido problemas en el funcionamiento de la administración pública porque las áreas sustantivas tienen que cubrir muchos requisitos para poder acceder a recursos, muchos de los cuales son controlados por las áreas administrativas. Además, como el control del flujo de efectivo prevalece sobre una asignación basada en las prioridades de los programas y proyectos, dificulta la planeación de actividades de mediano plazo, pues lo que cuenta es el dinero que se erogará en un año fiscal. Esto crea problemas en el diseño de los proyectos y acti-

---

[4] Esto se corrobora cuando se observa el gasto que se destinaba al programa "AA Administración" de la anterior estructura programática. Incluso después de la introducción de la NEP la actividad institucional "Administrar recursos humanos, financieros y materiales", es una de las que más recursos tienen en el presupuesto.

vidades que se efectúan a lo largo de periodos que abarcan más de un año y afecta los procesos de producción de bienes, la prestación de servicios y la ejecución de programas.

La obsesión por controlar el flujo de efectivo asfixia las iniciativas de los mismos responsables de promover conductas más eficientes. Los controles han generado la proliferación de tramitadores, cuya misión es obtener la autorización de quienes poseen la facultad, algunas veces discrecional, de autorizar una erogación, una reasignación de recursos o una ampliación del presupuesto. Así, las áreas administrativas tienen el privilegio indebido de incidir en las políticas públicas sin que ello les corresponda. De hecho, es un valor entendido en el Poder Ejecutivo federal que las áreas controladoras del ejercicio del presupuesto se reservan la autorización final para ejecutar un proyecto, aunque el presidente lo haya autorizado previamente; hasta las decisiones que se toman en los consejos de administración de las entidades requieren de autorizaciones discrecionales de estas áreas, cuando en teoría el Consejo es la máxima instancia de decisión.

Lo que es todavía más grave por parte de este marco institucional es que no premia a los agentes más eficientes o eficaces en la administración, ni favorece la asignación de fondos a las prioridades que marcan la Constitución y las leyes. Por lo contrario, en la práctica da prioridad a las urgencias y a quienes tienen mejores contactos con las áreas administrativas encargadas de preparar el presupuesto.

La ausencia de criterios transparentes de asignación del gasto ha truncado la eficacia de los servidores públicos comprometidos con el país. Es imposible alcanzar mayores niveles de eficiencia y eficacia sin dar flexibilidad a los controles administrativos. ¿Qué incentivos pueden tener los encargados de la formulación y ejecución de las políticas públicas que forman parte de la agenda presidencial, cuando las áreas administrativas, cuya finalidad es facilitar y apoyar a las áreas sustantivas, autorizan el gasto de manera discrecional?[5]

---

[5] Es importante reconocer que estas áreas deben sólo proporcionar servicios administrativos a las áreas sustantivas, siguiendo las instrucciones del jefe del Poder Ejecutivo federal, y estimar el costo de las políticas públicas especificando las posibles opciones para lograr los resultados pretendidos.

Para examinar las características que hacen del proceso presupuestario mexicano y la estructura programática un medio ineficaz para el buen desempeño del gobierno, a continuación se expone un análisis de las técnicas y herramientas que se han empleado para elaborar el presupuesto.

2. ANTECEDENTES DEL PRESUPUESTO DE EGRESOS DE LA FEDERACIÓN

En México se ha utilizado la técnica denominada *presupuesto por programas* (*ppp*) para formular el PEF desde hace más de 20 años. Conocer el funcionamiento del *ppp* y las causas de su aplicación es fundamental para poner en contexto los motivos que impulsaron la reforma al proceso presupuestario en 1996.

El presupuesto por programas

Durante los gobiernos de los presidentes Luis Echeverría Álvarez y José López Portillo se adoptó el presupuesto por programas para formular el PEF en lugar de la técnica denominada *presupuesto tradicional*, que había utilizado desde 1935.[6] El presupuesto tradicional consistía sobre todo en relacionar insumos con los responsables de su uso y administración. Para elaborar un presupuesto de egresos se calculaba lo necesario para operar con normalidad, como sueldos y salarios, papelería y útiles, mobiliario y equipo, vehículos, entre otros, basándose en lo utilizado el año anterior. Con esta técnica no se tenía la intención explícita de optimizar, dada una restricción de recursos.[7]

En cambio, el espíritu del presupuesto por programas era relacionar metas con recursos disponibles para aplicar técnicas de optimización. En un *ppp*, primero se fijan objetivos y metas a los sectores en que se divide el sistema económico y, después, se asignan los recursos para cumplirlas, considerando las res-

[6] Para una descripción más amplia de esta técnica presupuestaria, aplicada en México, véase el anexo B.
[7] Véase el anexo B.

tricciones financieras.[8] A diferencia del presupuesto tradicional, el *ppp* da prioridad en la asignación de recursos a lo que el gobierno quiere lograr, en vez de los insumos que va a adquirir.

Uno de los principales motivos de la adopción del *ppp* en México fue dar orden al crecimiento del gasto público en la llamada "administración de la abundancia" de finales de los años setenta y principios de los ochenta. Sin embargo, la concepción del *ppp* en términos de abundancia es una contradicción, ya que la abundancia no reconoce restricciones significativas. El *ppp* que se aplicó en México, además de presentar las erogaciones señalando ejecutores e insumos, herencia del presupuesto tradicional, presentó también el gasto público desglosado en funciones y programas *sui generis*. Según se estableció en la Ley de Presupuesto, Contabilidad y Gasto Público Federal, publicada a finales de 1976, el Ejecutivo tenía que presentar el PEF con base en programas que incluyeran objetivos y metas.[9] El mismo *ppp* demandó entonces un sistema de planeación que facilitara la coordinación de esfuerzos y guiara en el diseño de programas y en la fijación de objetivos y metas desde una perspectiva nacional e integral. Con la instauración del Sistema Nacional de Planeación Democrática en 1985, el *ppp* quedó consolidado en México técnica y jurídicamente.[10]

Hoy en día la técnica del presupuesto por programas, en su formato y alcance original, está en desuso en la mayoría de los países de la OCDE y en América Latina.[11] En la mayoría de los casos se simplificó para hacerlo accesible a los representantes populares y no sólo a los especialistas, lo que ha permitido a los legisladores formar juicios adecuados y emitir mejores opiniones acerca de las propuestas de gasto con base en las demandas que recogen de sus electores y en su disposición a contribuir fiscalmente por ellas.

Otro cambio efectuado al presupuesto por programas es la introducción de *indicadores de desempeño* para conocer el efec-

---

[8] Un estudio detallado del presupuesto por programas se encuentra en Gonzalo Marther, *Presupuesto por programas*, Siglo XXI, México, 1995.

[9] En el anexo C se presentan con mayor detalle los antecedentes y las características del *presupuesto por programas*.

[10] Véase el anexo D.

[11] Harold Koontz, *Administración*, McGraw-Hill, México, 1986.

to en la sociedad de los programas, los productos y los servicios públicos. En suma, la técnica del *ppp* todavía se utiliza, aunque con modificaciones, porque pretende dar un uso transparente al dinero de los contribuyentes, al tener el gobierno que explicar con claridad y detalle a los representantes populares los objetivos y los resultados por alcanzar.

Evaluación del presupuesto por programas

La aplicación del *ppp* en México no dio todos los resultados que se pretendían, por varias razones. Primera, se concentró más en cuantificar los procesos que los resultados; por ejemplo, lo importante fue especificar actividades como redactar informes, construir aulas o imprimir libros de texto, a las cuales se les fijaba una meta anual, y quedaba en segundo término la estimación del efecto social o económico de dichas acciones; por ejemplo, reducir el índice de analfabetismo o el de enfermedades infecciosas. Segunda, la carencia de un método de costos impidió relacionar las metas con los recursos; es decir, dado un monto de recursos, la determinación de metas era empírica en algunos casos o con base en lo efectuado el año previo y en los costos inerciales; esto es, los costos promedio históricos a los cuales se añadía la inflación. Y tercera, faltó una metodología que estableciera lineamientos para diseñar los programas y proyectos. De hecho, los "programas" del *ppp* eran más bien actividades que describían las atribuciones de las dependencias, los cuales no tenían relación alguna con los programas sectoriales ni con el Plan Nacional de Desarrollo.

Cuando declinó el auge petrolero, la expansión fiscal de la época provocó un fuerte desequilibrio en las finanzas públicas aunado a un grave endeudamiento, lo que ocasionó severos ajustes a las mismas. La política fiscal utilizó, entre otras medidas, la contención del gasto como medio para reducir los balances primario y económico deficitarios[12] para contener la inflación

---

[12] Balance primario se refiere a la diferencia entre los ingresos que obtiene el sector público federal menos el gasto primario. El balance económico es la diferencia entre los ingresos y el gasto neto total. Los balances muestran el déficit o el superávit de las finanzas públicas.

y dar estabilidad al tipo de cambio. A partir de entonces la prioridad del proceso presupuestario ha sido ajustar el nivel de gasto a la disponibilidad de recursos.

Las crisis económicas nos dieron varias lecciones en materia de gasto público. Primera: los recortes al gasto, por sí mismos, no resuelven las causas de su expansión. Ésta se origina sobre todo en la inercia presupuestaria[13] y en la ausencia de una efectiva rendición de cuentas; por ello la reducción sólo es temporal. Segunda: por la urgencia económica los ajustes se concentran en gran medida en la inversión pública, lo que deprime el crecimiento económico. Tercera: los recortes por lo general afectan la provisión de bienes y la prestación de servicios públicos, que a su vez deteriora la imagen que tienen los contribuyentes del gobierno, e incentiva la evasión; así se inicia un círculo vicioso de menos ingresos, más ajuste al gasto, mayor deterioro de los servicios públicos y, en consecuencia, mayor desconfianza y mayor evasión. Cuarta: el proceso presupuestario no debe concentrarse en el control del nivel del gasto como fin último, sino en maximizar los resultados dada la disponibilidad de ingresos. Y quinta: si el gasto público no puede financiarse con los ingresos actuales, será necesario: *a)* fortalecer las fuentes permanentes de recaudación, y *b)* incrementar la productividad del gasto público.

Como se dijo, en los años recientes las reformas estructurales a la economía se concentraron en el ámbito macro. Las crisis económicas de la historia reciente no dieron oportunidad al desarrollo de una reforma paralela tan necesaria como las emprendidas, pero en el ámbito microeconómico; es decir, una reforma cuyo propósito fuera aumentar la productividad del gobierno y, con ello, minimizar las consecuencias de los ajustes al gasto en el empleo y en la provisión de bienes y servicios públicos. Aumentar la productividad del gasto sólo se logra si se perfecciona su asignación jerarquizando los programas y los proyectos, para otorgar prioridad a los de mayor rentabilidad social o económica, y evaluar la provisión de algunos bienes por parte del sector público federal, para permitir mayor parti-

---

[13] Como se verá más adelante, una vez que un gasto se incluye en el PEF difícilmente será excluido en el futuro.

cipación privada en su producción, distribución o almacenamiento, dejando la responsabilidad de regular y supervisar dicha provisión al gobierno.

3. Evaluación del Sistema Nacional de Planeación Democrática

Todos los gobiernos tienen sistemas de planeación; algunos son explícitos y otros implícitos. Los explícitos son los contenidos en una ley que especifica lo que cada sector social o económico tiene que hacer junto con el gobierno para llevar a cabo la agenda del desarrollo. Los implícitos no se encuentran en ley alguna y sólo se concentran en la planeación administrativa del gobierno.

A manera de comparación, en la mayoría de los países miembros de la (OCDE), el plan nacional es implícito y surge de la plataforma electoral del candidato o del partido ganador. En tales casos, el gobierno concentra la discusión acerca de los problemas nacionales en un par de temas y en general la inicia por medio de documentos denominados libros blancos o *white papers*. Dichos documentos contienen el diagnóstico y los cambios institucionales propuestos sobre algún sector o función gubernamental, porque en muchas ocasiones requieren de modificaciones legales. Como los libros blancos no "reinventan" el país, facilitan la discusión pública porque la concentran en unos cuantos temas.

En nuestro caso, en cada cambio de administración federal se elaboran todos los programas sectoriales como si se partiera desde el principio, y en muchos casos se ignoran los avances, tropiezos y dificultades de los programas anteriores; así es como se ha eliminado la posibilidad de rescatar aquello que sirve y ha mostrado ser útil. Esto sorprende porque en las décadas recientes ha ganado un mismo partido político, lo que supondría al menos cierta continuidad. Existe el riesgo de que esta situación empeore cuando otro partido ignore y descalifique los logros de las anteriores administraciones al gobernar.

En México el sistema de planeación nacional es explícito y en la práctica se ha convertido en un trámite para cumplir con una obligación legal y no en un modo de trabajar del sector público federal con la finalidad de abordar los problemas del desarrollo nacional. Es ingenuo pensar que con la Ley de Planeación y un sistema de planeación derivado de dicha ley se garantice el cumplimiento de los objetivos de la agenda nacional. Como se expuso en el capítulo I, para ello es necesario que el marco jurídico sea eficiente y que haya incentivos para cumplirlo.

El SNPD tiene varias debilidades. La más importante es que fue diseñado en otro contexto político. Si bien contempla consultas populares para formular el PND, ello responde a la necesidad de legitimar la planeación gubernamental en un ambiente de escasa competencia política y mayoría absoluta de un solo partido en ambas cámaras del Congreso, pero la pluralidad democrática y la competencia política actuales, obligan necesariamente a revisarlo.

Otra debilidad es que pretende alinear los tres órdenes de gobierno y los sectores privado y social en un gran número de programas con múltiples objetivos, empresa muy ambiciosa, además de la visión "estatista" que otorga al gobierno federal la responsabilidad de planear de manera central el desarrollo nacional. Hay que reconocer también que pocas personas en el sector público federal y en el ámbito académico lo conocen en la actualidad.

Las tareas de planeación han venido evolucionando desde la publicación del SNPD, pero éste no se ha actualizado en la Ley de Planeación. Incluso, en los últimos 20 años se han publicado nuevas leyes y reglamentos que, al incorporar innovaciones en el ámbito del gasto público, han originado desfases entre ellas. Como resultado, los distintos ordenamientos jurídicos que regulan la administración financiera del gobierno federal no tienen una coherencia entre sí.[14] Hoy en día el proceso de planeación se ha reducido al proceso presupuestario, el cual consta de las etapas de planeación, programación, presupuesto, ejercicio, control, auditoría y evaluación.

Respecto a la estructura institucional del SNPD, tanto las dependencias como las entidades del Ejecutivo federal participan

---

[14] Estos ordenamientos son la Ley de Presupuesto, Contabilidad y Gasto Público Federal, publicada en 1976, y su Reglamento, en 1983; la Ley Orgánica de la Administración Pública Federal, en 1976, y la Ley de Planeación, en 1982.

en las tareas de planeación como lo prevé el sistema; las representaciones de los grupos sociales y los demás órdenes de gobierno sólo lo hacen cada seis años, cuando se formula el PND por medio de consultas. Es conveniente preguntarse si en verdad el PND y los programas sectoriales contienen el punto de vista mayoritario de la sociedad. Incluso, aunque el SNPD prevé lineamientos para diseñar los programas sectoriales, en la práctica cada dependencia los formula de acuerdo con los criterios que juzga conveniente, lo que ocasiona que los programas sectoriales sean heterogéneos entre sí respecto a estructura, fijación de prioridades y objetivos, metas y requerimientos de recursos para realizarlos.

De la infraestructura de apoyo del SNPD, varios sistemas han podido consolidarse los sistemas de información estadística y geográfica se institucionalizaron en el INEGI; los de información financiera y monetaria en el Sistema de Información Integral (SII) que coordina la SHCP; y los esfuerzos de modernización en el Programa Nacional de Modernización Administrativa (Promap), a cargo de la Secretaría de la Contraloría y Desarrollo Administrativo.

En lo referente a la capacitación para la planeación económica, no ha podido institucionalizarse un servicio civil profesional para atender de manera profesional las áreas de gasto y planeación de las secretarías; de hecho, la Ley Orgánica de la Administración Pública Federal dispone que las dependencias deben establecer un área dedicada a las actividades de planeación.[15] A la fecha sólo las secretarías de Educación, Salud y Agricultura la tienen. Aunque se han efectuado intentos de profesionalización en el servicio público federal, no sólo en las áreas de planeación y presupuesto, por ejemplo con la creación del Servicio de Administración Tributaria (SAT) para la recaudación y auditoría fiscal, la carrera magisterial en la SEP y el servicio di-

[15] Artículo 20. Las secretarías de Estado y los departamentos administrativos establecerán sus correspondientes servicios de apoyo administrativo en materia de planeación, programación, presupuesto, informática y estadística, recursos humanos, recursos materiales, contabilidad, fiscalización, archivos y los demás que sean necesario en los términos que fije el Ejecutivo Federal.

En 1985, con la aplicación del Programa de Aliento y Crecimiento (PAC) para enfrentar la crisis económica de entonces, desapareció la mayoría de las unidades de planeación de las dependencias federales.

plomático de carrera en la SRE, dichos intentos no se consideran representativos de una auténtica profesionalización del servicio público porque son cerrados.[16]

4. MOTIVOS PARA REFORMAR EL PROCESO PRESUPUESTARIO

Desde su adopción, el presupuesto por programas no pudo reflejar los resultados del quehacer gubernamental, tanto al momento de formularlo como al de evaluar lo efectuado. Por ejemplo, en materia de salud lo importante era el número de vacunas por aplicar, aunque lo fundamental no sea eso sino el resultado; es decir, disminuir las enfermedades previsibles por vacunación. También se dio mucha importancia al número de oficios o informes preparados en las oficinas o al número de personas atendidas en los centros de salud, independientemente de la calidad del servicio proporcionado, como objetivos que el gobierno debía lograr cada año. Así, a la hora de hacer el presupuesto, la atención se concentraba más en los medios que en los fines.

El *ppp* tampoco pudo superar en mucho al presupuesto tradicional porque los ejecutores continuaron dando mayor atención a la adquisición de los insumos que a los resultados pretendidos. Así, continuó propiciándose una conducta en la negociación presupuestaria consistente en solicitar dinero con base en incrementos respecto al año anterior.

En estas circunstancias, la preocupación general de los ejecutores de gasto era asegurar, cuando menos, los recursos que tuvieron el año previo y buscar algún incremento. Hoy en día el proceso para elaborar el presupuesto del siguiente año se resume en sumar al presupuesto actual la inflación esperada del año siguiente; restar el monto de los proyectos que van a concluir; deducir las ampliaciones extraordinarias al presupuesto, y añadir los requerimientos de los nuevos proyectos o programas. En suma, al formular el presupuesto predomina la inercia de la historia del gasto sobre los costos relacionados con objetivos.

---

[16] Los servicios civiles de tipo cerrado son aquellos sistemas de recursos humanos donde la antigüedad tiene una alta ponderación al momento de evaluar un posible ascenso de puesto. En el capítulo VII se abundará al respecto.

Una razón importante que motivó la reforma del proceso presupuestario fue la manera como se distribuían los recursos públicos entre las dependencias y las entidades. Salvo en algunas ocasiones, como en el caso de los grandes proyectos de inversión, la negociación y la asignación presupuestaria no utilizaban criterios que consideraran el costo de oportunidad de los recursos, ni su rentabilidad. Incluso el criterio que sigue predominando en la asignación de los recursos es, además de la inercia ya mencionada, el poder y habilidad de negociación o influencia de los titulares de las dependencias o entidades.

Respecto a las auditorías, éstas verificaban si la dependencia o la entidad había cumplido en tiempo y forma con los procedimientos y las normas acerca del ejercicio del gasto, es decir, se observaba si se habían efectuado los trámites administrativos, revisando minuciosamente la ejecución de todas las formalidades en una licitación o en el ejercicio de las partidas restringidas y minimizando la atención, *a posteriori*, en la utilidad de lo contratado o ejercido. Un ejemplo: por norma, sólo los secretarios de Estado pueden autorizar la contratación de consultores externos en las dependencias; en este caso particular, los auditores verifican que la dependencia cumpla con ese requisito, pero no la calidad de los trabajos entregados, si dichos servicios mejoraron la operación de la dependencia, la prestación de un servicio, o si se lograron los objetivos establecidos en el contrato.

No tenemos aún auditorías que examinen si la aplicación de los recursos públicos logró los objetivos de los programas o proyectos. Es de poca utilidad para la sociedad informar que todo el gasto se ejerció con estricto apego a las normas y los procedimientos administrativos. No obstante, en descargo de las auditorías, conviene observar que aun cuando quisieran enfocarse en los resultados, no tendrían los elementos para medirlos, por lo que sería muy difícil verificarlos.

El modelo de auditoría pública ideal concentra su atención no sólo en las normas, sino además en los resultados. Por ejemplo, en materia de educación el objetivo es determinar el aprovechamiento de los educandos por cada peso invertido. Esto sí es importante auditar. En un ambiente de resultados, es un valor entendido comprobar que los recursos se administren conforme a las normas y a la disciplina fiscal.

Aunque se reconoce que la principal contribución del proceso presupuestario fue el control del gasto público, la misma normatividad diseñada para regular el ejercicio del mismo se ha convertido en un obstáculo. Por ejemplo, las trasferencias entre capítulos, conceptos y partidas de gasto requieren autorización de una instancia al interior de la dependencia o de la SHCP; más aún si la solicitud es para modificar la plantilla de recursos humanos. Debido a las autorizaciones, ejercer el gasto en la actualidad es una actividad difícil y de alto costo; además, muchas de ellas son discrecionales. En suma, el proceso presupuestario en la práctica está diseñado para gastar menos, no para gastar mejor.

Las razones expuestas motivaron una reforma al proceso presupuestario en 1996. Como se verá en el siguiente capítulo, la reforma no significó "reinventar" el proceso presupuestario sino diseñar instrumentos que permitan cambiar las reglas para proporcionar incentivos con la finalidad de aumentar la productividad del gasto y entregar mejores cuentas. El propósito de la reforma es que las etapas del proceso presupuestario (planeación, programación, presupuesto, ejercicio, control, auditoría y evaluación), se reorienten hacia los resultados y se adecuen paralelamente los procedimientos y normas asociadas a cada una de estas etapas. El cambio de enfoque tiene como propósito convertir al presupuesto en un documento transparente y que al mismo tiempo sea una herramienta útil para los ejecutores, que permita una rendición de cuentas sobre la actuación de los servidores públicos a la sociedad y a sus representantes (véase el cuadro IV.1).

5. LOS MOTIVOS PARA REFORMAR LA ESTRUCTURA PROGRAMÁTICA DE 1989

Una evaluación al proceso presupuestario tiene que incluir la revisión de los instrumentos que se utilizan en la formulación del mismo presupuesto. En el caso del *ppp* la estructura programática es clave porque es el "armazón" del presupuesto desde la perspectiva funcional. Los componentes de la estructura programática están contenidos en dos grupos: las categorías y

CUADRO IV.1. *Proceso presupuestario*
desde la perspectiva de la reforma

Etapa	Énfasis en
Planeación	Establecimiento de prioridades
Programación	El costo y la rentabilidad
Presupuesto	La discriminación de programas y proyectos con base en costos y beneficios
Ejercicio	La transparencia, flexibilidad
Control	Los costos y los resultados
Auditoría	Los resultados
Evaluación	Los resultados y la rendición de cuentas

los elementos.[17] Las primeras ordenan, agrupan y clasifican el quehacer gubernamental, partiendo de lo más general al detalle. Los segundos otorgan atributos a las categorías, esto es, se refieren a las características que van a cuantificarlas. Cuando se diseña una estructura programática debe procurarse que ésta contenga todo lo que hace el sector público para cumplir con sus responsabilidades: funciones, programas, proyectos, actividades, objetivos y metas.[18] Desde que se implantó el *ppp* en México, la estructura programática se modificó en varias ocasiones; la última ocurrió en el presupuesto de 1989.[19]

Hasta antes de la reforma de 1996, la asignación del gasto no tenía relación directa ni con el PND ni con los programas sectoriales en el presupuesto; la causa fue que la estructura programática de 1989 no consideraba categorías para ellos; así, la planeación de mediano plazo no se relacionaba con la de corto plazo, expresada en la forma de programas, proyectos, actividades y metas en el presupuesto. Por ejemplo: el Programa Nacional de Solidaridad, luego denominado Programa para Superar la Pobreza, eje de la política social de los dos últimos sexenios, no apareció en los "programas" del presupuesto, como tampoco el resto de los

---

[17] *Catálogo de Categorías Programáticas de la Administración Pública Federal 1989*, SHCP, México.
[18] En el capítulo V se expondrá con mayor detalle lo que son las categorías y los elementos programáticos.
[19] En el anexo C se muestra su evolución.

programas sectoriales. Para subsanar esta ausencia, en la exposición de motivos se presentaban los principales programas del Ejecutivo federal en una clasificación especial denominada sectorial económica.[20] Sin embargo, dicha clasificación no aparecía en los demás tomos del Proyecto de Presupuesto de Egresos, lo que imposibilitaba conocer las metas y los responsables de los resultados de dichos programas y dificultaba el seguimiento y la evaluación. De esta manera no había forma de rendir cuentas en términos de los resultados pretendidos.

La razón por la cual los programas sectoriales no aparecían en la estructura programática de 1989 fue que ésta se diseñó para clasificar las actividades del sector público federal de manera que pudiera conocerse el gasto que se destinaba a las divisiones económicas, de acuerdo con el criterio de Cuentas Nacionales;[21] así, se podría conocer el efecto en la economía del gasto público.[22] En consecuencia, la estructura programática ordenaba y clasificaba las actividades del gobierno similarmente a como lo hacen las cuentas nacionales al contabilizar el valor de la producción del país. Por este criterio, el diseño de la estructura programática se sujetó a una concepción económica que otorga al gobierno el papel de impulsor del crecimiento económico. Sin embargo, aún en esa perspectiva, es insuficiente conocer el monto del gasto que se destina a una gran división económica; lo deseable sería que la anterior estructura programática cuantificara el destino del gasto en la economía con mayor detalle, por ejemplo, las ramas productivas.

Otra debilidad importante de la estructura programática de 1989 fue que ésta no pudo superar el incentivo de crear programas con base en las unidades administrativas del organigrama de una dependencia. Por ejemplo, la Dirección General de Servicios Migratorios, dependiente de la Secretaría de Gobernación, pedía recursos para el programa "Servicios Migratorios".[23] Por eso resultaba difícil detectar y eliminar posibles programas ineficaces cuando había necesidad de ajustar el gasto. Como los or-

---

[20] Véase el anexo C.
[21] *Catálogo de Categorías Programáticas de la Administración Pública Federal 1989*, SHCP, México.
[22] Véase el anexo C.
[23] Véase el anexo C.

ganigramas están determinados por las atribuciones que marca la Ley Orgánica de la Administración Pública Federal (LOAF) a las dependencias, eliminar un programa implicaba desaparecer una unidad responsable y, en consecuencia, la dependencia no podría dar cumplimiento a lo dispuesto en ese ordenamiento jurídico. Esta situación no incentivaba a los ejecutores a gastar menos, sino lo contrario. Si una dependencia quería más recursos, entonces proponía la creación de un nuevo programa o subprograma o añadía metas a los programas que ya tenía autorizados. Su justificación era dar cumplimiento a una atribución establecida en la ley. Es obvio afirmar que cambios a la LOAF, que dieran facultades adicionales a las dependencias, también ocasionaban un efecto semejante. Además, esta situación aseguraba recursos del presupuesto en el futuro, gracias a la inercia del proceso presupuestario de la que ya hemos hablado. Esta inercia era muy perniciosa porque al requerirse más gastos, que a su vez demandan de más ingresos, se llega al límite de la capacidad de los contribuyentes, quienes no podían constatar ni resultados ni eficiencia. Igualmente, al momento de solicitar la creación de un nuevo programa, subprograma o aumentar las metas, nunca mediaba un análisis acerca de los costos y los beneficios. Como consecuencia, cada año la estructura programática crecía, y no había manera de ver si aumentaban también los resultados (véase el cuadro IV.2).

Por la manera tan inapropiada de definir los programas y subprogramas, fue inevitable que se crearan programas inauditos. El caso más notorio fue el programa "AA Administración". Casi 40% del gasto programable del gobierno federal se destinaba a ese programa, en el que se presupuestaban los recursos que se requerían para efectuar las labores administrativas de las unidades responsables. Todas las dependencias y entidades incluían dicho programa en sus proyectos de presupuesto; el incentivo para incluirlo era claro: era el único programa que no requería que se especificaran metas.[24] Así, el programa AA Administración llegó a ser el nicho ideal para presupuestar recursos que podían administrarse con flexibilidad y discreción.

---

[24] En un principio las metas de ese programa fueron el número de oficios, cartas, memorandos, etcétera.

CUADRO IV.2. *Evolución de la estructura programática*

Año	Funciones	Sub-funciones	Programas	Sub-programas	Metas
1989	6	34	171	685	2 403
1992	6	35	171	697	2 512
1996	6	35	173	733	3 291
1997	6	35	173	709	3 225

Otro inconveniente de la estructura programática de 1989 fue que las funciones que ahí se incluían no eran funciones estrictamente hablando, pues el término se refiere a la capacidad de acción que la Constitución y los ordenamientos jurídicos le confieren al sector público federal.[25] Excepción única sería la función de desarrollo social. El resto de las llamadas funciones, por ejemplo la de Fomento y Regulación o la de Política y Planeación Económica y Social, son más bien actividades o procesos gubernamentales. Esto reducía transparencia al presupuesto porque no se podía conocer el monto que se asignaba a cumplir con las responsabilidades del gobierno y hacía confuso el análisis del gasto público porque no era clara la relación entre el presupuesto de los "programas" de la estructura programática y lo asignado a los programas sectoriales (véase el cuadro IV.3).

Las metas de la estructura programática de 1989 fueron útiles y necesarias para dar un seguimiento físico a las acciones públicas, pero insuficientes para apreciar el avance del PND y de los programas sectoriales. Aunque la SHCP y la Secodam les daban un seguimiento, muchas de las metas aportaban poca información. Por eso no pudo existir una realimentación entre los objetivos de los programas sectoriales, lo que se proponía realizar en el PPEF y lo que finalmente hacían los ejecutores, basado en el presupuesto autorizado. Sin embargo, es justo reconocer que muchas metas fueron fundamentales para evaluar actividades productivas (véase el cuadro IV.4).

Una valiosa característica de una estructura programática es su capacidad para mostrar un detalle suficiente en las activi-

---

[25] Éste fue el criterio que se utilizó para nombrar las funciones de la NEP.

CUADRO IV.3. *Funciones y ejemplos de programas*
en la estructura programática de 1989

Función	Programas
Administración Gubernamental	Administración Administración de las Actividades de Soporte a la Investigación y Desarrollo Experimental
Política y Planeación Económica y Social	Definición y Conducción de la Política Global de Planeación Nacional, Sectorial y Regional Política y Planeación del Desarrollo Agropecuario
Fomento y Regulación	Política y Gobierno Promoción y Ejecución de la Política Exterior
Desarrollo Social	Educación Básica Atención Preventiva
Infraestructura	Desarrollo de Áreas de Riego Construcción y Adecuación para Agua Potable
Producción	Comercialización de Productos Básicos Generación, Transformación, Distribución y Venta de Energía Eléctrica

dades que se emprenden y su gasto respectivo; sin embargo, el detalle debe equilibrar dos aspectos: *a)* que sea lo suficientemente específico para conocer con precisión el destino de las erogaciones, y *b)* que el costo de transacción en su aplicación y control sea lo suficientemente bajo. Es claro que a mayor detalle, la asignación y el ejercicio de los recursos se dificulta y los ejecutores pierden flexibilidad, en especial si las modificaciones requieren de un trámite para ser autorizadas.[26] En el caso de la estructura programática de 1989 si una unidad responsable deseaba traspasar recursos de un programa a otro, requería

[26] Ésta fue una de las razones por las cuales los ejecutores solicitaban preferentemente asignar buena parte de los recursos en el programa AA Administración.

CUADRO IV.4. *Ejemplos de metas en la estructura programática de 1989*

Meta	Unidad de medida	Programa anual
Ejecutar trámites	Solicitudes	10 000
Aplicar vacunas	Dosis	5 000 000
Elaborar sistemas	Documento	2
Producir petróleo crudo	Barril	1 100 000
Otorgar permisos	Oficio	2 000
Construir carreteras	Kilómetro	1 000

de una autorización, lo que tornó al ejercicio del gasto en una tarea burocratizada. Además, por ser tan imprecisos los resultados pretendidos de las categorías, no había incentivos para efectuar correctamente el proceso de planeación. De esta manera la estructura programática se redujo, de un instrumento de política de gasto, a un trámite para justificar el presupuesto y para hacer gran número de modificaciones al objetivo de operar normalmente. Así, lo que debió ser una circunstancia excepcional en materia de cambios al presupuesto, se hizo práctica común.[27] Por esta razón, los ejecutores no la consideraron como herramienta útil para la operación.

En suma, muchas de las debilidades del proceso presupuestario tenían su causa en la estructura programática. Por ejemplo, por omitir los programas sectoriales nunca se relacionó la asignación del gasto con los objetivos del PND; ni se dio una realimentación entre lo que se hacía con lo que se había planeado, los resultados obtenidos y lo que se había gastado, aunado a la carencia de mecanismos para discutir públicamente las políticas y sus opciones para descartar las menos apropiadas y para relacionarlas con los requerimientos de ingresos o las necesidades de endeudamiento. Esto provocó una falta de coordinación institucional y un inefectivo seguimiento de los logros de las políticas públicas. Otro ejemplo: dado que el contenido programático no se utilizaba como herramienta gerencial ni

---

[27] Cambios constantes a las asignaciones de los programas evidencia que el proceso de planeación no se está aplicando correctamente.

como instrumento de política de gasto, el análisis y la discusión del presupuesto se redujeron sólo a las perspectivas económica y administrativa, es decir, en términos de insumos y ejecutores. Si la sociedad y sus representantes consideran que el manejo del presupuesto no es transparente o que el gobierno no entrega resultados o no cumple de manera cabal con lo encomendado, sin duda hay que reformar la estructura programática, dado que es el armazón del presupuesto desde la perspectiva funcional. Precisamente de eso trata la NEP, de una propuesta específica para reformar el proceso presupuestario y para adecuar la administración y la gestión públicas a nuevos tiempos y nuevas circunstancias. Como se expone en el siguiente capítulo, la NEP y su filosofía son una herramienta que ofrece los incentivos para cambiar el hincapié en los procedimientos hacia los resultados (véase la figura IV.2).

Los agentes del proceso presupuestario
y las posibilidades de reforma

Presentado ya el marco institucional que constituía la estructura programática previa a la NEP, cabe examinar el papel que los principales agentes del proceso presupuestario tendrían en su reforma. Como se expuso, el proceso presupuestario incentivaba la asignación de recursos al programa denominado "AA Administración", otorgando así un papel preponderante a las áreas administrativas, encargadas posteriormente de manejar y reasignar el presupuesto de ese programa a las áreas sustantivas.[28] Así, obtenían una fuente de influencia en el diseño de las políticas públicas. Este privilegio hace que dichas instancias sean relevantes al momento de aplicar una reforma al proceso presupuestario porque son las que van a resultar más afectadas.

Para que una reforma presupuestaria mejore el desempeño del gobierno dando mayor transparencia al uso de los recursos públicos, es importante diferenciar con claridad los distintos

[28] El autor estimó que casi 40% del gasto del gobierno federal se presupuestó en el PPEF de 1997. Por lo complicado de la información, era casi imposible de obtener el monto de los recursos que se presupuestaban a los programas.

⊙ FIGURA IV.2. ¿Por qué cambiar la estructura programática?

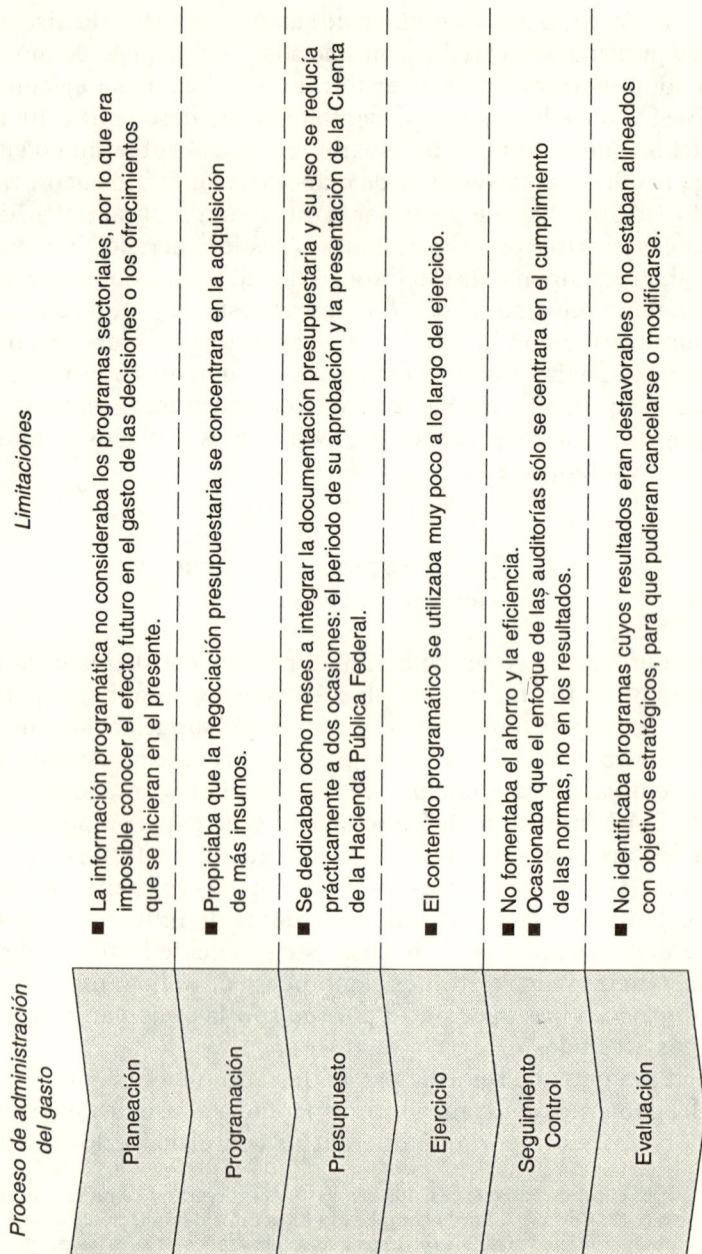

*Proceso de administración
del gasto*

Limitaciones

Proceso de administración del gasto	Limitaciones
Planeación	■ La información programática no consideraba los programas sectoriales, por lo que era imposible conocer el efecto futuro en el gasto de las decisiones o los ofrecimientos que se hicieran en el presente.
Programación	■ Propiciaba que la negociación presupuestaria se concentrara en la adquisición de más insumos.
Presupuesto	■ Se dedicaban ocho meses a integrar la documentación presupuestaria y su uso se reducía prácticamente a dos ocasiones: el periodo de su aprobación y la presentación de la Cuenta de la Hacienda Pública Federal.
Ejercicio	■ El contenido programático se utilizaba muy poco a lo largo del ejercicio.
Seguimiento Control	■ No fomentaba el ahorro y la eficiencia. ■ Ocasionaba que el enfoque de las auditorías sólo se centrara en el cumplimiento de las normas, no en los resultados.
Evaluación	■ No identificaba programas cuyos resultados eran desfavorables o no estaban alineados con objetivos estratégicos, para que pudieran cancelarse o modificarse.

papeles que desempeñan las unidades responsables de la administración pública centralizada. Entre ellos están el diseño y aplicación de políticas públicas, la regulación, la producción de bienes, la provisión de servicios públicos y administrativos. Dado que las áreas encargadas de proporcionar servicios administrativos inciden de manera negativa en el desempeño de las demás, la eficiencia y eficacia del gobierno disminuye, lo que socava la confianza de la sociedad en el mismo. Eliminar esta intromisión así como replantear su misión en los hechos, es fundamental para el éxito de la reforma.

Actualmente se vive un nuevo sistema de contrapesos en la Cámara de Diputados, que hace indispensable que el Poder Ejecutivo federal mejore de inmediato y sustancialmente sus procesos y sistemas, para que los representantes de la sociedad tengan más y mejores elementos con qué juzgar el PPEF. Esto requiere que las distintas instancias sustantivas del gobierno federal cuenten con mejores mecanismos para saber qué es lo que se espera de ellas y qué es lo que necesitan para cumplir con lo que se les encomiende.[29] La misma exigencia es aplicable a los poderes Legislativo y Judicial.

Tener sistemas transparentes y efectivos es más imperante en el caso de los otros poderes federales y en los gobiernos locales. Los poderes Legislativo y Judicial carecen de mecanismos que les permitan evaluar cómo están empleando los recursos públicos. En realidad, los controles y la normatividad del Poder Ejecutivo federal son mejores que los de esas instancias. La autonomía de los poderes no significa que no deban presentar cuentas a la sociedad, de los programas y actividades que realizan y de los recursos públicos que emplean. Tampoco significa que no deban contar con medios para planear sus actividades. En el caso de los gobiernos estatales y municipales, en los años recientes se ha incrementado la cantidad de transferencias federales, sin que éstos hayan elaborado reformas dirigidas a incrementar la transparencia y la rendición de cuentas, a un nivel relativamente similar al que se ha venido examinando aquí.

---

[29] Esto implica reformar las leyes orgánicas de la administración pública federal, del Congreso General de los Estados Unidos Mexicanos y del Poder Judicial de la Federación para enfatizar en los resultados y la rendición de cuentas.

Es el caso también de las universidades públicas, entidades clave para mejorar y producir el capital humano que necesita el Estado para prosperar. Las universidades, que gozan de autonomía, carecen de mecanismos eficaces que permitan a sus instancias de gobierno saber qué programas y actividades se están apoyando, qué objetivos pretenden, cuántos recursos les están destinando y cuán eficientemente han sido administrados. La transparencia que las universidades le deben a la sociedad es fundamental para mejorar su desempeño y contribuir a formar los ciudadanos que el país necesita. La autonomía no excusa la rendición de cuentas; por lo contrario, las universidades debieran ser el ejemplo a seguir en esta materia.

Es fundamental continuar acotando la discrecionalidad del Poder Ejecutivo en el manejo de los recursos públicos para consolidar la democracia en México; sin embargo, lo mismo debería exigirse al Poder Legislativo, actor central del proceso presupuestario. Durante la discusión y aprobación del Presupuesto de Egresos de la Federación para el año 2000, la Cámara de Diputados decidió reasignar recursos de algunos programas y sectores a otros. Al hacerlo se omitieron las formalidades de la Ley de Presupuesto, Contabilidad y Gasto Público Federal porque no medió un análisis de los costos de oportunidad y los beneficios de las reasignaciones.[30] Si, como hemos señalado, la ley funciona como una institución que contiene los consensos sociales, transgredirla es ir en contra de esos consensos, independientemente de las razones que hayan motivado esa trasgresión, más aún cuando quien así lo hace es el poder encargado de promulgar esas leyes. Permitir estas acciones equivale a trasladar la discrecionalidad del Poder Ejecutivo, que tanto esfuerzo institucional ha costado acotar, a los otros poderes de la Unión.

Para elevar la calidad de la discusión del presupuesto, la Cámara de Diputados tiene que sugerir ajustes al Proyecto de Presupuesto de Egresos según la información de los costos y los

---

[30] Muchas de las reasignaciones que hizo la Cámara de Diputados no se apegaron al espíritu de la ley que establece que todas las asignaciones del gasto se justifiquen amplia y objetivamente (basándose en programas que tengan objetivos claros y metas), algo que no se hizo al momento de hacer dicha reasignación.

beneficios esperados de las opciones posibles, información inexistente actualmente, y no basar sus propuestas sólo en aumentos o disminuciones de gasto a determinados rubros. Una vez seleccionada la opción, tendrá que ponderarla con la alternativa de aumentar gravámenes o aumentar el acervo de la deuda o, como sucedió en el ejemplo mencionado, disminuir en beneficio de otros los recursos destinados a determinados sectores, pero con criterios objetivos.

Esta labor implica llegar a consensos sobre las bases generales en las que se apoyarán las finanzas públicas, como las metas de balance fiscal y la política de deuda pública, y un "lenguaje común" para definir las prioridades y las opciones, así como los criterios de asignación de los recursos, con base en costos económicos y beneficios sociales. Para ello, herramientas como la NEP y el SED son fundamentales porque proponen dicho lenguaje común. En el siguiente capítulo se expondrán las características de ambas herramientas.

V. LA NUEVA ESTRUCTURA PROGRAMÁTICA Y SUS CARACTERÍSTICAS

COMO SE HA DESCRITO en los capítulos anteriores, el proceso de planeación no había alcanzado los resultados esperados. Tanto las normas y los procedimientos como la estructura programática habían hecho del proceso presupuestario un trámite para acceder a las erogaciones y posteriormente justificarlas.

Los legisladores, ejecutores y autoridades presupuestarias no estaban satisfechos con lo alcanzado. La queja común era que en la formulación del presupuesto no se consideran las demandas ciudadanas, que el gasto se ejercía con discrecionalidad y que no había una efectiva rendición de cuentas. Estos reclamos se intensificaron con la pluralidad y la competencia políticas que sobrevinieron en 1997, cuando ningún partido político pudo alcanzar la mayoría simple en la Cámara de Diputados, circunstancia que obligó a que las autoridades presupuestarias aceleraran la revisión de los procesos de formulación e integración del Presupuesto de Egresos de la Federación.

El resultado fue una reforma al proceso presupuestario, la cual se inició en 1996 y culminó su primer etapa en 1998. La reforma introdujo dos innovaciones que son los pilares para orientar las etapas del proceso hacia la obtención de resultados: la Nueva Estructura Programática (NEP) y el Sistema de Evaluación del Desempeño (SED).

Como se mencionó en el capítulo anterior, esta reforma se enfocó en las instituciones que regulan el proceso presupuestario con objeto de introducir incentivos que incidan en el desempeño de la administración pública e incrementar la transparencia en la asignación del gasto y en su ejercicio, base para incrementar la confianza de la población en el gobierno.[1] Para examinar de mejor manera sus alcances, a continuación se hará una com-

---

[1] La NEP es un instrumento que pretende concretar el concepto de transparencia en el presupuesto público y con ello hacer posible la rendición de cuentas de aspectos sustantivos. Como se expuso en el capítulo anterior, la rendi-

paración con reformas similares en otros países y, sobre esa base, se analizarán las características y limitaciones de la reforma mexicana.

1. Experiencias de reformas presupuestarias en otros países

En los años recientes varios países han reformando sus procesos presupuestarios, como parte de una reforma fiscal y administrativa del gobierno. Las más profundas se han efectuado en países que tienen sistemas de gobierno parlamentario como el Reino Unido, Australia y Nueva Zelanda.[2] En estos países, el contexto de las reformas fue una crisis económica, lo que exigía reducir el déficit fiscal procurando no afectar la provisión de bienes y servicios públicos ni el buen funcionamiento del gobierno con los ajustes al gasto público.[3] Por ello, mejorar la productividad de la administración pública fue crucial: era preciso lograr lo mismo, o más, con una menor cantidad de recursos, manteniendo sin alteración los objetivos y las metas.

A esta finalidad se diseñaron programas de modernización administrativa con el propósito de reducir el costo de la operación de la administración pública. Los programas se impulsaron desde el nivel más alto del gobierno; esto es, desde la oficina del Primer Ministro, e involucraron cambios radicales en la organización del aparato gubernamental, la estructura organizacional de las instituciones públicas, los sistemas de manejo de personal y, en especial, en el sistema presupuestario.

La esencia de las reformas, en materia presupuestaria, consistió en flexibilizar los controles sobre la administración del gasto, haciendo un mayor hincapié en los resultados de las instituciones gubernamentales; asimismo, se adecuaron los sistemas contables para cuantificar los costos de la administración pública.

ción de cuentas actual únicamente se concentra en verificar que el servidor público "no se lleve el dinero a su bolsillo". El SED es la herramienta para una evaluación que haga realidad una auténtica rendición de cuentas.
    [2] Algunos intentos se han observado también en los Estados Unidos, aunque con un alcance menor.
    [3] *Performance management in Government*, Ocassional Paper núm. 9, OECD-PUMA, París, 1996.

El caso de Nueva Zelanda es tal vez el más radical e ilustra las principales características de las reformas presupuestarias. Ésta partió de la base de revisar la distribución de responsabilidades entre el gobierno y los particulares para lograr sin prejuicios ideológicos una adecuada complementariedad desde la perspectiva del Estado. Posteriormente, la administración pública fue restructurada para realizar las funciones asignadas. Para lograr este objetivo se crearon varias agencias[4] y se revisaron las metas y objetivos de las ya existentes. De acuerdo con la nueva estructura organizacional del sector público, a determinadas agencias se les confirió la responsabilidad de proporcionar adecuadamente los servicios públicos mientras que a otras se les hizo responsables de la regulación de las actividades productivas. A los ministerios se les encargó el diseño y la evaluación de las políticas públicas.

Así, en Nueva Zelanda los ministros de Estado fijan los objetivos estratégicos, como reducir la tuberculosis o la tasa de mortalidad, y los productos con los que se espera lograrlos. Las agencias, que dependen de los ministros, tienen la obligación de obtener esos productos, y responden ante el ministro acerca de lo alcanzado. Los ministros a su vez informan al Parlamento acerca del cumplimiento de los objetivos.

El sistema de la administración pública de Nueva Zelanda al que se someten las agencias, se compone de: *a)* acuerdos previos (convenios de desempeño) que determinan los planes y objetivos para el periodo siguiente; *b)* supervisión mientras los planes se están ejecutando, e informes posteriores respecto del cumplimiento de los mismos, y *c)* evaluación del desempeño y la aplicación de premios o sanciones con base en los resultados obtenidos.

La reforma mexicana coincide con las de otros países en la importancia de considerar aspectos microeconómicos en el gasto y en el papel de las instituciones y los incentivos al desempe-

---

[4] En México, las agencias reciben el nombre de "órganos desconcentrados", los cuales se crean para dar cumplimiento a una finalidad muy específica. Los órganos desconcentrados dependen de una dependencia del Ejecutivo federal y gozan de autonomía operativa y patrimonial. Ejemplos de órganos desconcentrados son el Servicio de Administración Tributaria (SAT) en la SHCP y la Comisión Reguladora de Energía (CRE) en la Secretaría de Energía.

ño. Sin embargo, los objetivos y medios por los cuales se realizó son distintos. En México el motor de esta incipiente reforma presupuestaria no fue lograr el equilibrio fiscal. Lo que fue prioridad en el caso de Nueva Zelanda y Australia, ya se había logrado en nuestro país debido a los ajustes fiscales de la década de los ochenta, la restructuración de la deuda, la desincorporación de empresas paraestatales no estratégicas, la readecuación del sistema de precios y tarifas de los bienes y servicios públicos y la severa disciplina fiscal que se aplicó desde entonces.[5] La reforma mexicana coincidió con aquéllas en el objetivo de incrementar la productividad del gasto público, objetivo relacionado con una demanda fundamental: dotar de mayor transparencia al presupuesto público y establecer un sistema de rendición de cuentas. El inicio de la reforma al proceso presupuestario fue en esencia una reforma institucional que se enfocó, en primera instancia, en modificar las reglas y los incentivos de los ejecutores para inducir a una nueva cultura enfocada hacia los resultados. Estas reglas son el conjunto de procedimientos administrativos y normas que regulan el proceso presupuestario. Aumentar la información acerca del uso y el destino del gasto y sobre el desempeño de los ejecutores mediante el uso de indicadores y cambiar las normas que regulan el proceso, pueden constituirse en los motores para lograr mejores resultados, de manera eficiente y eficaz.

Una diferencia importante de la reforma mexicana respecto a las mencionadas fue que en aquellos países se efectuaron a partir de un cambio integral en la organización del sector público. Dichos cambios pretendieron reforzar la capacidad del gobierno para diseñar políticas públicas efectivas, así como la capacidad de vigilar y evaluar la gestión de la administración. El alcance de las reformas demandó cambios en el marco legal que regulaba la estructura y el funcionamiento de la administración pública. Por ello fueron impulsadas desde el nivel más alto de gobierno, como parte de una plataforma política, e involucraron cambios en todos los componentes de las instituciones administrativas: reglas, instancias relacionadas con su ob-

---

[5] Pedro Aspe, *El camino mexicano de la transformación económica*, FCE, México, 1993.

servancia, propósitos y objetivos de las mismas y servidores públicos.

La reforma mexicana, por lo contrario, surgió dentro de la administración pública. No se enfocó en un cambio de la organización del aparato gubernamental sino sólo en las reglas del proceso presupuestario. Éste ha sido uno de sus más importantes alcances, aunque también una de sus principales limitaciones. Con el replanteamiento de las reglas del proceso presupuestario los ejecutores pueden lograr resultados similares a los que se obtienen con las reglas anteriores, pero a un costo menor. Sin embargo, esto requiere inscribirse en una reforma a la administración y gestión públicas que renueve las actuales estructuras organizacionales con base en estas nuevas reglas y cambiar actitudes al interior de la administración pública. Los cimientos de los cambios ya han sido puestos con la NEP y el SED. Para detallar esto, a continuación se analizarán los propósitos de la reforma al proceso presupuestario, así como las características de la NEP y el SED.

2. PROPÓSITO DE LA REFORMA
AL PROCESO PRESUPUESTARIO

La reforma al proceso presupuestario de 1996 tuvo el propósito de elevar la eficacia y la eficiencia del uso del gasto público federal. Por eficacia debe entenderse que la aplicación del gasto logre los objetivos determinados de antemano en el PND y en los programas sectoriales y se obtengan resultados; la eficiencia se refiere a disminuir el costo de transacción del gobierno a la vez que se aumenta la calidad y la cantidad de los bienes y servicios que ofrece.

La reforma al proceso presupuestario se integró con una de las líneas estratégicas establecidas en el Plan Nacional de Desarrollo 1995-2000: elevar la eficiencia del uso de los recursos en beneficio del desarrollo del país. Esta línea estratégica fue retomada en el Programa Nacional de Modernización Pública 1995-2000 (Promap) y en el Programa Nacional de Financiamiento del Desarrollo 1997-2000 (Pronafide). El Promap alinea y coordina a la APF para mejorar los servicios que ofrece a la ciudadanía el sector público federal. El Pronafide enuncia la estrategia para fortalecer el ahorro público que, como parte del ahorro nacional, es imprescindible para impulsar la inversión productiva. En dicha estrategia, el control del gasto público y su buen uso son los ejes principales (véase la figura V.1). La reforma surgió en la Unidad de Política y Control Presupuestal de la Secretaría de Hacienda y Crédito Público, unidad responsable de la integración del Presupuesto de Egresos de la Federación. Fue ahí donde nacieron, la inquietud y la promoción de la reforma. Para lograr el propósito de la reforma, se revisaron todos los procesos intermedios, se cuestionaron las actitudes de los actores involucrados y se detectaron las ventajas y desventajas de los instrumentos que se usaban en la formulación del presupuesto.

Al concebir la reforma al proceso presupuestario se advirtió la necesidad de orientar todas sus etapas hacia la eficiencia, eficacia y calidad de los bienes producidos y la prestación de servicios públicos. Para ello se propuso: a) desarrollar metodologías que ayuden a conocer el costo de programas y de políticas gubernamentales y, a partir de su análisis, elaborar proyecciones multianuales de las erogaciones; no puede hablarse de eficiencia si no se conocen los costos de las actividades; b) simplificar la administración del gasto, eliminando autorizaciones y requisitos que sólo aumentan los costos de transacción, a cambio de resultados específicos; c) incentivar la formación de administradores en las unidades responsables, cuya prioridad sea obtener resultados al menor costo; y d) alinear la acción de las instituciones gubernamentales con los objetivos de las políticas públicas.

En una primera etapa se introdujeron dos innovaciones al proceso presupuestario: la Nueva Estructura Programática (NEP) y el Sistema de Evaluación del Desempeño (SED). La NEP surge como una solución específica para dotar de mayor transparencia a la asignación, distribución y aplicación de los recursos públicos y para incentivar a la eficacia y la eficiencia gubernamental; el SED surge como el instrumento con el que se evaluaría, de manera objetiva y socialmente aceptada, la eficacia y eficiencia de los programas y proyectos que realizan las unidades responsables.

⬤ FIGURA V.1. *Relación de la reforma en el proceso presupuestario con el PND*

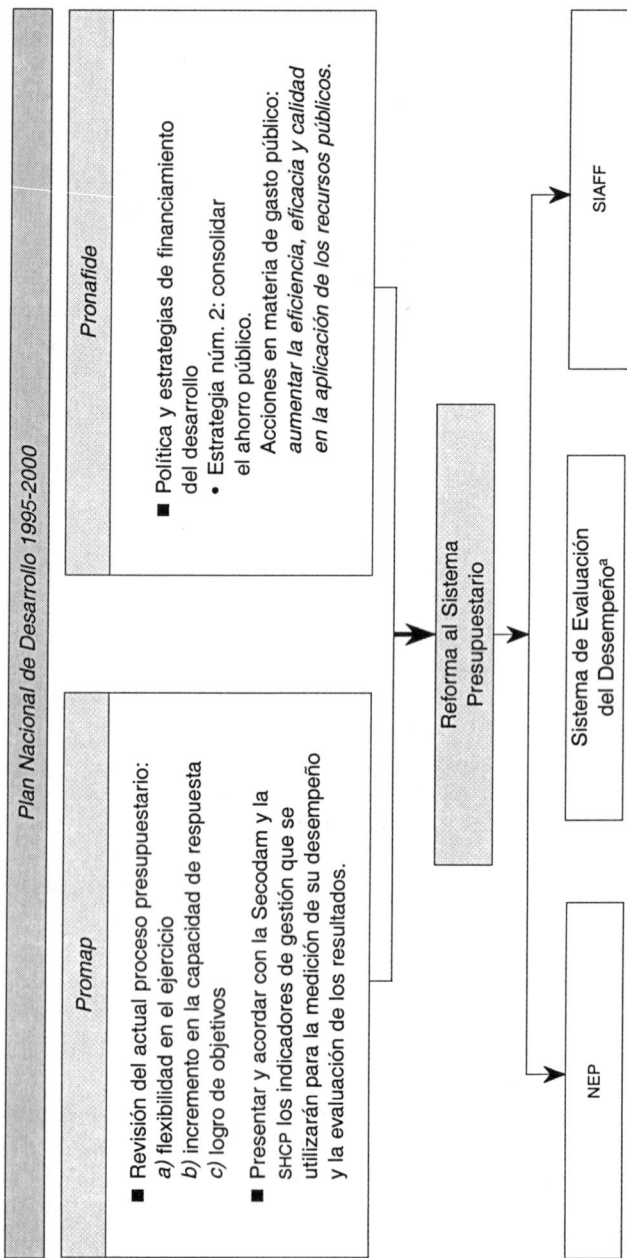

Plan Nacional de Desarrollo 1995-2000

Promap

■ Revisión del actual proceso presupuestario:
  a) flexibilidad en el ejercicio
  b) incremento en la capacidad de respuesta
  c) logro de objetivos

■ Presentar y acordar con la Secodam y la SHCP los indicadores de gestión que se utilizarán para la medición de su desempeño y la evaluación de los resultados.

Pronafide

■ Política y estrategias de financiamiento del desarrollo
  • Estrategia núm. 2: consolidar el ahorro público.
  Acciones en materia de gasto público: *aumentar la eficiencia, eficacia y calidad en la aplicación de los recursos públicos.*

Reforma al Sistema Presupuestario

NEP

Sistema de Evaluación del Desempeño[a]

SIAFF

[a] SHCP, Secodam y unidad ejecutora.
FUENTE: Proyecto de Presupuesto de Egresos de la Federación, 1998.

En el desarrollo de estos instrumentos, la NEP y el SED, se consideró el control del gasto público en el ámbito del flujo de efectivo, así como el control por medio de autorizaciones excesivas y discrecionales, representa un impedimento para introducir esquemas de administración y gestión públicas, y para promover la eficiencia y generar mejores resultados.

Sin embargo, la reforma necesita ser parte de una reforma más amplia para lograr el propósito de recuperar la confianza de la gente en el gobierno: la reforma al sistema presupuestario del sector público federal, que abarque distintos frentes y actores involucrados directa e indirectamente con el proceso presupuestario. En una segunda etapa será necesario desarrollar una agenda que incluya el servicio civil profesional, la federalización o devolución de recursos y responsabilidades, el desarrollo de sistemas de información en tiempo real, la reforma legal y normativa, y, en especial, el cambio cultural orientado al servicio de calidad y a los resultados. Esto será abordado con mayor detalle en las conclusiones.

3. LOS EJES DE LA REFORMA: NEP Y SED

Los responsables de la formulación del presupuesto de egresos en la Secretaría de Hacienda y Crédito Público analizaron las debilidades del proceso presupuestario y advirtieron la necesidad de hacer dos cambios para superarlas: *a)* modificar la forma como se integraba el Proyecto de Presupuesto de Egresos en términos de la perspectiva funcional, es decir, de lo que se pretende lograr con los recursos, y *b)* simplificar los procesos y procedimientos administrativos relacionados con el presupuesto de egresos.

En el pasado reciente las reformas al presupuesto por programas se basaron en adecuaciones a la clasificación funcional; las otras clasificaciones prácticamente permanecieron sin cambios.[6] Así, dichas modificaciones consistieron en reformar la estructura programática, y fue nuevamente necesario modificarla en 1996.

---

[6] Véanse los anexos B y C.

Al transformar la estructura programática se procuró que ésta pudiera ser de utilidad a los actores del proceso presupuestario en términos de transparencia, facilitando el entendimiento del presupuesto; adicionalmente, que dicha estructura programática incluyera incentivos a los ejecutores para que éstos lograran mejores resultados, y que sirviera para rendir cuentas.

En cuanto a la simplificación de los procesos, se creyó que, dadas las condiciones económicas y políticas del país, los instrumentos de control del gasto debían destacar más los resultados que los trámites e incluir incentivos para que los ejecutores se esforzaran por lograr resultados. Para esto último, se propusieron nuevos mecanismos para saber si los ejecutores cumplen eficientemente con las responsabilidades asignadas, a cambio de eliminar trámites y otorgar mayor flexibilidad en el ejercicio del gasto. Estos mecanismos fueron los *indicadores de desempeño*.

Los indicadores son medidas que relacionan insumos y recursos con productos y resultados. Equivalen a los índices que miden la productividad, el desempeño financiero y la calidad de los bienes y servicios producidos en las empresas. Los indicadores son de gran utilidad tanto a los representantes de la sociedad, para evaluar los resultados logrados, como a los mismos ejecutores del gasto para determinar qué tan bien realizan las tareas que les fueron asignadas. Asimismo, son de utilidad a los auditores públicos porque les proporcionan información acerca de si los programas de gobierno están logrando los objetivos determinados de antemano. Esto fue lo que dio origen al SED, cuyo propósito fue medir la calidad de los bienes y los servicios públicos y la efectividad de los programas gubernamentales. Para ello contiene un conjunto de indicadores ordenados de manera sistemática, los cuales, una vez que se logre consolidar, ayudarán a revisar periódicamente el desempeño y los resultados que obtienen los ejecutores en las actividades y en los programas encomendados.

Un instrumento que complementó el esfuerzo de la reforma fue el desarrollo, aún en marcha, del Sistema Integral de Administración Financiera Federal (SIAFF), porque optimizará las operaciones de tesorería del gobierno federal y generará información oportuna acerca del ejercicio del gasto en términos de las categorías programáticas propuestas por la NEP y la recaudación de ingresos.

4. EL DISEÑO DE LA NUEVA ESTRUCTURA PROGRAMÁTICA (NEP)

Una de las principales críticas a la estructura programática de 1989 fue que no contenía los programas sectoriales y que las funciones gubernamentales no reflejaban los ordenamientos jurídicos. Por ello el núcleo de la NEP es relacionar los programas sectoriales con la misión y la operación cotidiana de las unidades responsables; el desempeño de los ejecutores; el costo de los programas y proyectos gubernamentales, y las funciones que el marco jurídico le encomienda al sector público federal.

Cuando se diseñó la NEP se consideraron algunos principios de la clasificación sectorial del gasto de 1989 para mostrar las funciones del sector público federal.[7] Asimismo, se cuidó que mostraran el contenido funcional y programático de la Constitución Política de los Estados Unidos Mexicanos y considerara lo establecido en la Ley de Presupuesto, Contabilidad y Gasto Público Federal, que obliga a justificar el Proyecto de Presupuesto de Egresos con programas, objetivos y metas, unidades responsables y costo aproximado.[8]

Como resultado, la metodología de la NEP permite: *a)* relacionar el gasto público con resultados; *b)* vincular las acciones del sector público federal con los programas sectoriales; *c)* facilitar el diseño y el seguimiento de planes y programas multianuales, y *d)* alinear el Presupuesto de Egresos de la Federación con los objetivos del PND y los objetivos de los programas de mediano plazo y con las funciones encomendadas al gobierno (véase la figura V.2).

Por la amplitud del tratamiento sobre la NEP, se dedicará el resto del capítulo a explicar las características que hacen posible la introducción de incentivos para lograr los objetivos expuestos. El capítulo VI se concentrará en las características del SED.

---

[7] Véase el anexo C.
[8] Artículo 13 de la Ley de Presupuesto, Contabilidad y Gasto Público Federal.

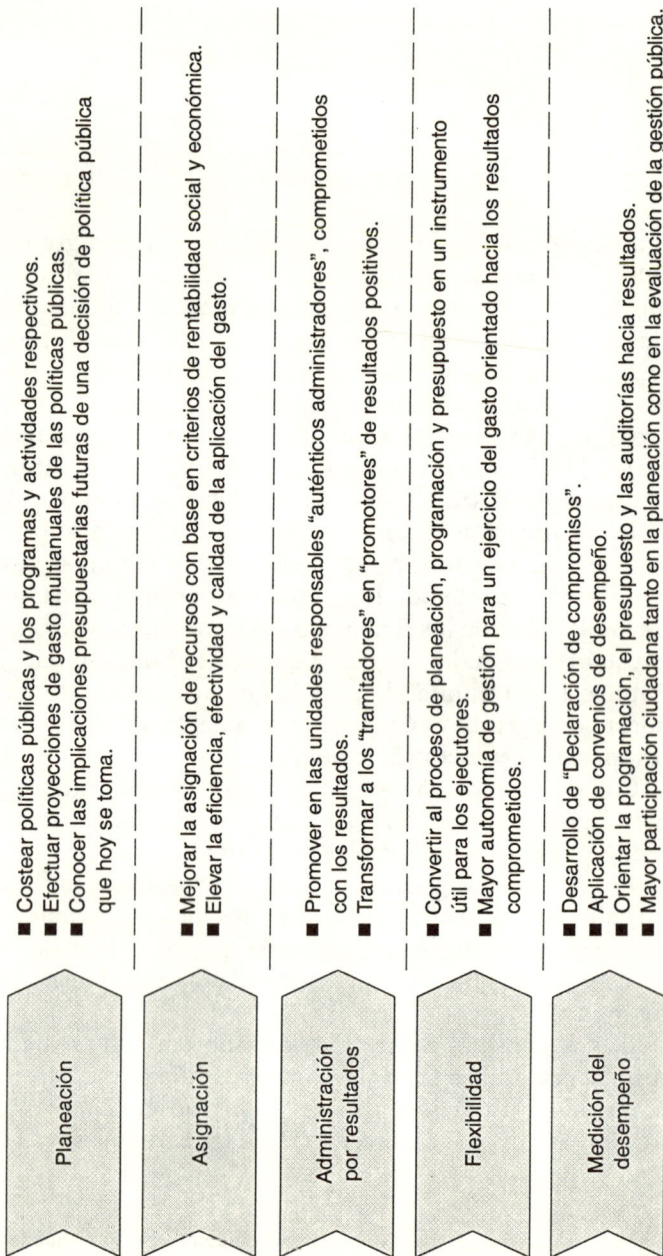

⦿ FIGURA V.2. *Objetivos de la Nueva Estructura Programática* (NPE)

Objetivos

Planeación
- Costear políticas públicas y los programas y actividades respectivos.
- Efectuar proyecciones de gasto multianuales de las políticas públicas.
- Conocer las implicaciones presupuestarias futuras de una decisión de política pública que hoy se toma.

Asignación
- Mejorar la asignación de recursos con base en criterios de rentabilidad social y económica.
- Elevar la eficiencia, efectividad y calidad de la aplicación del gasto.

Administración por resultados
- Promover en las unidades responsables "auténticos administradores", comprometidos con los resultados.
- Transformar a los "tramitadores" en "promotores" de resultados positivos.

Flexibilidad
- Convertir al proceso de planeación, programación y presupuesto en un instrumento útil para los ejecutores.
- Mayor autonomía de gestión para un ejercicio del gasto orientado hacia los resultados comprometidos.

Medición del desempeño
- Desarrollo de "Declaración de compromisos".
- Aplicación de convenios de desempeño.
- Orientar la programación, el presupuesto y las auditorías hacia resultados.
- Mayor participación ciudadana tanto en la planeación como en la evaluación de la gestión pública.

5. Componentes de la NEP

Al igual que en la estructura programática de 1989, los componentes de la NEP son las *categorías programáticas* y los *elementos programáticos*.[9] Sin embargo, el hincapié y el sentido son distintos. La finalidad de las categorías programáticas es disponer de una clasificación de agregación o suma del gasto público en términos de la orientación del quehacer gubernamental. Éstas categorías programáticas incluyen funciones, programas, proyectos y actividades y a todas ellas se les asignan fondos públicos en el Presupuesto de Egresos de la Federación. En cambio, los elementos programáticos se utilizan para calificar y cuantificar con información cualitativa o física lo que se pretende lograr.

La denominación de algunas categorías de la NEP es igual que la anterior, pero su significado y alcance son distintos. Las categorías son las *funciones*, las *subfunciones*, los *programas sectoriales*, los *programas especiales*, las *actividades institucionales*, los *proyectos institucionales* y los *proyectos de inversión* o de *capital*. Los elementos son la *misión* o *propósito institucional*, los *objetivos*, los *indicadores estratégicos*, las *metas de los indicadores* y la *regionalización*. Ambos componentes se relacionan con la unidad responsable.

Con las *categorías* se organiza y dirige el dinero hacia las obligaciones constitucionales y legales del sector público federal y las prioridades nacionales. Las primeras, expresadas en las funciones y las subfunciones; las segundas en los programas sectoriales y especiales. Las categorías permiten transitar de lo "agregado" o general (funciones y subfunciones), al detalle (actividades y proyectos). Estas últimas se refieren al conjunto de acciones específicas que van a realizar para cumplir con los objetivos de los programas sectoriales y especiales, los que a su vez están encaminados a dar cumplimiento a las disposiciones constitucionales. Con los *elementos* o propiedades de las categorías se conoce la calidad de los productos o los servicios que se generan con los recursos de los contribuyentes

---

[9] *Catálogo de Categorías Programáticas de la Administración Pública Federal*, SHCP, México, 1989.

y también se muestran los resultados, ambos durante y al final del ejercicio. Los elementos proporcionan información objetiva con la cual sea posible evaluar el desempeño de los ejecutores para que el gobierno pueda rendir cuentas (véase la figura V.3). El alcance de las categorías programáticas se encuentra en el establecimiento de una nueva clasificación funcional del gasto. Pero el de los elementos es todavía mayor que el de las categorías, porque son los instrumentos que guían a los ejecutores hacia los resultados esperados y con los que se podrá evaluar objetivamente el quehacer gubernamental. Por eso, la NEP no es sólo una nueva clasificación del gasto público, sino una herramienta gerencial para los administradores públicos y un medio para aumentar la transparencia del gobierno.

6. CATEGORÍAS PROGRAMÁTICAS DE LA NEP: LÓGICA DE LAS FUNCIONES Y SUBFUNCIONES

Para poner en contexto las funciones de la NEP es importante conocer las funciones de la estructura programática de 1989. Ella establecía como funciones del sector público federal: *a)* administración gubernamental; *b)* política y planeación económica y social; *c)* fomento y regulación; *d)* desarrollo social; *e)* infraestructura, y *f)* producción.

Excepto la función de desarrollo social, estas funciones no estaban relacionados con las atribuciones que el marco jurídico asigna al sector público federal. Incluso desde un punto de vista práctico los contribuyentes no estarían dispuestos a dar recursos para cumplir, por ejemplo, con la función de administración gubernamental, ya que el marco jurídico no señala que el gobierno debe administrarse. Lo mismo sucede con la función de política y planeación económica. Esas funciones no eran relevantes a la sociedad, por lo cual difícilmente justificaban el cobro o aumento de impuestos.

Las funciones deben reflejar los fines últimos de la sociedad determinados en el marco jurídico para reflejar la realidad institucional del país.[10] Idealmente tienen que mostrar lo que se

---

[10] Según North (1990), las instituciones equivalen a "las reglas del juego" con las cuales funciona una sociedad, esto es, son las restricciones formales,

FIGURA V.3. *Categorías y elementos programáticos de la* NEP

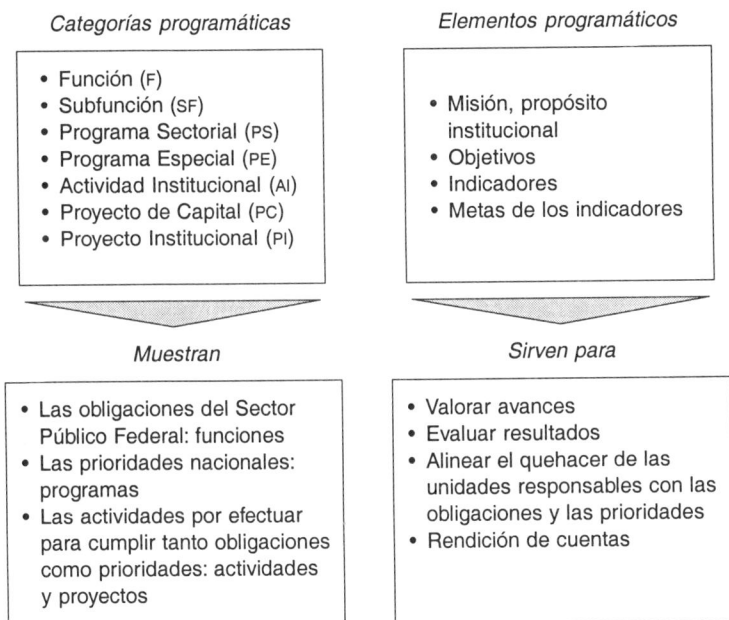

Categorías programáticas

- Función (F)
- Subfunción (SF)
- Programa Sectorial (PS)
- Programa Especial (PE)
- Actividad Institucional (AI)
- Proyecto de Capital (PC)
- Proyecto Institucional (PI)

Elementos programáticos

- Misión, propósito institucional
- Objetivos
- Indicadores
- Metas de los indicadores

Muestran

- Las obligaciones del Sector Público Federal: funciones
- Las prioridades nacionales: programas
- Las actividades por efectuar para cumplir tanto obligaciones como prioridades: actividades y proyectos

Sirven para

- Valorar avances
- Evaluar resultados
- Alinear el quehacer de las unidades responsables con las obligaciones y las prioridades
- Rendición de cuentas

hace para mejorar las condiciones de vida de la sociedad con la asignación de los recursos públicos. Por ello la NEP define con claridad las funciones que marca la Constitución al gobierno y que inciden en el bienestar social.

Según la NEP, la pregunta clave para identificar una función gubernamental es ¿qué reconoce la Constitución como vital para que el gobierno procure el desarrollo nacional? Por ejemplo: la conducción del Estado necesita de una política interior para que en México se respete la ley y se preserve el orden. También requiere de una política exterior para salvaguardar los intereses del país en el extranjero. Esta manera de definir funciones de gobierno, ya indica algo relevante y útil a la sociedad que puede justificar el cobro de los impuestos.

ya sea jurídicas, económicas o sociales, que constituyen una estructura estable para reducir incertidumbre a la interacción humana. Para más detalles, véase Douglass C. North, *Instituciones, cambio institucional y desempeño económico*, FCE, México, 1990.

Otras actividades importantes del gobierno son la administración de los impuestos, la publicación de estadísticas y la regulación bancaria, entre otras; asimismo, la lucha contra la delincuencia organizada y los servicios de salud y educativos. Todas ellas indican los quehaceres fundamentales de todo gobierno.

No puede haber un intercambio eficiente de bienes y servicios en un país si sus regiones no están comunicadas. Por ello, si se toma la decisión de ayudar a las zonas marginadas de México, hay que proporcionales vías de comunicación para incorporarlas a las actividades productivas del resto del país. En consecuencia, dirigir recursos a la creación de infraestructura en comunicaciones y transportes es otra función tan relevante que debe ser incorporada a las categorías programáticas.

A la sociedad, o a quienes representan intereses mayoritarios, les interesa saber qué recursos se dirigen al desarrollo regional y al urbano, a la educación, la salud, la promoción del empleo, la defensa de los derechos laborales y la seguridad social. En México, una gran proporción del gasto asignado a dichos rubros es obligatoria; el más importante en monto, por ejemplo, es el de educación, ya que es una función del Estado establecida en el artículo 3o. constitucional.

Otra función clave es la seguridad social. La reforma reciente a la Ley del IMSS obliga a comprometer recursos futuros del presupuesto, con la finalidad de garantizar una pensión digna a los trabajadores y fortalecer el ahorro nacional, motor del crecimiento económico.

En síntesis, una función es el nivel más general del gasto público, porque representa los campos de acción que el marco jurídico le establece al sector público federal (véase el cuadro V.1).

El criterio con el que se determina y clasifica el gasto público en las funciones se basa en considerar el efecto directo e inmediato del gasto. Por ejemplo, las erogaciones en la función de educación comprenden a las instituciones que realizan actividades de docencia. Así, el gasto asignado a las instituciones de educación agropecuaria se registra en educación y no en desarrollo agropecuario; la razón es que el efecto que tendrá la formación de estos profesionales en el campo se reflejará posteriormente.

Otro ejemplo es el gasto destinado a la construcción de caminos rurales. Según el criterio mencionado, se registra en la fun-

CUADRO V.1. *NEP: proceso para definir las funciones
del sector público federal*

De acuerdo con la NEP las funciones del sector público federal fueron definidas con base en los siguientes criterios:

- Que reflejen las atribuciones y las responsabilidades que el marco jurídico le asigna al sector público federal. Por ejemplo: Constitución Política, Ley Orgánica de la Administración Pública Federal, Ley del IMSS, Ley Orgánica del Congreso General de los Estados Unidos Mexicanos, Ley Orgánica del Poder Judicial de la Federación y Código Federal de Instituciones y Procedimientos Electorales.
- Que correspondan a las funciones de Estado que tiene cualquier orden federal o gobierno nacional.
- Que sean relevantes para el bienestar social y para el crecimiento económico.
- Que justifiquen el cobro de impuestos.

ción comunicaciones y transportes, porque se está conectando a localidades; no se registra en la de desarrollo agropecuario porque posteriormente los caminos favorecerán la productividad del campo y el desarrollo de las comunidades rurales.[11]

En la NEP algunas de las funciones tienen subfunciones, las cuales representan responsabilidades más específicas. Funciones y subfunciones definen el marco general del gasto donde convergen las demás categorías programáticas.

La incorporación de subfunciones ofrece la ventaja de conocer con más detalle el destino de los recursos públicos. Por ejemplo, las subfunciones de la función de educación que fueron consideradas importantes son *educación básica, educación media y superior, educación superior, educación de posgrado, educación para adultos, ciencia y tecnología, desarrollo cultural, educación física y deporte.* Con estos elementos la Cámara de Diputados puede decidir si se otorgan más recursos a las universidades o si se prefiere dar un mayor apoyo a la educación básica y decidir, por ejemplo, cuáles subfunciones de la función de educación, o

---

[11] En el anexo E se encontrará la descripción de las funciones de la NEP.

incluso de otras funciones, financiarán esos aumentos. Los representantes populares podrán también discutir si las necesidades de educación justifican un incremento de impuestos o la reducción de gasto en una función menos estratégica (véanse la figura V.4 y el cuadro V.2).

En la misma situación se encuentra el gasto en la función salud. La NEP aporta información para decidir dónde gastar más, si en *salud pública* o en *atención médica*. Por ejemplo, asignar recursos a prevención es mejor que a curación, porque la mayor parte de las enfermedades son previsibles, incluso una buena parte de éstas tiene relación con la higiene. Con la información que aporten los *elementos programáticos* se podrá juzgar con más claridad si es necesario invertir más en *educación* o en *agua potable* para gastar menos en *atención médica*.

Para que el presupuesto contenga todo el gasto neto total desde la perspectiva de la clasificación funcional, se añaden como funciones, aunque no lo son propiamente, los *adeudos de ejercicios fiscales anteriores,* la *deuda pública* y las *participaciones y aportaciones a entidades federativas y municipios* y el *Saneamiento del sistema financiero.*[12]

7. CATEGORÍAS PROGRAMÁTICAS DE LA NEP: PROGRAMAS, ACTIVIDADES INSTITUCIONALES Y PROYECTOS

Los programas sectoriales son las políticas públicas establecidas en el PND; son los más relevantes para la sociedad, por eso forman parte de las nuevas categorías programáticas. Así, por vez primera en 1998 el presupuesto se relacionó directamente con el PND, lo que permitió que la agenda de los temas nacionales del presidente de la República, expresada en dicho plan, se expusiera en términos presupuestarios; esto es, que se tuvieran asignados recursos para lograr los ofrecimientos que hizo durante su campaña política.[13]

---

[12] En el anexo A se presenta una descripción de la lógica de la NEP.
[13] La NEP no se limita a los actuales programas sectoriales. Está diseñada para que cualquier administración gubernamental incluya sus propios programas.

⊙ FIGURA V.4. *Funciones del sector público*

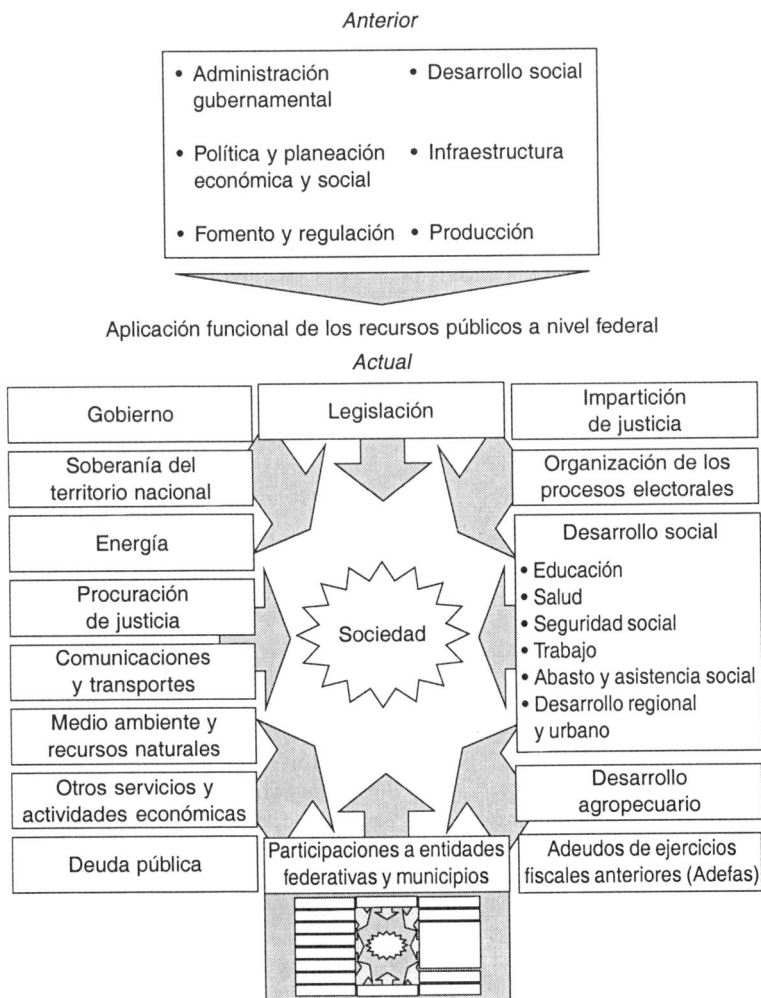

Anterior

• Administración gubernamental	• Desarrollo social
• Política y planeación económica y social	• Infraestructura
• Fomento y regulación	• Producción

Aplicación funcional de los recursos públicos a nivel federal

Actual

Gobierno	Legislación	Impartición de justicia
Soberanía del territorio nacional		Organización de los procesos electorales
Energía		Desarrollo social
Procuración de justicia	Sociedad	• Educación • Salud • Seguridad social
Comunicaciones y transportes		• Trabajo • Abasto y asistencia social
Medio ambiente y recursos naturales		• Desarrollo regional y urbano
Otros servicios y actividades económicas		Desarrollo agropecuario
Deuda pública	Participaciones a entidades federativas y municipios	Adeudos de ejercicios fiscales anteriores (Adefas)

La razón por la que se incluyeron los programas sectoriales fue dar transparencia al presupuesto al informar cuánto gasto se asigna a las políticas públicas y, con base en esta información, la sociedad juzga si dicha asignación responde o no a sus prioridades. Esto no era posible con la anterior estructura programática.

CUADRO V.2. *Funciones y subfunciones
del sector público según la* NEP

Función	*Subfunción*
01 Legislación	
02 Impartición de justicia	
03 Organización de los procesos electorales	
04 Procuración de justicia	
05 Soberanía del territorio nacional	
06 Gobierno	Servicios compartidos
	Política interior
	Política exterior
	Seguridad pública
	Servicios financieros, fiscales y estadísticos
	Control Interno
07 Educación	Servicios compartidos
	Educación básica
	Educación media superior
	Educación superior
	Educación de posgrado
	Educación para adultos
	Ciencia y tecnología
	Desarrollo cultural
	Educación física y deporte
08 Salud	Servicios compartidos
	Servicios de salud pública
	Atención médica
	Producción de bienes para la salud
09 Seguridad social	Servicios compartidos
	Regulación de la seguridad social
	Pensiones y jubilaciones
	Seguros
	Otros servicios de la seguridad social
10 Laboral	
11 Abasto y asistencia social	

CUADRO V.2. *Funciones y subfunciones... (conclusión)*

Función	Subfunción
12 Desarrollo regional y urbano	Servicios compartidos Urbanización Vivienda Agua potable Drenaje y tratamiento de aguas Desarrollo regional
13 Desarrollo agropecuario	Servicios compartidos Agrícola y pecuario Agroindustrial Hidroagrícola Asuntos agrarios Banca y seguro agropecuario
14 Medio ambiente y recursos naturales	Servicios compartidos Medio ambiente Pesca y acuacultura Suelo y recursos forestales
15 Energía	Servicios compartidos Hidrocarburos Electricidad
16 Comunicaciones y transportes	Servicios compartidos Infraestructura carretera Infraestructura portuaria Comunicaciones Transporte
17 Otros servicios y actividades económicas	Servicios compartidos Fomento a la industria y el comercio Fomento al turismo
18 Deuda pública del gobierno federal	Deuda pública interna Deuda pública externa
19 Participaciones y aportaciones a entidades federativas y municipios	Participaciones a entidades federativas Aportaciones a entidades federativas
20 Adeudos de ejercicios fiscales anteriores	
21 Saneamiento del sistema financiero	

Cada dependencia del Ejecutivo cuando es responsable de un sector diseña, aplica y evalúa una política pública. Sin embargo, algunas no tienen un programa sectorial explícito. En este caso se encuentran la Presidencia de la República, la Secretaría de Relaciones Exteriores, la de la Defensa Nacional y la de Marina. Por eso, para cada una de estas dependencias se tomó la decisión de considerar el mismo PND como su programa sectorial (véase el cuadro V.3).

Pero los programas sectoriales son insuficientes para atender problemas muy específicos; es necesario diseñar planes más concretos. Por eso la NEP considera dentro de las categorías a los programas especiales, que definen objetivos y tareas muy concretas. Éstos son extensiones de los programas sectoriales y la NEP considera algunos lineamientos en su formulación.

Como se expuso, la anterior estructura programática proporcionaba incentivos para que el gasto público fuese expansivo, ya que los ejecutores convertían cualquier actividad en un "programa" para solicitar aumentos de presupuesto. La contención del gasto que induce la NEP empieza por cambiar precisamente los incentivos. Según la metodología de la NEP, sólo se justifica la creación de un programa especial si se va a resolver un problema muy concreto, si se va a mejorar una situación o si se va a prever un acontecimiento. Si no es así, no es necesario crearlo.

La NEP utiliza la planeación estratégica para diseñar un programa útil a la sociedad, por lo cual obliga a que se establezca muy bien la población objetivo, su propósito institucional, los objetivos y los indicadores. Hay que especificar también los medios por los cuales se va a verificar el grado de cumplimiento de cada objetivo. Todo programa especial debe contener una estimación del costo de las metas por lograr y dicha estimación debe abarcar toda la vigencia del programa. Posteriormente, las metas alcanzadas se evaluarán con los indicadores y el costo estimado se comparará con el costo incurrido.

Diseñar programas especiales implica definir con precisión las actividades y los proyectos que se realizarán para el logro de los objetivos. Se deben señalar fechas para la ejecución de todas y cada una de las actividades. Cuando se diseña un programa, es recomendable iniciar con un proyecto piloto, lo que facilita una evaluación de los resultados parciales que podrán

CUADRO V.3. *Programas sectoriales incluidos en la* NEP

Programa sectorial
01 Plan Nacional de Desarrollo
02 Programa Legislativo
03 Programa de Impartición de Justicia
04 Programa Nacional de Procuración e Impartición de Justicia
05 Programa para un Nuevo Federalismo
06 Programa Nacional de Seguridad Pública
07 Programa de Protección Civil
08 Programa de Prevención y Readaptación Social
09 Programa Nacional de Población
10 Programa Nacional de la Mujer
11 Programa Nacional de Financiamiento del Desarrollo
12 Programa para Superar la Pobreza
13 Programa Nacional de Desarrollo Urbano
14 Programa de Vivienda
15 Programa para el Desarrollo de los Pueblos Indios
16 Programa de Modernización de la Administración Pública
17 Programa de Desarrollo y Reestructuración del Sector de la Energía
18 Programa de Comercio Interior, Abasto y Protección al Consumidor
19 Programa de Política Industrial y Comercio Exterior
20 Programa Agropecuario y de Desarrollo Rural
21 Programa de Desarrollo del Sector Comunicaciones y Transportes
22 Programa de Desarrollo Informático
23 Programa de Desarrollo Educativo
24 Programa de Cultura
25 Programa de Ciencia y Tecnología
26 Programa de Educación Física y Deporte
27 Programa de Reforma del Sector Salud
28 Programa de Empleo, Capacitación y Defensa de los Derechos Laborales
29 Programa de Desarrollo del Sector Turismo
30 Programa de Medio Ambiente
31 Programa de Pesca y Acuacultura
32 Programa Forestal y de Suelo
33 Programa Hidráulico
34 Programa para Atender la Agenda del Desarrollo Sustentable
35 Programa Sectorial Agrario
36 Gasto no programable[a]

[a] No es un programa sectorial. Se incluye para que el gasto neto total pueda expresarse en términos de programas.

obtenerse conforme se efectúen las actividades y los proyectos. Esto es muy útil para cotejar con los logros y así poder comprobar la eficacia de los planes gubernamentales. Al precisar la palabra "programa" pueden establecerse prioridades: cuáles son más importantes, cuáles son menos estratégicos.

Es fundamental que todo programa especial tenga un responsable, además de un ciclo de vida bien delimitado; así la sociedad podrá exigir cuentas. El ciclo vital comprende primero su concepción; esto es, el diseño. Luego viene su desarrollo, cuando se aplica. Se realimenta cuando lo evalúan periódicamente; los ajustes derivados de esa evaluación lo mantendrán vivo durante el periodo de su vida útil. Pero todo programa debe desaparecer, no importa si tuvo éxito o fracasó; si fue exitoso, resurgirá en uno nuevo, fortalecido con la experiencia del anterior. Lo importante es que la sociedad conozca el grado de éxito del mismo y cuántos recursos le fueron asignados para evitar que se comprometan recursos fiscales durante periodos indefinidos (véanse los cuadros V.4 y V.5).

El desafío para el Sector Público Federal es que todos los programas se diseñen de manera similar.[14] En suma, la NEP induce a los ejecutores a justificar los recursos públicos destinados a los programas de una manera más racional, garantiza además que no constituirán una presión permanente a las finanzas públicas.

La actividad institucional (AI) es otra categoría programática, pero menos general que las anteriores. Según la LOAPF, se define como un conjunto de acciones que realizan las unidades responsables para cumplir su misión. La razón de incluir un mayor detalle del gasto por medio de las AI fue conocer el costo de operación de las unidades responsables y de los programas y proyectos. Las actividades institucionales se alinean a los objetivos de los programas sectoriales y especiales y están asociadas a una unidad responsable; así, como resultado de su cumplimiento se obtiene un producto o servicio concreto, el cual es su razón de ser. El enfoque de la NEP hace hincapié en la cultura de servicio que debe caracterizar al sector público federal; por ello, in-

---

[14] El anexo G contiene ejemplos de programas especiales diseñados con los lineamientos de la NEP, que se incluyen en el Proyecto de Presupuesto de Egresos de 1998.

CUADRO V.4. *Requisitos de los programas*
especiales de acuerdo con la NEP

- Muestra con precisión la problemática a resolver, la situación a mejorar o el acontecimiento a prever.
- Puntualiza con claridad:
  a) Propósito institucional.
  b) Objetivos.
  c) Indicadores pertinentes para darle objetividad a la evaluación y al seguimiento.
  d) Metas para los indicadores.
  e) Costo estimado que implica alcanzar las metas.
- Precisa la población objetivo por atender o los beneficiarios directos del programa.
- Alinea el propósito institucional con los objetivos de la política pública correspondiente.
- Establece las actividades y los proyectos a efectuar.
- Considera los sucesos que favorecen u obstaculizan la aplicación o el desarrollo del programa.
- Ordena cronológicamente las actividades y los proyectos por aplicar, y determina su interrelación, sea simultánea o secuencial.
- Determina claramente la duración del programa, aun cuando su horizonte temporal exceda a una administración gubernamental.
- Dispone de una evaluación *a priori* de los costos y los beneficios que conlleva su ejecución.
- Tiene un responsable para integrar y coordinar el programa.

duce a que los servidores públicos identifiquen con claridad a sus "clientes", es decir, los destinatarios de los productos y servicios que ellos prestan. La propuesta consiste en que cada unidad responsable (UR) defina quiénes son sus clientes y cuáles sus productos, de lo contrario no podrá acceder a recursos del presupuesto.

Cuando se trata de una dirección general o equivalente, sólo se puede ejecutar una actividad institucional.[15] Las actividades

---

[15] Éste fue un criterio *ad hoc* para integrar el PPEF de 1998 con el menor número posible de claves presupuestarias. Sin embargo, esto puede modificarse para mostrar el presupuesto asignado a las actividades de administración y apoyo de una unidad responsable que realice actividades sustantivas.

CUADRO V.5. *Programas especiales incluidos*
en el Proyecto de Presupuesto de Egresos de 1998

Programa especial

000 Programa Normal de Operación[a]
001 Programas de la Alianza para el Campo
002 Programa de Apoyos Directos al Campo (Procampo)
003 Programa de Desarrollo Forestal
004 Programa de Certificación de Derechos Ejidales y Titulación
de Solares Urbanos (Procede)
005 Programa de Educación, Salud y Alimentación (Progresa)
006 Programa de Ampliación de Cobertura (PAC)
007 Programa de Mejoramiento del Profesorado (Promep)
008 Programa de Empleo Temporal (PET)
009 Programa Cien Ciudades
010 Programa de Becas de Capacitación para Trabajadores
Desempleados
011 Programa de Calidad Integral y Modernización
012 Programa de Agua Potable, Alcantarillado y Saneamiento
en Zonas Urbanas (Apazu)
013 Programa para la Construcción y Rehabilitación de Sistemas
de Agua Potable y Saneamiento en Zonas Rurales
014 Programa de Telefonía Rural
015 Programa de Seguridad Pública
016 Programa de Abastecimiento de Agua y Saneamiento
para la Zona Metropolitana del Valle de México
017 Programa del Registro Nacional de Ciudadanos
018 Programa Nacional de Prevención y Atención de Desastres
Naturales
019 Programa de Fomento de la Investigación Científica
y Tecnológica
021 Programa de Apoyo a Deudores
022 Programa de Saneamiento Financiero
023 Programa Salarial[a]
026 Programa de Coordinación Hacendaria con Entidades
Federativas
027 Fondo de Desastres Naturales
028 Fondo de Variación en los Precios Internacionales
029 Erogaciones Contingentes
099 Gasto no programable[a]

[a] Éstos no son programas especiales; más bien, se crean para llegar a la suma del gasto de un programa especial.

institucionales fueron agrupadas en nueve grupos, cada uno de los cuales contiene un conjunto de ellas relacionadas entre sí (véase el cuadro V.6).

Las categorías de la NEP incluyen también la figura de los "proyectos". Existen dos tipos de proyectos: los de *inversión* (obra pública), también conocidos como proyectos de capital, y los *institucionales*. Los primeros son los que pretenden incrementar los activos fijos de la nación; impulsan el crecimiento, generan empleos y aumentan y mejoran la corriente de productos y servicios públicos. La mayoría de ellos son obras públicas. Los proyectos institucionales se refieren a las propuestas concretas para mejorar un producto o la prestación de un servicio; pueden dirigirse también a la aplicación de un programa sectorial o especial. La NEP contempla también lineamientos para los proyectos, que establecen evaluarlos según los parámetros de su rentabilidad social y económica. Para ello es fundamental que se haga un estudio de prefactibilidad y luego uno de factibilidad. Los estudios deben ser completos lo más posible e incluir los costos presentes y futuros y los beneficios sociales esperados (véase el cuadro V.7).[16]

La anterior estructura programática sólo favorecía los proyectos de obra pública y descuidaba los proyectos intensivos de gasto corriente, aun cuando éstos tenían alta rentabilidad. Con la NEP al especificar dos tipos de proyectos se pretende que ambos, en la misma restricción presupuestaria y en términos de costo y beneficio, compitan por los recursos públicos. Así, un proyecto que contenga sólo gasto corriente puede tener igual o mayor importancia que un proyecto de capital. Con estos lineamientos se pretende mejorar continuamente las dependencias y entidades (véase la figura V.5).

En realidad, la NEP no propone una nueva metodología de evaluación de los proyectos o programas, sino que, más bien, utilizar su enfoque implica una minuciosa evaluación de los resultados que se pretenden y una aproximación de lo que costarán dichos resultados.

---

[16] Dentro de los costos se debe considerar el costo de oportunidad de los recursos.

CUADRO V.6. *Grupos de actividades institucionales según la NEP*

Grupo de actividades institucionales	*Descripción*
000 Poderes	Actividades que efectúan los poderes Legislativo y Judicial.
100 Diseño y aplicación de políticas públicas y sus estrategias	Actividades para delinear, diseñar y aplicar las políticas públicas y sus estrategias, así como dar seguimiento a su cumplimiento.
200 Fomento y promoción de políticas públicas sectoriales	Actividades para ordenar, protocolizar, convenir, establecer y reglamentar las actividades de las dependencias y entidades en el fomento, promoción y aplicación de políticas públicas sectoriales.
300 Supervisión y regulación	Actividades que realizan las dependencias y entidades para supervisar, regular, medir, ordenar, reglamentar o apegar las actividades del sector privado a los ordenamientos legales.
400 Prestación de servicios públicos	Actividades para asistir, contribuir, procurar, proporcionar y/o suministrar servicios que demanda la sociedad y que son competencia del sector público federal.
500 Producción de bienes	Actividades para crear, fabricar o elaborar bienes que son competencia del sector público federal.
600 Control y supervisión gubernamental	Actividades para medir, evaluar, auditar, controlar, inspeccionar o verificar que las operaciones de las dependencias y entidades del sector público federal se realicen bajo los ordenamientos legales.
700 Actividades de apoyo	Actividades que efectúan las oficialías mayores y sus unidades responsables para apoyar las áreas sustantivas. Incluye las prestaciones para los trabajadores que otorgan las unidades responsables, como capacitación, becas, pagos por defunción, entre otras.
800 Actividades generales	Actividades para cubrir compromisos establecidos por la ley.

FUENTE: *Catálogo de Categorías Programáticas de la Administración Pública Federal 1999*, SHCP.

CUADRO V.7. *Requisitos para los proyectos de acuerdo con los lineamientos de la* NEP

- Reconocer una oportunidad para incrementar la producción de bienes o la prestación de servicios.
- Analizar los posibles beneficios y los costos que su aplicación implica para la sociedad.
- Estudio de prefactibilidad.
- Estudio de factibilidad.
- Valuación de los costos de operación, conservación y mantenimiento de la obra concluida.
- Proyecto ejecutivo.

Proyectos institucionales

- El horizonte de aplicación debe estar delimitado y cada una de sus etapas debe tener definida su duración.
- Cada una de las etapas estará sujeta a revisión y aprobación anual.
- Siempre se deben asociar a una unidad responsable.
- Requieren de un señalamiento claro y preciso de:

  a) Propósito institucional.
  b) Objetivos.
  c) Indicadores pertinentes para su evaluación y seguimiento.
  d) Metas para los indicadores.
  e) Costo estimado que implica alcanzar las metas.

- La mayoría de los proyectos deben efectuarse para mejorar, conservar, mantener o crear un activo, aunque pueden disponer de gasto corriente y de inversión, pero no necesariamente incrementan el activo fijo del sector público federal.
- Deben disponer de una previa evaluación de los beneficios y de los costos para la sociedad.
- Deben contar con estudios de prefactibilidad y factibilidad social y económica.

---

8. ELEMENTOS PROGRAMÁTICOS DE LA NEP

Los elementos programáticos de la NEP son: *misión/propósito institucional, objetivo, indicador estratégico* y *meta del indicador.* Como se expuso, los elementos tienen la finalidad de proporcio-

FIGURA V.5. *Categorías programáticas: su lógica*

¿Qué hace el gobierno relevante para la sociedad?	Funciones Subfunciones	Marco jurídico
¿Cuáles son las políticas públicas que el gobierno va a implantar para cumplir con las funciones y subfunciones que la sociedad le ha encomendado?	Programas sectoriales Programas especiales	PND
¿Qué acciones va a emprender para cumplir con los objetivos de las políticas públicas?	Actividades institucionales Proyectos institucionales Proyectos de capital	Quehacer cotidiano

nar información cualitativa y cuantitativa acerca de lo que se hará con los recursos de los contribuyentes; esta información es la que hará posible la rendición de cuentas. El primer elemento (el propósito), justifica su finalidad (en el caso de programa o proyecto): ¿para qué está?, ¿para lograr qué? De igual manera, las UR requieren de una misión. Una UR sin misión, o que no la pueda definir, no justifica su existencia ante los contribuyentes, que pagan su funcionamiento. El incentivo detrás de la NEP es que los recursos de la sociedad tengan un destino muy concreto.

Para la NEP, la misión se enuncia con respuestas a estas preguntas:[17] *a)* ¿para qué se crea una dependencia o una unidad responsable?; *b)* ¿qué beneficio pretende dar a la sociedad con la prestación de un servicio o la producción de un bien?; *c)* ¿cuál es su especialidad?; *d)* ¿a quién atiende o sirve?, y *e)* ¿hasta dónde llega su responsabilidad?[18]

---

[17] *Catálogo de Categorías Programáticas de la Administración Pública Federal consideradas en el Proyecto de Presupuesto de Egresos de la Federación 1998,* Secretaría de Hacienda y Crédito Público.

[18] En el anexo F aparecen, a manera de ejemplo, las misiones de las dependencias y entidades paraestatales de control directo presentadas en el PPEF de 1998 y 1999.

También las categorías de programa sectorial, programa especial, actividad institucional y proyectos tienen una misión. Sin embargo, para distinguir, la NEP denomina *propósito institucional* a la *misión* de las categorías programáticas. Un programa debe tener un propósito para que la sociedad sepa exactamente qué se hará con los recursos autorizados al programa. El propósito institucional tiene las mismas características de una misión. Definida la misión, sigue el establecimiento de objetivos. Un objetivo describe cualitativamente lo que la unidad administrativa pretende hacer por medio de una categoría programática. Los objetivos concretan el propósito institucional. Con los objetivos es posible establecer los mecanismos que medirán el grado de cumplimiento de los mismos. Esos mecanismos son los indicadores. Por ejemplo, la misión de la Secretaría de Salud es "Consolidar el Sistema Nacional de Salud, a fin de mejorar la calidad de los servicios que brinda a la población abierta en un contexto ecológico y social propicio para su desarrollo y sustento, a través de las unidades médicas de primero, segundo y tercer nivel de atención, localizadas en el territorio nacional".[19]

Para cumplir esa misión, un objetivo de la Secretaría de Salud puede ser, por ejemplo, disminuir la mortalidad infantil. Un indicador útil para medir la mortalidad es el índice de muertes infantiles por diarrea en el grupo de población de 0-5 años.

Los indicadores son los "instrumentos de navegación" que orientan a los servidores públicos. Un ejemplo ilustra muy bien esta metáfora: supongamos que deseamos emprender un viaje y se elige un destino; ése es el objetivo. Para llegar al destino se requiere saber con qué contamos para el traslado (recursos). Supongamos que se dispone de un automóvil; respetar el reglamento de tránsito le da seguridad al traslado, lo que equivale al marco jurídico que regula el proceso del uso y aplicación del gasto público. Hecho esto, se debe vigilar o monitorear constantemente el trayecto para saber si se está avanzando en la dirección deseada y en los tiempos establecidos de antemano. Para ello utilizamos indicadores como la velocidad, la temperatura, el nivel de aceite, las revoluciones, la gasolina disponi-

---

[19] Véase anexo F.

ble y la carga de la batería; otros, como el mapa, la brújula y la realidad física, indican el avance y la dirección.

Si bien esos instrumentos requieren introducirse en la administración pública, es importante diferenciarlos. Por ejemplo, en el caso de la educación básica, a un gobernador no le interesa saber si el maestro "x" de la escuela "y" es o no puntual; en cambio, al director de la escuela sí. Por tanto, el gobernador utilizará un tipo de indicadores, los estratégicos, para ver si el desempeño del sistema estatal de educación es adecuado, y el director de la escuela utilizará otro, el de gestión o servicios, para evaluar el desempeño de su escuela. Acerca de los tipos de indicadores y sus características se abundará en el siguiente capítulo.

La NEP precisa otro elemento que va junto con el indicador, la meta. La meta es el valor numérico que tendrán los indicadores; ésta será consensuada por los actores del proceso presupuestario una vez que se establezca la disponibilidad del gasto, considerando referencias internacionales o criterios reconocidos.[20] Ambos, indicadores y metas, serán el eje en el cual girará toda la negociación presupuestaria en el futuro próximo. En el ejemplo de la Secretaría de Salud, la meta para el indicador de mortalidad infantil podría ser, pasar de 1 a 0.5% en un periodo razonable.

Las metas de la anterior estructura programática eran insuficientes para saber si estaban lográndose los objetivos. La principal razón era la unidimensionalidad con que se evaluaba el quehacer público. Por eso los indicadores son mejores. Por ejemplo, en el cuadro IV.4 se observa que la meta *aplicar vacunas* es útil para verificar la aplicación de 10 millones de dosis en un año y así justificar el presupuesto respectivo. Pero se requiere de información adicional: es necesario aclarar si los 10 millones de vacunas disminuyeron el sarampión o si se requería aplicar este número de unidades para reducirlo; quizá habría bastado con sólo cinco millones o, por lo contrario, ni 12 millones habrían sido suficientes (véase la figura V.6).

La aplicación de la NEP es un proyecto muy ambicioso. En el Proyecto de Presupuesto de Egresos de 1998 se desarrollaron por primera vez las *categorías programáticas* aquí expuestas. Sin embargo, será una gran tarea el desarrollo, diseño, aplicación y

---

[20] En el siguiente capítulo se abundará acerca de este tema.

⊙ FIGURA V.6. *Características de la NEP*

Anterior		NEP

Categorías	Categorías
Funciones (6) Subfunciones (35) Programas (173) Subprogramas (709) Proyectos *Elementos* Objetivos Regionalización Metas (3 225) Clasificación económica de las metas Unidad de medida (210) Gran división del Sistema de Cuentas Nacionales (9)	Se redefinen: Funciones (17) 　　　　　　　Subfunciones (39) Se introducen: Programas sectoriales (33) 　　　　　　　Programas especiales (24) 　　　　　　　Actividades institucionales 　　　　　　　Proyectos institucionales 　　　　　　　Proyectos de inversión *Elementos* Se introduce: Propósito institucional Se precisan: Objetivos Se introducen: Indicadores estratégicos 　　　　　　　Metas de los indicadores Se precisa: 　Regionalización Toda UR debe enunciar su misión

perfeccionamiento de los *elementos programáticos*, en especial los indicadores, para que la dimensión cualitativa del gasto público sea una realidad (véase la figura V.7).[21] Ésta es la parte más importante a desarrollar, porque los servidores públicos necesitan *instrumentos de navegación* que les permitan medir sobre bases objetivas el avance, calidad y aceptación de su trabajo. A su vez, la sociedad dispondrá de bases para exigir cuentas al gobierno (véase el cuadro V.8 y la figura V.8).

---

[21] Asimismo, será fundamental incorporar nuevos elementos programáticos para desarrollar la dimensión geográfica del gasto público.

FIGURA V.7. *Las dimensiones del gasto público según la* NEP

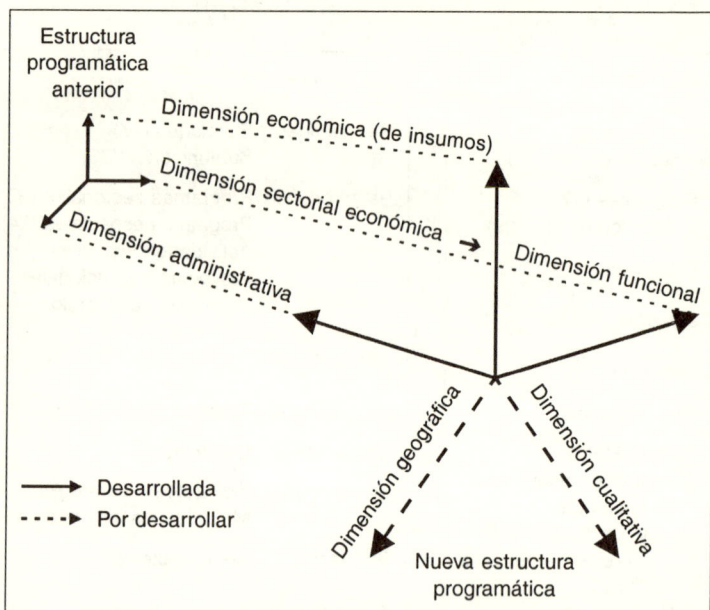

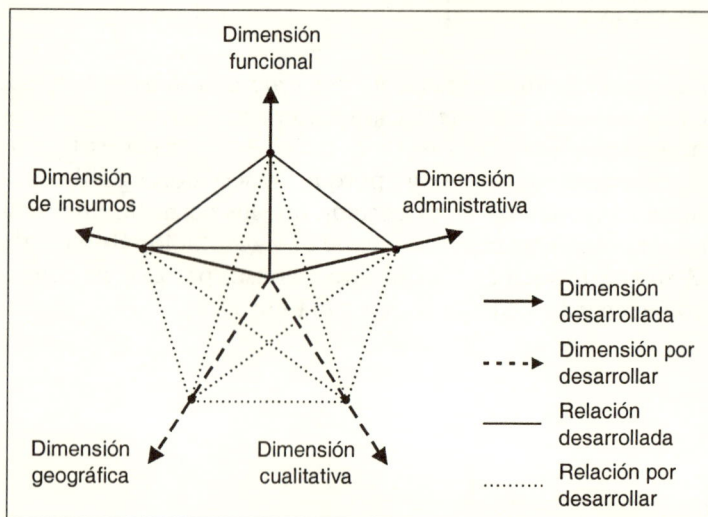

CUADRO V.8. *Comparación entre la* NEP *y la estructura programática de 1989*

Componentes	NEP	Estructura programática de 1989
Funciones y subfunciones	Campos de acción que el marco jurídico le asigna al sector público federal.	Nivel más general de las actividades que efectúa el sector público federal.
Programas	Son las políticas públicas alineadas con el PND. Contienen las estrategias para alcanzar los objetivos fijados en la planeación del desarrollo. NEP tiene dos tipos de programas: sectoriales y especiales.	Conjunto de acciones que expresan objetivos y metas específicas mediante la combinación de recursos humanos, materiales y financieros.
Actividades institucionales	Para cumplir con su misión, tareas que realizan las unidades responsables.	No las considera.
Proyectos	Propuesta para mejorar un producto, la prestación de un servicio o la operación de una dependencia o entidad, a pesar de que aumenten los activos físicos. NEP distingue dos tipos de proyectos: institucionales y de capital.	Conjunto de acciones y obras tendentes a ampliar y/o incrementar la infraestructura física.
Objetivos	Es la finalidad hacia la cual se dirigen los recursos y esfuerzos para dar cumplimiento a la misión o propósito.	Objetivos que pretenden lograr las actividades que se desarrollan.

CUADRO V.8. *Comparación entre la NEP... (conclusión)*

Componentes	NEP	Estructura programática de 1989
Indicadores	Son relaciones o parámetros de medición para conocer el desempeño de un ejecutor o los resultados de un programa.	No los considera.
Metas y unidades de medida	Es el valor numérico del indicador.	Cuantificación del objetivo para ser logrado en un tiempo y lugar específicos.
Regionalización	Corresponde a la delimitación espacial del gasto público y sirve para identificar la ubicación geográfica de las metas: entidades federativas y municipios.	Corresponde a la delimitación espacial del gasto público y sirve para identificar la ubicación geográfica de las metas: entidades federativas y municipios.
Clasificación económica de las metas y gran división	El nuevo papel del sector público federal es el de promotor económico, por tanto ya no pretende incidir en la economía como agente económico.	Es el vínculo entre la actividad gubernamental (metas) con la actividad económica nacional. La gran división corresponde al sistema de cuentas nacionales.
Misión o propósito	Es la razón de ser de una unidad responsable o de un programa o proyecto.	No los considera.

FIGURA V.8. *Visión integral de la NEP*

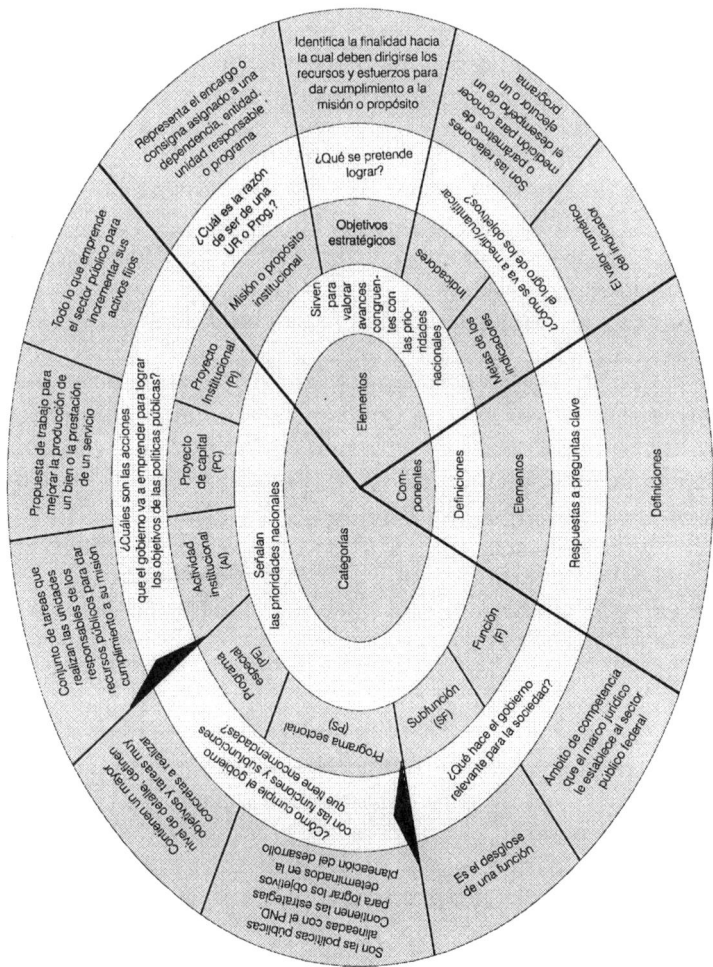

9. Resultados de la aplicación de la NEP
y beneficios esperados

La NEP fue la solución a la necesidad de contar con un instrumento que diera mayor transparencia al gasto público federal y permitiera medir la eficiencia del gasto. En un principio se pensó que si se introducían indicadores de desempeño en el presupuesto se podría mejorar la asignación de los recursos y, además, los ejecutores podrían conocer los resultados que se estaban obteniendo; de esta manera podrían detectar áreas de oportunidad para elevar la productividad del gasto.

Así, en 1996 se diseñaron varios proyectos piloto para construir indicadores de desempeño en varias unidades responsables y en algunos programas del Ejecutivo federal. Éstos fueron: Programa IMSS-Solidaridad, Programa de Vacunación Universal, Programa de Manejo Efectivo en Casos de Diarrea, Programa del DIF-Desayunos escolares, Comisión Nacional de Libros de Texto Gratuitos (Conaliteg), Programa de Telesecundaria, Consejo Nacional de Fomento Educativo (Conafe) y Programa de Becas de Capacitación para el Trabajo (Probecat).

Con base en esos proyectos, en 1997 se diseñó una metodología para construir los indicadores de desempeño. En ese año se advirtió también la necesidad de transformar la estructura programática de 1989, para hacer más clara la clasificación del gasto e incluir los programas sectoriales y los indicadores pertinentes para justificar los recursos, tanto en la planeación como en la evaluación; así, en 1998 se diseñaron las categorías programáticas de la NEP y se inició la definición de los elementos programáticos con base en la metodología de los pilotos.

De esta manera, el Proyecto de Presupuesto de Egresos de la Federación para el ejercicio de 1998 fue presentado con las nuevas categorías programáticas. Asimismo, las dependencias y las entidades hicieron el ejercicio de planeación estratégica para definir la misión, los objetivos y los indicadores estratégicos de los elementos programáticos.[22] Para la aplicación de la

---

[22] El anexo F contiene las misiones del sector público federal presentadas en los Proyectos de Presupuesto de Egresos de 1998 y 1999.

NEP, la SHCP y la Secodam entrenaron y capacitaron a casi 1 500 servidores públicos, con presentaciones y talleres, durante 1997.

A la fecha, con la introducción de las categorías programáticas al PEF, la Cámara de Diputados, las autoridades presupuestarias y, en general, la misma sociedad, pueden conocer cuánto del gasto público se destina a las funciones esenciales del sector público federal y a los programas del Ejecutivo federal. De esta manera, a partir del ejercicio de 1998 es más fácil analizar el presupuesto desde las dimensiones funcional, administrativa y económica, de modo que entender el PEF ya no es materia de unos cuantos eruditos.

Gracias a la NEP ya se puede conocer la asignación de recursos a políticas públicas específicas. Hasta 1997 esto no era posible, porque los "programas" de la estructura programática de 1989 nada tenían que ver con los programas sectoriales ni con el PND. Por ejemplo, si uno estudia el PPEF de 1997 no va a encontrarse la propuesta de gasto del Progresa, el Procampo o el Programa de Cien Ciudades en los análisis programáticos.

Ahora, con la NEP, todos los actores del proceso presupuestario conocen los montos asignados a dichos programas y a las distintas unidades responsables de su ejecución. Asimismo, con la NEP podrán hacerse comparaciones entre unidades responsables para establecer estándares para evaluar el desempeño (véase el cuadro V.9).

Si bien el presupuesto incluye indicadores, éstos requieren ser precisados para distinguir entre los que son propios para dar un seguimiento anual a las acciones, de los que tienen metas que se alcanzan en el mediano plazo.[23] Desde luego no es una tarea fácil porque son muy pocos los programas sectoriales que contienen metas concretas. Asimismo, la definición de la misión y los objetivos de las unidades responsables necesita afinarse para que la sociedad pueda exigir cuentas.

De consolidarse los elementos programáticos de la NEP, ésta podrá coadyuvar en las tareas que, conforme a nuestra Carta Magna, corresponde a la Cámara de Diputados realizar, aportando elementos objetivos para valorar la propuesta del Ejecutivo federal acerca del uso y destino de las erogaciones públicas

[23] Véase el capítulo VI.

CUADRO V.9. *Proyectos de presupuesto de las oficinas de subsecretarios de Estado de algunas dependencias (miles de pesos de 2000)*

Dependencia	Gasto corriente				Gasto de capital	
	Gasto directo[a]	Servicios personales	Materiales y suministros	Servicios generales	Bienes muebles e inmuebles	Obra pública
04 *Secretaría de Gobernación*						
Subsecretaría de Gobernación	32 155.1	25 925.5	1 123.4	5 106.2		
Subsecretaría de Población y Servicios Migratorios	14 665.3	9 460.0	768.9	4 436.4		
Subsecretaría de Desarrollo Político	22 548.8	16 332.5	2 109.4	4 106.9		
Subsecretaría de Asuntos Religiosos	13 797.6	9 229.8	1 004.7	3 563.1		
Subsecretaría de Comunicación Social	23 628.4	17 385.3	1 221.2	5 021.9		
Subsecretaría de Seguridad Pública	10 938.0	6 883.4	1 148.6	2 906.0		
05 *Secretaría de Relaciones Exteriores*[b]						
Subsecretaría de R.E. para Naciones Unidas, África y Medio Oriente	7 616.6	6 092.9	51.3	1 472.4		

Subsecretaría de R.E. para América del Norte y Europa	8 412.4	6 289.5	57.1	2 065.8	
Subsecretaría de R.E. para América Latina y Asia-Pacífico	12 686.3	6 743.3	63.4	5 879.6	
06 Secretaría de Hacienda y Crédito Público					
Subsecretaría de Hacienda y Crédito Público	81 505.4	38 732.9	3 318.7	12 264.3	27 189.5
Subsecretaría de Ingresos	45 177.3	37 548.8	2 060.4	4 859.1	709.0
Subsecretaría de Egresos	105 044.1	51 185.6	3 558.7	26 935.8	20 364.0	3 000.0
09 Secretaría de Comunicaciones y Transportes					
Subsecretaría de Infraestructura	17 088.5	9 768.0	1 978.5	4 323.8	1 018.2
Subsecretaría de Transporte	31 157.7	16 073.4	1 274.9	13 341.9	467.5
Subsecretaría de Comunicaciones	26 412.8	15 005.5	2 730.3	8 677.0	
10 Secretaría de Comercio y Fomento Industrial					
Subsecretaría de Comercio Interior	10 982.1	8 345.7	426.9	2 157.6	51.9
Subsecretaría de Promoción de la Industria y el Comercio Exterior	12 859.7	7 239.6	618.0	4 042.3	472.3	487.5
Subsecretaría de Normatividad y Servicios a la Industria y al Comercio Exterior	16 221.1	10 735.1	496.4	3 668.7	465.6	855.3

CUADRO V.9. *Proyectos de presupuesto de las oficinas de subsecretarios de Estado (conclusión)*

Dependencia	Gasto directo[a]	Gasto corriente			Gasto de capital	
		Servicios personales	Materiales y suministros	Servicios generales	Bienes muebles e inmuebles	Obra pública
Subsecretaría de Negociaciones Comerciales Internacionales	206 515.8	26 309.0	1 454.6	177 552.3	344.6	855.3
11 *Secretaría de Educación Pública*						
Subsecretaría de Planeación y Coordinación	14 311.8	12 748.3	533.5	1 030.0		
Subsecretaría de Educación e Investigación Tecnológicas	22 078.2	19 883.4	1 090.4	1 050.2	54.2	
Subsecretaría de Educación Básica y Normal	21 937.3	8 601.4	3 281.1	9 358.9	695.9	
Subsecretaría de Servicios Educativos para el D.F.	10 673.8	7 615.6	2 035.2	1 023.0		
Subsecretaría de Educación Superior e Investigación Científica	13 620.4	7 367.0	2 762.2	2 934.3	556.9	
12 *Secretaría de Salud*						
Subsecretaría de Coordinación Sectorial	81 011.2	66 979.2	5 884.7	8 147.3		
Subsecretaría de prevención y Control de Enfermedades	15 660.5	12 827.6	1 056.4	1 776.5		

Subsecretaría de Regulación y Fomento Sanitarios	42 250.6	36 025.0	799.6	5 426.0	
16 Secretaría del Medio Ambiente, Recursos Naturales y Pesca					
Subsecretaría de Planeación	16 061.1	12 117.8	530.5	3 412.8	
Subsecretaría de Pesca	10 457.0	7 164.5	441.1	2 712.3	139.1
Subsecretaría de Recursos Naturales	15 864.2	12 587.0	607.4	2 669.8	
18 Secretaría de Energía					
Subsecretaría de Política y Desarrollo de Energéticos	18 176.2	12 242.7	1 158.5	4 775.0	
Subsecretaría de Operación	26 181.9	21 080.9	635.5	4 465.5	
27 Secretaría de la Contraloría y Desarrollo Administrativo					
Subsecretaría de Atención Ciudadana y Contraloría Social	56 060.4	48 769.0	1 039.3	6 252.1	
Subsecretaría de Normatividad y Control de la Gestión Pública	13 747.7	11 553.4	327.3	1 867.0	
Promedio[c]	26 393.6	19 884.7	1 539.8	5 724.3	1 739.5	144.8

[a] Presupuesto de la actividad institucional 101. Diseñar políticas públicas y las estrategias para su aplicación.
[b] Presupuesto de las actividades institucionales 203 Promover la cooperación nacional e internacional y 204 Coordinar y promover las relaciones del país a nivel internacional.
[c] Se excluye a la Subsecretaría de Negociaciones Comerciales Internacionales.
FUENTE: PPEF, 2000.

con base en los resultados que se propone obtener en un periodo determinado. Así, ambos contarán con un "lenguaje común" en la aprobación, ejercicio, control y seguimiento del gasto público. Los representantes populares tendrán también mayores elementos para conocer quién es el responsable directo del ejercicio de los recursos públicos, de qué manera los está aplicando y qué resultados está obteniendo.

En suma, los elementos programáticos, en especial los indicadores, serán fundamentales para la rendición de cuentas, pues constituirán una base objetiva y aceptada tanto por el Ejecutivo como por el Legislativo para justificar la propuesta de gasto y para verificar los resultados alcanzados (véase el cuadro v.10).

Muchos ejecutores, tanto en las dependencias como en las entidades paraestatales del Ejecutivo federal, consideran que la normatividad que regula el ejercicio del gasto entorpece sus actividades. Sin embargo, otorgar mayor flexibilidad sin tener una infraestructura normativa que mida resultados y desempeño a cambio, llevaría a las finanzas públicas al desastre.

Aquí radica la importancia de que los ejecutores, desarrollen y consoliden los elementos programáticos, pues los beneficios que se podrían lograr son: *a)* simplificación de trámites y normas; *b)* eliminación del oficio de autorización de inversión para programas y proyectos evaluados; *c)* preferencia en el calendario y en la asignación presupuestaria para las categorías y los elementos de la NEP; *d)* asignación presupuestaria preferente con base en la rentabilidad de los proyectos, y *e)* sustitución del control presupuestario de las entidades basado en convenios de déficit/superávit por "convenios de desempeño", que fijen resultados basados en indicadores estratégicos.

10. IMPLICACIONES DE LA NEP
EN EL PROCESO PRESUPUESTARIO

Lo hecho hasta ahora es apenas el comienzo de lo que será necesario emprender para lograr una profunda transformación de la administración pública. La NEP es un paso importante hacia la modernización del sector público federal, pero se requiere también de la restructuración y de la reingeniería organizacional del

CUADRO V.10. *Beneficios de la* NEP

Categorías programáticas

- Otorgan una mayor transparencia en la asignación de recursos, en términos de las funciones encomendadas al gobierno.
- Facilitan el desarrollo en la agenda del Ejecutivo federal al relacionar el presupuesto y las acciones anuales con los programas derivados del PND.
- Simplifican el proceso de integración del PEF.
- Permiten analizar con mayor sencillez las asignaciones del PEF.

Elementos programáticos

- Elevan el nivel de la discusión del PPEF, concentrándola en puntos medulares.
- Facilitan el análisis que hacen los diputados de las propuestas del Ejecutivo.
- Asocian los recursos presupuestados con los resultados que se pretenden obtener.
- Proporcionan elementos objetivos para evaluar y dar seguimiento del presupuesto de egresos, tanto en términos del cumplimiento de objetivos como en el desempeño de las unidades responsables.
- Permiten que las auditorías determinen el grado de cumplimiento de los compromisos establecidos.

---

gobierno para mejorar los procedimientos internos y la operación cotidiana. Ello implica adecuar la normatividad presupuestaria para establecer las nuevas reglas que dirijan sin discrecionalidad la administración de los recursos públicos y que incentiven la obtención de resultados.[24]

Las relaciones de la Secretaría de Hacienda y Crédito Público con el resto de las dependencias y entidades gubernamentales tendrán que modificarse con la NEP. Tradicionalmente se han dado en un contexto rígido y de trámites engorrosos, algunos discrecionales, que inhiben en muchos casos la creatividad y la obtención de mejores resultados.[25]

---

[24] Véase el capítulo VII.
[25] Véase el capítulo VII.

Asimismo tendrá que cambiar la relación de las áreas que proporcionan servicios administrativos con las áreas sustantivas en las dependencias. Actualmente existe una gran disparidad entre lo que gastan las áreas administrativas y las sustantivas. En algunas secretarías, por ejemplo, el presupuesto asignado a las actividades institucionales de apoyo, sobre todo la de "administrar recursos humanos, materiales y financieros", que efectúan las oficialías mayores y sus unidades responsables, representa más de 30% del gasto directo de una dependencia. También, hay secretarías donde el presupuesto de las áreas de apoyo es mayor que el de las subsecretarías, incluyendo a sus direcciones generales (véase el cuadro V.11).

Será imprescindible que los ejecutores de gasto, en especial las áreas sustantivas, adquieran mayor capacidad para manejar los recursos del PEF. Esta medida deberá acompañarse de una mayor responsabilidad para rendir cuentas. Ello implicará generalizar, en el mediano plazo, el uso de sistemas de evaluación del desempeño, de costeo de actividades y políticas; de incentivos y sanciones y adecuar los actuales sistemas de contabilidad gubernamental y la normatividad presupuestaria.[26] Nada de esto rendirá buenos frutos si no se logra promover una nueva cultura de trabajo y servicio por parte de los servidores públicos.

[26] Véase capítulo VII.

CUADRO V.11. *Proyectos de presupuesto de las áreas
de apoyo administrativo* vs. *presupuesto de subsecretarías
de Estado de algunas dependencias
(miles de pesos de 2000)*

Dependencia	Gasto total	Porcentaje
04 *Secretaría de Gobernación*		
Gasto directo de la dependencia	5 889 700.0	100.0
Gasto de las áreas administrativas		
y contraloría	884 474.7	15.0
Gasto de las subsecretarías y sus UR	1 219 365.3	20.7
05 *Secretaría de Relaciones Exteriores*		
Gasto directo de la dependencia	3 221 700.0	100.0
Gasto de las áreas administrativas		
y contraloría	1 193 531.3	37.0
Gasto de las subsecretarías y sus UR	1 243 808.5	38.6
06 *Secretaría de Hacienda*		
y Crédito Público		
Gasto directo de la dependencia	4 653 000.0	100.0
Gasto de las áreas administrativas		
y contraloría	1 087 299.5	23.4
Gasto de las subsecretarías y sus UR	1 583 448.6	34.0
09 *Secretaría de Comunicaciones*		
y Transportes		
Gasto directo de la dependencia	15 916 700.0	100.0
Gasto de las áreas administrativas		
y contraloría	1 010 354.6	6.3
Gasto de las subsecretarías y sus UR	1 616 484.8	10.2
10 *Secretaría de Comercio*		
y Fomento Industrial		
Gasto directo de la dependencia	1 414 900.0	100.0
Gasto de las áreas administrativas		
y contraloría	420 738.8	29.7
Gasto de las subsecretarías y sus UR	583 811.1	41.3
11 *Secretaría de Educación Pública*		
Gasto directo de la dependencia	19 803 100.0	100.0
Gasto de las áreas administrativas		
y contraloría	2 512 183.3	12.7
Gasto de las subsecretarías y sus UR	12 546 972.7	63.4

CUADRO V.11. *Proyectos de presupuesto*
(conclusión)

Dependencia	Gasto total	Porcentaje
12 *Secretaría de Salud*		
Gasto directo de la dependencia	5 787 100.0	100.0
Gasto de las áreas administrativas		
y contraloría	541 047.8	9.3
Gasto de las subsecretarías y sus UR	2 701 412.5	46.7
16 *Secretaría del Medio Ambiente,*		
Recursos Naturales y Pesca		
Gasto directo de la dependencia	5 817 800.0	100.0
Gasto de las áreas administrativas		
y contraloría	1 119 075.9	19.2
Gasto de las subsecretarías y sus UR	418 455.7	7.2
18 *Secretaría de Energía*		
Gasto directo de la dependencia	437 400.0	100.0
Gasto de las áreas administrativas		
y contraloría	151 188.4	34.6
Gasto de las subsecretarías y sus UR	92 939.2	21.2
27 *Secretaría de la Contraloría*		
y Desarrollo Administrativo		
Gasto directo de la dependencia	935 800.0	100.0
Gasto de las áreas administrativas		
y contraloría	115 930.5	12.4
Gasto de las subsecretarías y sus UR	532 270.6	56.9
Promedio de la muestra		
Gasto directo	63 877 200.0	100.0
Gasto de las áreas administrativas		
y contraloría	9 035 824.8	14.1
Gasto de las subsecretarías y sus UR	22 538 969.0	35.3

FUENTE: PPEF, 2000.

VI. SISTEMA DE EVALUACIÓN
DEL DESEMPEÑO

LA MANERA DE CONCEBIR el control y la evaluación gubernamental ha ido cambiando con el tiempo. Como se ha sugerido en el capítulo IV, en México el control del gasto público se ha concentrado preponderantemente en el nivel del flujo de efectivo, control que podría denominarse como sistema de control de primera generación. Sin embargo, los tipos de control han evolucionado hacia otros de segunda y tercera generación; los de segunda generación pretenden medir y controlar multianualmente los costos de las políticas públicas; los de tercera generación, además de controlar lo anterior mediante la evaluación del desempeño, vigilan que se logren los resultados propuestos. Se puede afirmar que los controles de primera generación han sido exitosos en México. La NEP y el SED son un intento de desarrollo hacia los de segunda y tercera generación.[1]

Evaluar el desempeño y los resultados es medir, continua y periódicamente, el cumplimiento de la misión y los objetivos de una organización, de un programa o de un proyecto. La evaluación del desempeño en el sector público federal tiene el propósito de realimentar el proceso de planeación, programación y presupuesto al considerar la calidad del servicio y la satisfacción del beneficiario, teniendo en cuenta que los productos y servicios ofrecidos deben producir beneficios reales en la población.

En las empresas privadas, el indicador del desempeño por excelencia son las utilidades. En cambio, en el gobierno no existe un indicador equivalente que resuma toda la información relacionada con el quehacer gubernamental y, desde luego, las utilidades no tienen sentido para medir la actividad pública. De hecho, existen muchas maneras de evaluar su funcionamiento,

---

[1] Los sistemas de medición y evaluación del desempeño no deben considerarse como panaceas, capaces de resolver los problemas relacionados con el uso eficiente de recursos; su éxito depende, en buena medida, de una transformación cultural que sólo se podrá lograr en un periodo relativamente largo.

por lo que se necesita construir, no uno, sino un conjunto de indicadores. Desarrollar un sistema de evaluación para la administración pública requiere de una gran cantidad de tiempo y recursos y aún así se necesita que las metodologías con las que se construyen los indicadores reconozcan sus limitaciones y alcances. Asimismo, todo sistema de evaluación del desempeño debe tener también mecanismos que eviten la simulación, toda vez que los evaluados pueden sesgar la información que proporcionan para presentar resultados que les favorezcan, sin que haya una mejora real en el desempeño.

Para superar este obstáculo es importante que el sistema opere integralmente, esto es, que no se limite a evaluar sólo un aspecto del desempeño y que obtenga su información de distintas fuentes; asimismo, que en las evaluaciones no sólo empleen criterios que procedan del interior de la administración pública, que pueden vulnerar al sistema por la fijación de estándares a niveles arbitrariamente bajos de parte de los mismos servidores públicos, sino criterios provenientes de fuentes externas reconocidas. A continuación se describe el SED con el propósito de exponer una propuesta de evaluación y monitoreo de la gestión pública que considere estas observaciones. Para ello se presentarán los antecedentes del SED, la metodología con la que se construyó, las características centrales del sistema y sus limitaciones y posibilidades.

1. ANTECEDENTES DEL SED

El desarrollo de indicadores para evaluar el desempeño y los resultados representa una incursión en territorio poco explorado para el sector público federal. De la administración del presidente Miguel de la Madrid a la fecha se han aplicado varios instrumentos para evaluar el desempeño denominados convenios de déficit/superávit, los cuales establecen metas a indicadores financieros. En momentos de crisis éstos fueron utilizados para destituir por incumplimiento a directores generales de entidades paraestatales.

En el diseño de dichos convenios se soslayó el uso de indicadores del desempeño, limitándose a indicadores de finanzas públicas, por ejemplo, el balance primario y el balance financiero. Una posible explicación de este descuido fue la recurrencia de las crisis económicas, pues orilló a privilegiar el control fiscal; la fusión de la Secretaría de Programación y Presupuesto con la SHCP, porque la transición retrasó la modernización presupuestaria, y el hincapié en la persecución de desfalcos de parte de la Secogef (actual Secodam), que incentivó una administración financiera enfocada en la comprobación del gasto.[2]

Cuando la economía comenzó a salir de la crisis de finales de 1994, se intentó mejorar la calidad de los indicadores. Así, para evaluar el desempeño del sector público federal, en 1996 se iniciaron proyectos piloto en los sectores de educación, salud y trabajo.[3] En todos los casos los resultados preliminares fueron exitosos, porque se detectaron áreas de oportunidad para mejorar la operación. Eso fue de gran utilidad para los servidores públicos responsables de estos programas y de la unidad responsable, ya que pudieron saber lo que hacían bien, lo que estaba dentro de un estándar promedio y lo que se podía mejorar.[4]

Por parte de los responsables tanto de la provisión de los recursos en la SHCP como de la evaluación en la Secodam, la experiencia obtenida fue saber cómo escoger los indicadores más adecuados para medir el desempeño de una unidad responsable o los resultados de un programa y, con base en ello, tener mejores elementos para la negociación presupuestaria.

Los proyectos piloto permitieron extraer algunas lecciones preliminares. La aplicación de indicadores en unidades responsables, programas y actividades suelen orillar a medir lo más

---

[2] Asimismo, el afán persecutorio de los partidos políticos en la Cámara de Diputados ha buscado responsabilizar a los secretarios de Estado por el papel que la ley les confiere como presidentes de los consejos de administración de las entidades paraestatales, en daños donde la responsabilidad es del director general, como fue, por ejemplo, el caso Conasupo.

[3] Los proyectos se dirigieron a los siguientes programas: Programa IMSS-Solidaridad; Programa de Becas de Capacitación para el Trabajo (Probecat); Programa de Vacunación Universal; Programa de Manejo efectivo en Casos de Diarrea; Programa del DIF-Desayunos escolares, y Programa de Telesecundaria. También se aplicaron proyectos piloto a dos unidades responsables: Comisión Nacional de Libros de Texto Gratuitos (Conaliteg) y Consejo Nacional de Fomento Educativo (Conafe).

[4] Para la construcción de los indicadores y la determinación de los estándares se utilizaron algunas referencias internacionales.

obvio que, por lo general, es la utilización de los insumos y el cumplimiento de los trámites administrativos. Ejemplo de lo anterior es la cantidad gastada (expresada como una salida de caja) por mes respecto a lo autorizado, los ingresos captados respecto a lo programado, la asistencia del personal, las horas laboradas y la puntualidad, entre otros. A estas variables se les calculaba porcentajes de variación o proporciones. Sin embargo, la evaluación de un programa de educación básica o de procuración de justicia en términos de resultados que reflejaran un beneficio social se dificultó, pues no se conocían con precisión los objetivos pretendidos. Por ello se concluyó que en la etapa del diseño de un programa o un proyecto es donde se deben construir los indicadores, basándolos en la solución de un problema concreto, la mejoría de una situación socioeconómica específica de la población objetivo o en un objetivo concreto. Sobre la base de estos proyectos piloto se fue construyendo una metodología para diseñar los indicadores. Posteriormente, se bosquejó un sistema de evaluación del desempeño (SED), que permitiera concentrar, ordenar y sistematizar la información de los proyectos piloto.

2. PRINCIPIOS DEL SED

El SED es un instrumento para evaluar continua y periódicamente el desempeño y los resultados que, en beneficio de la sociedad, logre la administración pública federal. El desarrollo de esta herramienta viene a cubrir una necesidad creada por la NEP en lo que se refiere al desarrollo y la aplicación de los indicadores del desempeño. El SED tiene su sustento jurídico en los siguientes ordenamientos:

i)   Ley de Planeación, art. 23. Los programas sectoriales se sujetarán a las previsiones contenidas en el Plan[5] y especificarán los objetivos, prioridades y políticas que regirán el desempeño de las actividades del sector administrativo de que se trate. Contendrán asimismo estimaciones de recursos y

_____

[5] Se refiere al Plan Nacional de Desarrollo.

determinaciones sobre instrumentos y responsables de su ejecución.

ii) Ley de Presupuesto, Contabilidad y Gasto Público Federal, art. 13. El gasto público federal se basará en presupuestos que se formularán con apoyo en programas que señalen objetivos, metas y unidades responsables de su ejecución. Los presupuestos se elaborarán para cada año calendario y se fundarán en costos.

iii) Reglamento de la Ley de Presupuesto, Contabilidad y Gasto Público Federal, art. 16. Los programas institucionales que formulen las entidades, para efecto de su presupuestación, deberán contener:

I. La subdivisión en subprogramas y en su caso proyectos cuando las actividades por llevar a cabo requieran un nivel de detalle mayor.

II. Los objetivos que se pretendan alcanzar, así como la justificación de los programas.

III. La cuantificación de metas por programa, subprograma y proyecto, con sus unidades de medida y denominación, de acuerdo con el Catálogo de Unidades de Medida y Denominaciones de Metas que emita la Secretaría.[6]

IV. La temporalidad de los programas, así como sus unidades administrativas responsables.

V. Las previsiones de gasto de acuerdo con lo establecido en la Clasificación por Objetivo del Gasto que expida la Secretaría para cada una de las categorías programáticas establecidas por la misma.

VI. El impacto regional de los programas con sus principales características y los criterios utilizados para la asignación de recursos en el ámbito regional.

VII. Las relaciones programáticas intra e intersectoriales.

VIII. Las previsiones de gasto en efectivo y en movimientos devengables de acuerdo con la Clasificación por Objeto del Gasto, así como el programa de endeudamiento, cuando se trate de las entidades señaladas en las fracciones VI a VIII del artículo 2o. de la Ley.[7]

---

[6] Se refiere a la Secretaría de Hacienda y Crédito Público.
[7] Se refiere a la Ley de Presupuesto, Contabilidad y Gasto Público Federal.

IX. Las fuentes de financiamiento.

X. Las demás previsiones que establezca la Secretaría.

3. COMPONENTES DEL SED

El SED se integra con cinco elementos: *a)* indicadores; *b)* convenios de desempeño; *c)* encuestas a beneficiarios; *d)* auditorías de resultados, y *e)* herramienta tecnológica: sistema de información ejecutivo, SIE (véase la figura VI.1).

Indicadores

Los indicadores son parámetros que miden el comportamiento de un fenómeno o un proceso. Como se señaló, en el contexto de la administración pública federal (APF) son los que miden el logro de los objetivos de los programas gubernamentales o actividades institucionales, mediante las cuales las dependencias y entidades dan cumplimiento a su misión y objetivos. La introducción de indicadores de desempeño en el Poder Ejecutivo federal tiene como objetivos: *a)* medir el costo, la calidad y el efecto social de los servicios públicos; *b)* evaluar el desempeño y los resultados de las dependencias y entidades, y *c)* verificar que los recursos públicos se utilicen con honestidad, eficacia y eficiencia durante el ejercicio.

No todos los indicadores se diseñarán para evaluar el mismo tipo de desempeño o resultados. Algunos, por ejemplo, estarán dirigidos a evaluar al gobierno desde una perspectiva general; otros, en cambio, se concentrarán en el nivel de cumplimiento de servicios o productos específicos. De ahí que existan distintas categorías según el tipo de gestión que se desea evaluar. Asimismo, es necesario recordar que los indicadores son importantes no sólo para las dependencias globalizadoras, sino también para los responsables de las entidades y dependencias que los emplean, pues les permitirán evaluar en qué medida están cumpliendo la función que se les ha encomendado:

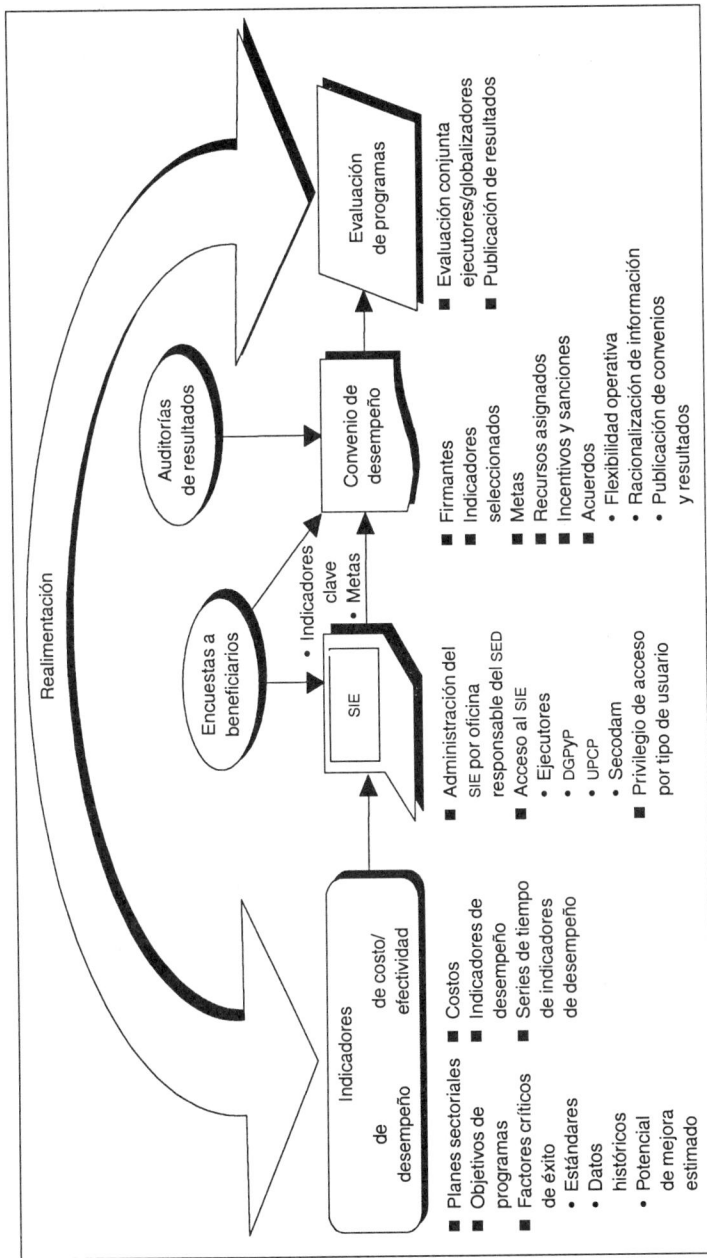

● Figura VI.1. *Elementos del Sistema de Evaluación del Desempeño*

Evaluación de programas
- Evaluación conjunta ejecutores/globalizadores
- Publicación de resultados

Convenio de desempeño
- Firmantes
- Indicadores seleccionados
- Metas
- Recursos asignados
- Incentivos y sanciones
- Acuerdos
  - Flexibilidad operativa
  - Racionalización de información
  - Publicación de convenios y resultados

Auditorías de resultados

Encuestas a beneficiarios

- Indicadores clave
- Metas

SIE
- Administración del SIE por oficina responsable del SED
- Acceso al SIE
  - Ejecutores
  - DGPyP
  - UPCP
  - Secodam
- Privilegio de acceso por tipo de usuario

Realimentación

Indicadores de desempeño / Indicadores de costo/efectividad
- Planes sectoriales
- Objetivos de programas
- Factores críticos de éxito
  - Estándares
  - Datos históricos
  - Potencial de mejora estimado
- Costos
- Indicadores de desempeño
- Series de tiempo de indicadores de desempeño

Indicadores estratégicos. Miden el logro de los objetivos de los programas sectoriales y especiales y algunas actividades institucionales. Proporcionan información acerca de los resultados obtenidos respecto a los desafíos establecidos en la planeación de mediano plazo. Se utilizan en el proceso presupuestario para la concertación de las estructuras programáticas. Los indicadores estratégicos aparecen en el PPEF para conocimiento de la sociedad y sus representantes. Los responsables del cumplimiento de los indicadores estratégicos son los titulares de las dependencias y las entidades (véase el cuadro VI.1).

Por su carácter más general, estos indicadores constituyen una medida de cumplimiento institucional del gobierno, y son la base para la rendición de cuentas. Por esta razón, evaluar la información proveniente de ellos debe corresponder a la Cámara de Diputados y a los titulares de las dependencias del Ejecutivo federal. La SHCP y la Secodam serán responsables de darles seguimiento e informar el nivel de cumplimiento de las metas de los mismos.

Indicadores de los proyectos. Evalúan el cumplimiento de los objetivos de los proyectos y dan información acerca del avance de los mismos. Los responsables del cumplimiento de estos indicadores son los servidores públicos que encabezan la unidad responsable que los promueve (véase el cuadro VI.2).

Debido a su carácter menos general y por estar relacionados con la operación de las dependencias y entidades, la Secodam será la encargada de vigilar el cumplimiento de las metas que se determinen en estos indicadores. La SHCP participaría también, pero sólo en los proyectos estratégicos.

Indicadores de gestión. Proporcionan información acerca de las actividades institucionales de las dependencias y entidades paraestatales; miden el cumplimiento de las funciones y los procesos internos de las unidades responsables. Consultándolos es posible detectar desviaciones respecto a los estándares de servicio establecidos. El uso de los indicadores de gestión permitirá a los ejecutores vigilar y controlar las operaciones; detectar y prevenir desviaciones que pueden impedir el logro de los objetivos estratégicos, y establecer bases para determinar los costos unitarios por programas, proyectos y áreas. Los responsables del cumplimiento de los indicadores de gestión son los

CUADRO VI.1. *Ejemplo de indicador estratégico*

Objetivo estratégico	Indicador	Forma de medición	Actual	Meta sexenal
Disminuir la tasa de fecundidad	Tasa de fecundidad	$\dfrac{\text{Núm. de niños nacidos vivos}}{\text{Núm. de mujeres de edad fértil (15-49 años)}}$	$\dfrac{7\,998\,108}{2\,666\,036} = 3 \text{ niños/mujer}$	2.5 niños por mujer

CUADRO VI.2. *Ejemplo de indicador de proyectos*

	Proyecto: *Construcción de un quirófano en hospital*			
Objetivo	Indicador	Forma de medición	Actual	Meta
Aumentar la cobertura y la eficiencia del servicio	Intervenciones quirúrgicas	Cirugías diarias/personal médico	5	6.5
	Días estancia	Días promedio de estancia de un paciente	2.5 días	2.1 días

titulares de las unidades responsables y los servidores públicos que realizan funciones de supervisión en las entidades paraestatales. Por su naturaleza, es la Secodam quien se encarga de vigilar el cumplimiento de las metas que se fijen en ellos (véase el cuadro VI.3).

Indicadores de servicio. Son los estándares definidos para los servicios que proporciona una unidad responsable, cuyos usuarios pueden ser otra unidad responsable o la población. Miden la calidad de los servicios de acuerdo con los estándares previamente definidos según sean las necesidades y expectativas de los clientes. Los titulares de las unidades responsables y la Secodam se encargarán de vigilar el cumplimiento de las metas que se determinen a estos indicadores. Un ejemplo de estándar de servicio es el tiempo de conexión del servicio de energía eléctrica a partir de la solicitud de servicio, que puede ser de 1.5 días, en el caso del servicio doméstico (véase la figura VI.2).

Para cada tipo de indicador existen varias características o criterios por escoger para medir el desempeño; las que considera el SED son: *a) la eficiencia*: para medir el buen uso de los recursos; este criterio tiene como objetivo medir costos unitarios y productividad y evaluar el uso de los recursos financieros, materiales y humanos; un proceso eficiente logra la mayor cantidad de productos o servicios al menor costo y tiempo posibles; *b) la cobertura*: para delimitar el alcance espacial de los bienes y servicios públicos y el de las acciones de gobierno en una región o la población objetivo, *c) el efecto*: para medir el efecto de los programas y los proyectos en las condiciones económicas y sociales de la población y cuantificar, en la medida de lo posible, valores de tipo político y social; el efecto también puede medirse de manera interna, cuando los servicios que se otorgan son para clientes dentro de la misma institución; *d) la calidad*: para captar el nivel de satisfacción de las necesidades y expectativas de quienes reciben los bienes y servicios públicos; *e) la equidad*: para evaluar el efecto redistributivo del gasto en la sociedad, y *f) alineación de recursos*: para evaluar la congruencia entre recursos aprobados y suministrados (cantidad y oportunidad); este indicador se refiere a la medición de la SHCP o las áreas administrativas que controlan la asignación de recursos.

CUADRO VI.3. *Ejemplo de indicador de gestión*

Objetivo	Indicador	Forma de medición	Actual	Meta
Mejorar el abasto de medicamentos en hospitales	Índice de cumplimiento	$\dfrac{\text{Núm. de entregas completas y oportunas}}{\text{Núm. total de pedidos}}$	70%	90%

FIGURA VI.2. *Tipos de indicadores*

FUENTE: Secodam, Planeación estratégica, 1997.

El criterio a utilizar dependerá del tipo de actividad que realiza el ejecutor. Por ejemplo, los indicadores de la Secretaría de Salud serán, en su mayoría, de efecto y cobertura, en cambios, los de Pemex serán de eficiencia y calidad.

Es responsabilidad de cada nivel organizacional planear, administrar y evaluar por medio de los indicadores. Sin embargo, al definir los indicadores, los responsables deben considerar a otros interesados, en especial a los clientes de sus servicios, a la comunidad y a los representantes populares. Es importante destacar que estos indicadores contemplan el uso de medidas externas porque el diseño de los indicadores no debe ser una labor arbitraria ni subjetiva; así se evita crear conflictos de interés por parte de los ejecutores, quienes tienen incentivos para diseñar indicadores ambiguos o de fácil cumplimiento o para determinarles metas relativamente fáciles de alcanzar. Las medidas externas pueden incluir estándares internacionales, *benchmarks*, y la opinión de grupos académicos y expertos reconocidos. Los estándares internacionales se utilizan para establecer marcas de desempeño a los servicios o unidades responsables cuya naturaleza y contexto sea similar a los de otros países. La opinión de grupos académicos y de expertos puede servir para establecer los marcos de referencia en los que se inscriba el quehacer gubernamental con base en las mejores prácticas. Ambas medidas se pueden emplear directamente en los indicadores o pueden incluirse en los convenios de desempeño que se suscriban sobre esta base.

Los indicadores son el alma del SED porque proporcionan a los servidores públicos el rumbo hacia donde deben dirigirse, así como información acerca de los logros y la velocidad con la que se ha avanzado. Con ellos será posible desarrollar la perspectiva cualitativa del gasto público de la que se habló en el capítulo III, que se refiere a la calidad de la aplicación del mismo. Sin embargo, elaborar indicadores es una tarea con múltiples dificultades. No hay indicadores perfectos, sólo representan aproximaciones de realidades complejas difíciles de medir. Es conveniente reiterar las limitaciones de los indicadores; como señala James Q. Wilson: "Funcionan muy bien en entornos en los que es fácil medir tanto el esfuerzo como los resultados, y no cuando sólo se puede medir uno de éstos".[8] De allí que sea importante considerar el contexto en el que operan las unidades responsables, los programas y las necesidades de la población.

Hay que subrayar también que los indicadores, aun cuando pueden contribuir a mejorar el desempeño de una organización pública, por sí mismos no garantizan que desaparezca la impunidad. Esto requiere de sistemas de responsabilidades eficaces y precisos, además de un funcionamiento efectivo de los sistemas judicial y de procuración de justicia, en caso de que la responsabilidad sea penal, lo que queda fuera del ámbito del SED.[9] El objetivo de los indicadores se limita a generar incentivos que propicien un mejor desempeño en la administración

---

[8] Para un examen de estas limitaciones véase James Q. Wilson, *Bureaucracy*, Basic Books, Nueva York, 1988; Robert Klitgaard, *Institutional Adjustement and Adjusting to Institutions*, World Bank Discussion Papers 303, World Bank, Washington, D. C., 1995, y José Alberto Garibaldi, *Control de la corrupción en la provisión de servicios*, manuscrito, Banco Mundial, 1999.

[9] Las responsabilidades en las que pueden incurrir los servidores públicos en el ejercicio de sus tareas son de varios tipos: administrativa, penal, laboral y política. El Poder Ejecutivo federal está obligado a perseguir las tres primeras; el Congreso la cuarta. La Constitución y las leyes establecen los procedimientos específicos para perseguir y juzgar las responsabilidades, así como las instancias encargadas de aplicarlos. La autoridad presupuestaria, si considera que existe una responsabilidad que perseguir, tendrá que proporcionar las pruebas y los elementos a la autoridad calificada para perseguir un posible delito.

pública. Sin embargo, la información del SED puede ser una importante herramienta para examinar no sólo si los servidores públicos cumplieron con los procedimientos que la ley marca, como actualmente se hace, sino más aún, si se lograron los objetivos que la ley establece. Esto, desde luego, conduce a una visión más amplia e integral de las responsabilidades dentro de la APF. Con base en esta información, serán los mismos órganos de vigilancia quienes establecerán responsabilidades en caso de que existan desviaciones significativas no justificadas. Los indicadores, en suma, son una condición necesaria, mas no suficiente, para reducir la impunidad.

Encuestas

Las encuestas son parte valiosa del SED pues dan como resultado información cualitativa que complementa la información de los indicadores. En algunos programas o servicios importantes será fundamental conocer los resultados que se van obteniendo desde el punto de vista de la población objetivo o usuaria de los mismos. Las encuestas tienen como objetivos: *a)* obtener información directa de la ciudadanía; *b)* conocer la opinión de los beneficiarios acerca de los bienes y servicios públicos, y *c)* realimentar a los ejecutores acerca de la efectividad de los programas, proyectos y actividades gubernamentales.[10]

Sistema de Información Ejecutivo (SIE)

El SIE es un programa de cómputo que contiene todos los datos proporcionados por los ejecutores acerca de metas y objetivos. Mediante diversas pantallas[11] los ejecutores y las autoridades presupuestarias podrán consultar y monitorear periódicamen-

---

[10] Durante la ejecución de los proyectos piloto se realizaron entrevistas para conocer las opiniones de los beneficiarios del Programa de Becas y Capacitación para el Trabajo (Probecat). En el futuro será necesario extender el uso de las mismas para realimentar la planeación de los programas gubernamentales.

[11] En las pantallas, el desempeño se refleja con "semáforos" que indican el cumplimiento de las metas determinadas en un periodo, los cuales indican si el comportamiento fue favorable, ligeramente desfavorable o desfavorable.

te el desempeño de los programas, proyectos y actividades. La información de indicadores y metas es el insumo del Sistema de Información Ejecutivo (SIE).

Como el éxito del SIE depende de manera directa de la calidad de la información y de la oportunidad y veracidad de la misma, es indispensable que los ejecutores envíen periódicamente las bases de datos a la oficina que administre el SED, para actualizarlas, procesarlas y renviarlas oportunamente.[12]

Auditorías

Como ya se expuso, los ejecutores tienen el incentivo de proporcionar sólo información favorable para mostrar un buen desempeño. Para garantizar que la información que alimenta al SIE sea confiable, se deben realizar auditorías de resultados que validen la calidad de las bases de datos. Empresas privadas u expertos externos podrán hacer auditorías periódicamente a las unidades responsables de la APF, a programas clave y, de manera aleatoria, al resto de los programas, gracias a la información que proporcionarán la NEP y el SED. En este sentido, y como se mencionó en el capítulo IV, es importante modificar poco a poco el concepto de auditoría, actualmente concentrado en los procedimientos, para orientarlas hacia el desempeño y los resultados. El SED es un instrumento útil a este respecto, pues se pretende que las actividades se efectúen correctamente, de acuerdo con las normas y los procedimientos establecidos, de manera eficiente y eficaz. La capacidad para evolucionar a este tipo de auditoría es aún limitada. Sin embargo, los convenios de desempeño, tema que se examina en la siguiente subsección, proporcionan un marco en el cual estas auditorías podrían empezar a aplicarse.

---

[12] También será necesario emprender una profunda reingeniería en los sistemas de información del Poder Ejecutivo federal que incluya una amplia capacitación a los servidores públicos para que el uso de los recursos informáticos sea óptimo.

Convenios de desempeño

Los convenios de desempeño son compromisos públicos establecidos por ejecutores frente a la sociedad, donde se determinan las metas de los indicadores. Los indicadores incluidos en los convenios son seleccionados por los ejecutores así como las autoridades presupuestarias, para seleccionar los más relevantes y asegurar que los ejecutores puedan responder por los programas, proyectos y actividades encomendados. Los convenios señalan también los factores exógenos[13] que puedan afectar positiva o negativamente los resultados, así como los criterios de ponderación de los mismos.

Los convenios se suscriben entre la autoridad presupuestaria y los responsables de las dependencias y entidades paraestatales. Tienen el propósito de hacer públicas las metas de los indicadores y los recursos de los contribuyentes que serán aplicados para alcanzarlas en el presupuesto aprobado. Los convenios contienen incentivos y sanciones asociadas al cumplimiento de los mismos. Prevén tanto estímulos al buen desempeño como sanciones. Asimismo, los convenios establecen acuerdos según los cuales se eliminan trámites tortuosos y se concede flexibilidad en la administración del presupuesto a los ejecutores que los suscriban.[14]

Ya que el SED no puede determinar la causalidad de los resultados, los ejecutores tendrán que explicar las razones por las cuales los convenios no se cumplieron si así fuera el caso, con base en sistemas de verificación interna; será responsabilidad de los ejecutores aplicar las estrategias y los tiempos respectivos para cumplir con los compromisos pactados.

Los convenios son una herramienta que puede ser útil para mejorar el desempeño de las dependencias y entidades, mismo que depende de la calidad de los indicadores y de la precisión de los factores exógenos. En la medida que el SED proporcione información fidedigna acerca del desempeño de las unidades responsables, los convenios podrán perfeccionarse.

---

[13] Los factores exógenos son las variables en las cuales no se tiene control porque dependen de causas ajenas a los ejecutores.

[14] Recientemente se firmó un convenio entre el gobierno federal y la empresa de participación estatal mayoritaria Petroquímica Morelos, S.A. de C.V.

Cada año los ejecutores y las autoridades presupuestarias tendrán que ajustar las metas y los indicadores de acuerdo con la realimentación respectiva. Es aquí donde las auditorías de desempeño pueden ser útiles. En esa realimentación se analizará si los indicadores propuestos pueden ser mejorados, depurados o si es necesario crear indicadores adicionales para medir aspectos clave no contemplados previamente. Asimismo, se revisarán las encuestas y la estructura de convenios para hacer ajustes que mejoren la calidad del SED.

Los convenios de desempeño no pueden elaborarse improvisadamente ni por mandato de una autoridad superior. El éxito de éstos dependerá de una actitud positiva hacia la productividad y una presentación de cuentas basada en resultados, tanto por parte de la autoridad como de los responsables de cumplirlos, más que enumerar múltiples indicadores y metas irrelevantes.[15] Si los convenios se tornan en un trámite, difícilmente se constituirán en una herramienta útil para los actores del proceso presupuestario.[16]

4. Contribuciones específicas del SED
AL PROCESO PRESUPUESTARIO

El SED propicia una serie de avances en las distintas etapas del proceso de planeación, programación y presupuesto:

Planeación. El efecto del sistema en la calidad de la planeación se refleja en una mejor alineación de los proyectos y programas con las demandas de los beneficiarios. Asimismo, permite realimentar el proceso de planeación al momento de establecer ob-

[15] Para lograr un cambio de actitud en los servidores públicos se requieren además otras condiciones, como una mayor flexibilidad operativa, un servicio civil profesional y un marco normativo que incentive a un mejor desempeño. Esto es tema del siguiente capítulo.

[16] Sin duda la aplicación de estas medidas conllevan un costo. No obstante, por sentido común si los ejecutores tienen más autonomía y cuentan con los incentivos adecuados (indicadores, NEP, convenios, auditorías por resultados, servicio profesional de carrera) se esperaría que las unidades responsables fueran más productivas. Además, eliminar trámites burocráticos y discrecionales es un ahorro porque aumenta la productividad.

jetivos, elaborar indicadores y determinar metas. El sistema promueve una transformación en las funciones que desempeña la SHCP y las áreas que proporcionan los recursos: de controladoras, a planeadoras estratégicas y responsables de optimizar su beneficio social.

Programación. El SED proporciona información acerca de costos y beneficios de los programas y proyectos, con la cual se puede estimar el costo de un nuevo programa o de una meta.

Presupuesto. Con el SED la asignación del gasto será más objetiva porque los recursos dependerán de metas de desempeño y costos. En este sentido, el SED permite un avance respecto al proceso tradicional de asignación del gasto, basado en niveles históricos de recursos más inflación y criterios discrecionales.

Ejercicio. Mediante los convenios de desempeño los ejecutores tendrán mayor autonomía de gestión y flexibilidad. Con ello se pretende promover una cultura más enfocada en los resultados que sólo en el cumplimiento de los trámites y normas administrativas.

Evaluación. Con esta nueva perspectiva, el enfoque de evaluación cambia de uno dirigido a verificar el cumplimiento de volúmenes, actividades y cantidades de productos, a otro enfocado en los resultados obtenidos: efecto, cobertura, eficiencia y calidad.

Control. El SED representa un cambio de fondo en el control, de uno concentrado en el flujo de efectivo, a otro que da prioridad al desempeño y los resultados (véase la figura VI.3).

Con el SED, estará en posibilidad de contestar a tres preguntas clave: *a)* ¿se lograron los objetivos y las metas estipulados?; *b)* ¿cuáles actividades requieren de mayor atención para lograr un mejor desempeño?, y *c)* ¿se justifica el gasto actual en el programa o unidad responsable?

5. EL SED: SUS LIMITACIONES Y POSIBILIDADES

Los sistemas de medición y evaluación del desempeño no deben considerarse como panaceas, capaces de resolver todos los problemas relacionados con el uso eficiente de recursos; el éxito del SED depende en buena medida de una transformación

GRÁFICA VI.3. *Contribuciones del SED al proceso presupuestario*

Globalizadoras

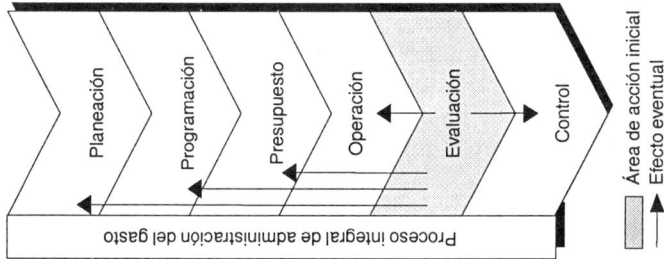

■ Transformación del papel que desempeña la SHCP en el control del gasto para planeación estratégica del mismo y optimización de su beneficio social.

■ Mejores elementos para distribución de gasto entre programas similares.

■ Asignación más objetiva y racional del gasto, con base en indicadores de desempeño y costo/efectividad.
■ Apoyo a la evaluación de ampliaciones/reducciones de gasto teniendo en consideración cambios en los resultados.

■ Flexibilidad operativa y mayor autonomía de gestión.

■ Evaluación basada en indicadores de desempeño y no en volúmenes y productos.

■ Incentivos y sanciones en resultados (sin descuidar otras responsabilidades).
■ Auditorías de verificación de información y de resultados.
■ Eliminación de requerimientos de información de bajo valor agregado.

Ejecutores

■ Diseño de programas alineados a objetivos sectoriales y a las demandas de los beneficiarios.

■ Presupuesto apoyado en costos y resultados, y no en asignaciones históricas.

■ Hincapié en la obtención de resultados.
■ Orientación a satisfacer beneficiarios (encuestas).
■ Medición y control de costos.

■ Sistemas de evaluación de resultados, productividad, costos y satisfacción de beneficiarios.
■ Generación gradual de información del desempeño.

■ Mayor objetividad en decisiones de promoción o remoción de servicios públicos.

Proceso integral de administración del gasto

Planeación
Programación
Presupuesto
Operación
Evaluación
Control

▧ Área de acción inicial
➡ Efecto eventual

cultural que sólo se podrá lograr en un periodo relativamente largo.

Los beneficios aportados por los sistemas de evaluación de la gestión pública no son un mecanismo perfecto, puesto que no logran una cobertura total de la medición del desempeño de los programas, proyectos y actividades. Estos sistemas sólo son una herramienta que proporciona elementos objetivos y precisos para tener una idea cercana de los resultados por lograr y los resultados obtenidos. Más aún, los sistemas de medición del desempeño basados en resultados, no aportan información alguna de cómo se lograron éstos o cuáles son las acciones operativas clave (procesos) que mejorarán esos resultados, sólo indican si se cumplen o no las metas establecidas en los tiempos acordados.

Sin duda esto es un avance respecto a los sistemas de evaluación y control tradicionales. Además, su uso continuo y progresivo desarrollo permite proporcionar un marco en el que se pueda evaluar el desempeño de la APF, aun en contextos adversos o favorables. Así, se podrá premiar un desempeño eficiente y eficaz independientemente de que se hayan o no alcanzado resultados por causas ajenas a los ejecutores. Esto mostrará poco a poco los elementos y factores externos que afectan la consecución de los resultados pretendidos y sentará las bases para mejorar el desempeño o para hacer mejores previsiones respecto a variables que no se controlan (véase el cuadro VI.4).

En este sentido, tanto en su función de hacer más transparentes las actividades de la APF como en la posibilidad de lograr mayores niveles de eficiencia y eficacia, estos sistemas sí representan un paso significativo hacia la transparencia del quehacer gubernamental, porque permiten evaluar el desempeño y hacer del conocimiento público la relación entre lo ofrecido y lo cumplido, condiciones necesarias para la rendición de cuentas. Así, su funcionamiento efectivo puede constituirse en una importante herramienta para evaluar de qué manera y con qué alcance ha cumplido el gobierno con los encargos y funciones que el Estado le ha encomendado por medio del marco institucional que la ley determina.

CUADRO VI.4. *Limitaciones del* SED

- Al concentrarse en los resultados, no determina sus causas.
- No puede aislar el resultado de los programas, proyectos y actividades de factores exógenos (positivos o negativos) que incidan en el desempeño de los programas, proyectos y actividades.
- No es capaz de evidenciar automáticamente las debilidades operativas de los programas, proyectos y actividades, ni las acciones a tomar para mejorar los resultados.
- El éxito en la aplicación de un SED requiere de apoyos adicionales, como talleres de capacitación y entrenamiento, así como el soporte de una oficina encargada de la administración.
- El SED no puede funcionar si no se aplica en el contexto de la nueva cultura de la administración por resultados que se puedan medir y vigilar.
- Tampoco operará si el ejecutor del gasto no lo convierte en un instrumento propio y no lo adapta a la naturaleza de la unidad responsable.

---

6. CONCLUSIONES

La NEP y el SED son herramientas valiosas para que la administración pública: *a)* aumente la eficiencia, eficacia y calidad en la aplicación de los recursos públicos ante la demanda creciente de la sociedad; *b)* eleve la cantidad y calidad de los bienes y servicios públicos; *c)* mejore la transparencia del gasto público al mostrar que los recursos del país se aplican con claridad y eficiencia en las prioridades nacionales, y *d)* rinda cuentas de los resultados obtenidos.

Los elementos programáticos de la NEP, en especial los indicadores estratégicos y sus metas respectivas, permiten dar cuenta del cumplimiento de las políticas públicas pactadas con la sociedad objetivamente.[17] El SED, además de aportar los elementos de medición y monitoreo, será al mismo tiempo como

---

[17] Como se dijo en el capítulo anterior, el establecimiento de metas a los indicadores constituye una de las diferencias fundamentales de la NEP respecto a la estructura programática de 1989; si bien en la estructura programática anterior las metas abundaban, éstas se concentraban principalmente en cuantificar procesos o volúmenes de actividades.

una escuela en la que el usuario aprenderá a desarrollar su capacidad gerencial hacia la generación de los productos que la sociedad demanda. De igual manera, el ejecutor se estará preparando para negociar la asignación de los recursos con bases claras y objetivas.

VII. LA AGENDA PENDIENTE

ANTES DE CONCLUIR este trabajo, es necesario enumerar y precisar los componentes que pueden acelerar o detener la reforma al proceso presupuestario. La reforma propuesta es congruente y necesaria con los cambios estructurales efectuados en el país durante los últimos 17 años. Estos cambios se han requerido para dar viabilidad al proyecto nacional en el marco de la globalización y en el contexto de una transición demográfica que se manifiesta en una continua presión a los recursos existentes en el país.

Los cambios estructurales se han orientado al desarrollo de nuevas instituciones que aseguren el ejercicio de la democracia, la imparcialidad de la administración y procuración de justicia, la sana competencia en las actividades económicas y la generación y captación de ahorro para incrementar la inversión productiva. En el ámbito económico, las reformas han revisado la función del gobierno dentro del Estado. Así, el gobierno se ha transformado de una gigantesca organización centralizadora de decisiones, propietaria de medios de producción en la mayoría de las ramas económicas y subvencionadora, a otra en donde el Estado es sólo propietario de medios de producción en áreas denominadas estratégicas y ejerce su rectoría concentrándose primordialmente en el desarrollo social y la preservación del Estado de derecho. Todas estas reformas requieren de varios años de maduración para que puedan reflejarse en la calidad de vida de la población.

Como resultado de esta redefinición de la función del gobierno, el nivel de gasto público se ha reducido en relación con el tamaño de la economía. La disciplina de las erogaciones se ha convertido en una de las fortalezas de las finanzas públicas para la estabilidad económica, en especial cuando ha sido difícil elevar la recaudación. Sin embargo, es importante reconocer también que el gasto público siempre es susceptible de asignarse mejor. Existen áreas gubernamentales que ejercen importantes montos de fondos presupuestarios mientras que otras apenas sobreviven, sin que exista una relación equitativa entre recursos y funciones asignadas, ni entre prioridades, recursos y resultados. Las áreas que proporcionan servicios administrativos y de apoyo dentro de las dependencias han sido históricamente privilegiadas, mientras que las unidades responsables de los programas y proyectos sustantivos muestran carencia de recursos y sufren la falta de flexibilidad en su funcionamiento, sin mencionar la marginación de la que son objeto durante la planeación.

Esta situación se debe a que en los últimos años el saneamiento de las finanzas públicas no ha sido acompañado de cambios importantes en la forma y el fondo del funcionamiento de la administración pública. El aparato gubernamental de los tres niveles de gobierno se ha quedado rezagado, incapaz de responder con oportunidad y eficacia a las demandas de la población. El cambio tecnológico, los nuevos enfoques administrativos para elevar la competitividad, las grandes transferencias de recursos a las entidades federativas y municipios y el cambio en la correlación de fuerzas dentro del sistema político mexicano, han acarreado múltiples exigencias a la administración pública federal para las cuales no está preparada. Estas demandas obligan al gobierno federal a medir su eficiencia, a coordinar mejor sus actividades con los otros órdenes de gobierno, a establecer mecanismos de cooperación entre los poderes federales, a hacer accesible el presupuesto a los funcionarios del Ejecutivo federal y legisladores en la Cámara de Diputados y a convertirlo en un documento útil al ciudadano con interés y un mínimo de información acerca del tema.

La NEP se inscribe en el esfuerzo de modernización continua del aparato gubernamental para mejorar su desempeño. La NEP pretende ser el instrumento presupuestario con el cual el presidente de la República esté en una mejor posición para cumplir con sus responsabilidades constitucionales,[1] para que los secretarios de Estado lo apoyen en estos deberes por medio de una adecuada asignación de recursos y para que la población tenga un mecanismo sencillo para evaluar la rendición de cuentas.

---

[1] El artículo 89 de la Constitución enumera las facultades y obligaciones del presidente de la República.

Sin embargo, la NEP y el SED representan sólo un avance hacia el objetivo último de hacer más eficiente y transparente la actuación del gobierno. La escasez de recursos y las necesidades apremiantes de la población menos favorecida demanda que los tres poderes de la Unión, los otros órdenes de gobierno y sus poderes respectivos, incrementen la productividad en el uso de recursos públicos y actúen y rindan cuentas con mayor transparencia. Esto es fundamental para recobrar la confianza en las instituciones públicas. Si bien la NEP y el SED contribuyen a conformar un conjunto integral del presupuesto que rebasa la simple noción de la compra de insumos, es necesaria una profunda reforma que abarque todos los engranes administrativos de la maquinaria gubernamental.

Los intentos de reforma iniciados con el Programa de Modernización de la Administración Pública (Promap) y la NEP, no obstante lo avanzado a la fecha, han carecido de una instancia superior que coordine e impulse sus esfuerzos. Aquí se presenta un esbozo de la agenda pendiente de reforma a la administración y gestión públicas. Para ello se examina la NEP en un contexto más amplio, analizando los factores determinantes para el éxito de sus objetivos. Después, se presentan los componentes del sistema presupuestario que se deben considerar para reformar el quehacer público y los aspectos determinantes para el éxito de una reforma encaminada a recobrar la confianza en el gobierno.

1. La NEP en un contexto más amplio: factores críticos de éxito de la reforma a la administración y gestión públicas

La NEP y el SED, para funcionar, requieren de instituciones; esto es, de reglas, arreglos o procesos administrativos con incentivos adecuados y personas calificadas. En ellos se finca el éxito de los principios de transparencia y rendición de cuentas de la NEP y el SED. Para examinarlos conviene enumerar los factores determinantes de éxito.

Factores determinantes de carácter general

Para empezar una reforma institucional se necesitan condiciones que faciliten la vida en común. Sin ellas es imposible efectuarla y, más aún, no se podría asegurar la acción colectiva en la sociedad, base de cualquier cambio. Como se expuso en el capítulo I, las amenazas al Estado atentan contra la consecución de estas condiciones. Entre otras, estas amenazas incluyen los monopolios, la irresponsabilidad fiscal, la ausencia de contrapeso y los procesos de selección deficientes. Si las políticas públicas no neutralizan o previenen al Estado de estas amenazas, se hace imposible la aplicación de reformas institucionales. También es imperativo evitar la tentación de tomar atajos que aparentemente aceleran el proceso de reforma, pero que en la práctica terminan por generar una discrecionalidad mayor a la que se pretende combatir, o por crear problemas que hacen inviable cualquier reforma provechosa.

Aun cuando todas estas condiciones son importantes, sobresalen el adecuado *margen de maniobra en las finanzas públicas*, la *delimitación de los ámbitos de competencia* o funciones del gobierno y del sector privado y la *voluntad política* para reformar la administración y la gestión públicas.

Margen de maniobra en las finanzas públicas

La fortaleza de las finanzas públicas es fundamental en cualquier reforma a las instituciones presupuestarias, pues la aplicación de una cantidad sustentable de recursos disponibles con objetivos alternativos condiciona la viabilidad de las acciones del gobierno. Para aumentar el margen de maniobra de las finanzas públicas es indispensable una reforma a las mismas en los tres órdenes de gobierno que amplíe la base de contribuyentes, simplifique los trámites tributarios, incremente la eficacia en la recaudación y consolide la reforma presupuestaria. Esta última debe innovar la manera de asignar, administrar, controlar y evaluar los egresos y mejorar la administración de los recursos de la nación.

Aunque el nivel de gasto público se ha reducido en relación con el tamaño de la economía, el nivel actual de las erogaciones públicas es insuficiente por las características demográficas del país, los rezagos sociales y la necesidad de elevar la calidad y cobertura de los servicios públicos. A diferencia de las reformas presupuestarias de otros países que pretendieron reducir los desequilibrios fiscales, la reforma mexicana ya lo hizo y ahora requiere concentrarse en un aumento tanto de los ingresos como de los gastos. El aumento de la recaudación basado en una mayor voluntad de pago y, en última instancia, el incremento en las tasas impositivas y nuevos impuestos, se facilitarán cuando los ingresos adicionales provengan de quienes hoy no cumplen con sus obligaciones fiscales y se garantice que los impuestos se transformen en bienes y servicios de mayor valor para la sociedad.

Definición de funciones para la administración pública

El buen desempeño de la administración pública requiere previamente de definiciones claras de los ámbitos de competencia para evitar conflicto de interés y tener el contrapeso adecuado, tarea que conlleva un doble desafío. En primer lugar, una administración pública orientada al desempeño no puede actuar aisladamente. La acción pública en la sociedad demanda una gran responsabilidad, y esto, a su vez, transparencia y rendición de cuentas. En segundo lugar, una reforma así considera explícitamente los diversos incentivos de quienes laboran en el gobierno.

Lo primero exige delimitar el ámbito de competencia entre el sector público y los particulares. El desarrollo económico depende de un marco institucional sólido y de políticas públicas sensatas a cargo del gobierno y de una participación privada en los mercados sin la tutela del gobierno o la búsqueda de rentas depredatorias, capaz de realizar las actividades que la sociedad necesita para prosperar. A su vez, la efectividad de las funciones del gobierno depende del establecimiento apropiado de las funciones de las instituciones públicas, establecimiento que permita una adecuada división del trabajo.

Como se vio en el capítulo IV, las reformas orientadas al desempeño en otros países incluyeron una clara asignación en la administración pública de las funciones de autoridad, que se refiere al papel de regulador y al que formula y ejecuta una política pública, el de representante de los intereses del propietario (en el caso de entidades paraestatales) y el de operador. Así, en el caso mexicano, los órganos desconcentrados podrían dedicarse a funciones de regulación, los descentralizados a proporcionar bienes y servicios y las dependencias a diseñar y evaluar las políticas públicas. En cualquier caso, cada una de las funciones entraña incentivos diferentes, por lo que conviene asignar las funciones a entidades y organizaciones distintas.

Distinciones entre las dependencias que determinan las políticas y las agencias que las aplican sugieren una nueva forma de gestión pública, en la que una mayor autonomía de gestión coexiste con altos niveles de control, pero orientados a los resultados, y no a los procesos; esto implica un mayor nivel de autonomía a las entidades que aplican las políticas o que proporcionan bienes y servicios a la población. Esta necesidad es particularmente aguda en las entidades paraestatales. Por su importancia en la economía nacional, el sentido de las reformas a emprender pueden definir la senda de futuras reformas orientadas a resultados.

En este proceso es crucial el fortalecimiento de sus órganos de gobierno. Es recomendable la conformación de éstos con profesionales experimentados. La participación de servidores públicos de las dependencias conlleva conflictos de interés que es necesario evitar. Estos consejeros profesionales podrán participar en los comités técnicos donde se evalúe la viabilidad de los proyectos y se formulen las propuestas para la toma de decisiones estratégicas que adopten quienes tengan la responsabilidad de ello. Asimismo, es fundamental asegurar que los órganos de gobierno no sean instancias para diluir las responsabilidades operativas de los directivos, pues de otra manera se crea el incentivo de no mostrar y aportar la información relevante en la toma de decisiones.

Es importante que los nuevos consejeros conozcan perfectamente las responsabilidades que están asumiendo, las funciones que van a desempeñar y los resultados que se espera de ellos. Su labor incluye un deber de transparencia hacia los ciudadanos, que son accionistas tácitos de estas empresas. Por lo mismo, conviene estudiar la pertinencia de publicar las decisiones del consejo que no sean de carácter comercial. Así, este conjunto de medidas mejorará la toma de decisiones y contribuirá a elevar la creación de valor del organismo y, en especial, permitirá tener una sociedad más informada acerca de la gestión de las empresas y organismos públicos.

Voluntad política

La expresión de una voluntad política al más alto nivel para realizar estos cambios es una señal clara por parte del Poder Ejecutivo federal de que una reforma coherente y orientada hacia la transparencia para la obtención de mejores resultados tiene todo el apoyo. Sería deseable que el presidente hiciera un anuncio público donde instruyera a todos los funcionarios del gabinete a efectuar la reforma en las dependencias y entidades paraestales y donde obtuviera el compromiso de lograr objetivos concretos en materia de eficiencia, transparencia y resultados. Esta señal es una necesidad cuando las instituciones no son todavía lo suficientemente fuertes para provocar de inmediato el cambio al interior y cuando persisten vicios y resistencias culturales por parte de los servidores públicos encargados de aplicar los cambios. De allí la paradoja: una señal por medio de los mecanismos de control tradicionales puede contribuir de manera efectiva a orientar reformas en una dirección innovadora.

Factores específicos

El desarrollo de los mecanismos y las características de las nuevas instituciones requiere condiciones específicas. Como se presentó en el capítulo I, las instituciones no son sólo reglas, sino los arreglos administrativos y las organizaciones que las sostienen, el personal que labora en ellas, y los modelos mentales que los servidores públicos emplean para interpretar las reglas. No basta cambiar las reglas si no se transforman también las organizaciones y las actitudes de los servidores públicos, para que enfoquen su labor hacia un desempeño por resultados y hacia la transparencia y rendición de cuentas. A continuación se ofrece un esbozo de cómo introducir estos cambios.

Cambios en las organizaciones
y en los arreglos administrativos

Una nueva actitud implica una nueva forma y contenido en la impartición de la capacitación al interior de la administración pública. Los cambios en las reglas y en las organizaciones contribuyen a generar esta nueva cultura. En el caso de los arreglos administrativos y en las organizaciones relacionadas con la NEP, los cambios deberán abarcar tanto a las que sostienen su funcionamiento, como a otras instituciones públicas que, aun sin formar parte de ella, afectan el funcionamiento de la administración y, en consecuencia, comprometen el funcionamiento de esa estructura. De allí que cada uno de los temas deba ser tratado de manera separada.

La mejora del proceso presupuestario por medio de la NEP necesita desarrollar toda una infraestructura de soporte. En esta tarea, las organizaciones y los arreglos administrativos relacionados con la estructura programática son primordiales. Como lo establece la Ley Orgánica de la Administración Pública Federal, es necesario disponer de instancias al interior de las dependencias responsables de facilitar, agilizar y dar utilidad a la planeación del sector. Éstas deben ser áreas pequeñas con personal calificado y experiencia que diseñe las propuestas de los programas, proyectos y estrategias del sector y que presupueste los recursos necesarios para que pueda cumplir su misión.

Los indicadores son también complemento esencial de la NEP; es recomendable que las dependencias globalizadoras[2] emitan de manera conjunta los lineamientos para el diseño de los mismos, para contar con el número pertinente de indicadores que asegure de modo expedito y transparente un seguimiento y evaluación de los resultados y que no ocasione importantes costos de transacción a las dependencias y entidades. Al tener que evaluar mediante las metas de los indicadores, se introducen incentivos al desempeño y se establecen los mecanismos de transparencia y rendición de cuentas. Sin los indicadores y el cambio de actitud en el servicio público, la NEP se reduciría una nueva

---

[2] Actualmente las dependencias globalizadoras son la Secretaría de Hacienda y Crédito Público y la Secretaría de la Contraloría y Desarrollo Administrativo.

clasificación del gasto, útil para el registro del mismo, y no se consolidaría como una herramienta para la discusión del PEF ni para lograr resultados y rendir cuentas.

Asimismo, es deseable que en el Poder Ejecutivo federal se generalice la utilización de las denominadas "declaraciones de compromisos", documentos que contienen los encargos específicos de modernización administrativa de una dependencia o entidad y los estándares de servicios por lograr. Esto contribuye a la transparencia, pues fuerza a mostrar las intenciones de los servidores públicos y las de quienes encabezan las instituciones públicas. Por estas razones, consolidar el Sistema de Evaluación del Desempeño es un asunto fundamental.

La cultura de la administración pública

La actitud de los agentes que laboran en las organizaciones es importante, pero rara vez se habla de ella. Vista de manera integral, la actitud refleja la verdadera cultura de una organización, misma que se expresa como un conjunto de reglas que permiten a los servidores públicos interpretar cuál es su misión y, con base en ésta, dar cumplimiento a las funciones encomendadas. Para consolidar una reforma integral, es necesario cambiar las reglas y las organizaciones; pero hace falta además una cultura de servicio en la administración pública, basada en principios de honestidad y transparencia orientados a comprometer resultados, lograrlos y a mejorar continuamente la calidad de los bienes y servicios proporcionados.

Cambios en otras instituciones y procesos relacionados

Es importante fortalecer paralelamente reformas en otras instituciones de la administración pública que permitan consolidar lo establecido. En el contexto de una profunda reforma al servicio público se necesitan transformaciones fundamentales y voluntad política para conducir este cambio. Un aspecto fundamental es la reforma del sistema presupuestario, cuyo alcance y características se describen a continuación. Estos factores determinantes de éxito se enmarcan en una reforma más amplia encaminada a aumentar la confianza en el gobierno para responder de manera más eficaz a las exigencias y desafíos del Estado mexicano (véase la figura VII.1).

2. LA REFORMA DEL SISTEMA PRESUPUESTARIO

Una reforma eficaz del sistema presupuestario es esencial para la aplicación de la NEP y el SED, así como para asegurar el buen funcionamiento de los mismos. Por sistema presupuestario debe entenderse al marco institucional que regula las relaciones entre los actores involucrados durante la formulación, aprobación, ejercicio y evaluación del PEF. Esto abarca, además del sector público federal, a los gobiernos estatales, representantes populares y sociedad. El sistema incluye las instituciones relacionadas con la aplicación de la NEP, que son las que más afectan su funcionamiento y, en consecuencia, su alcance. La reforma contempla varios aspectos: las finanzas públicas, el federalismo hacendario, la consolidación de la NEP, la reforma legal y normativa y la administración de los fondos públicos. Igualmente incluye a otros componentes como la reingeniería del gobierno, la nueva función de la autoridad financiera y presupuestaria y el servicio civil profesional (véase la figura VII.2).

Reforma integral a las finanzas públicas

La asignación de los recursos públicos responde sobre todo a los siguientes objetivos: la justicia social, la preservación del Estado de derecho y la ampliación de los límites al crecimiento de la riqueza nacional. Justicia social significa en esencia dar acceso a todos a las mismas oportunidades de desarrollo individual. La gran disparidad en los niveles de vida de la población es evidencia de que esto aún no ocurre, principalmente porque no todos reciben la misma educación en cuanto a calidad y extensión; muchos tampoco viven en condiciones propicias para gozar de una buena salud y, menos aún, de procurarse una alimentación que les permita desarrollarse. Estas

FIGURA VII.1. *Guía de la reforma a la administración y gestión públicas*

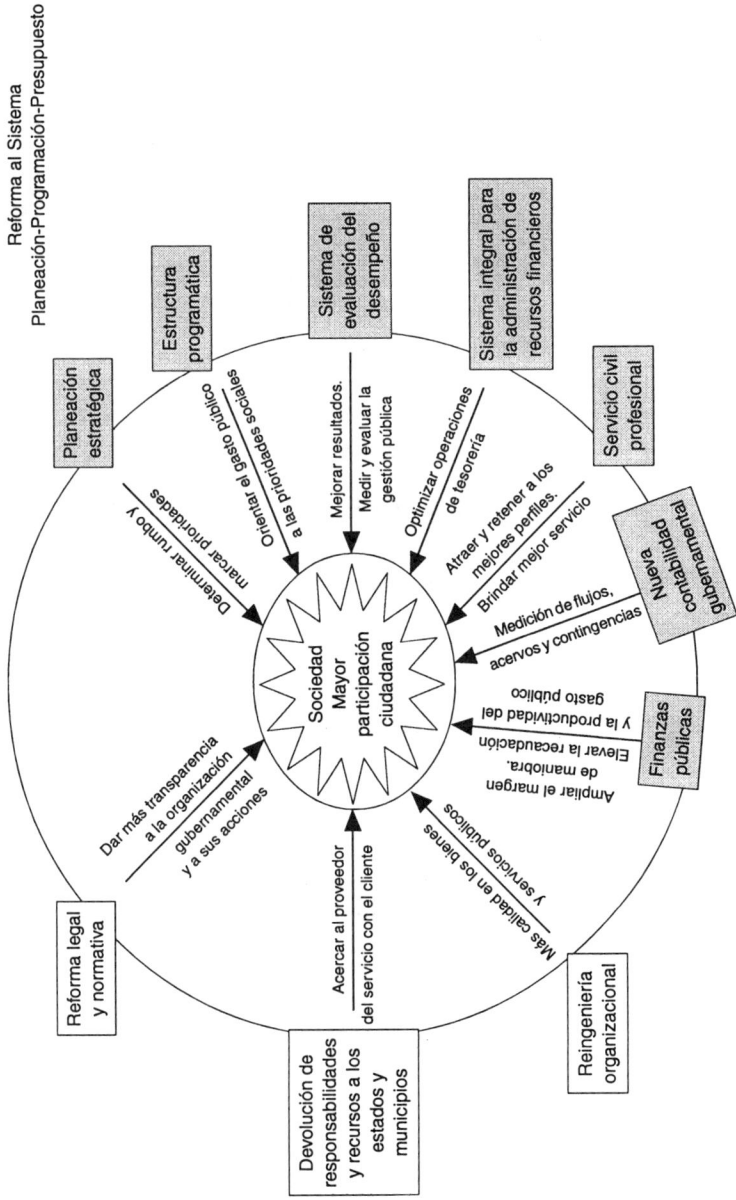

Reforma al Sistema
Planeación-Programación-Presupuesto

- Planeación estratégica
- Estructura programática
- Sistema de evaluación del desempeño
- Sistema integral para la administración de recursos financieros
- Servicio civil profesional
- Nueva contabilidad gubernamental
- Finanzas públicas
- Reingeniería organizacional
- Devolución de responsabilidades y recursos a los estados y municipios
- Reforma legal y normativa

Sociedad Mayor participación ciudadana

- Determinar rumbo y marcar prioridades
- Orientar el gasto público a las prioridades sociales
- Mejorar resultados. Medir y evaluar la gestión pública
- Optimizar operaciones de tesorería
- Atraer y retener a los mejores perfiles. Brindar mejor servicio
- Medición de flujos, acervos y contingencias
- Ampliar el margen de maniobra. Elevar la recaudación y la productividad del gasto público
- Más calidad en los bienes y servicios públicos
- Acercar al proveedor del servicio con el cliente
- Dar más transparencia a la organización gubernamental y a sus acciones

FIGURA VII.2. *Factores determinantes de éxito de la reforma al proceso presupuestario*

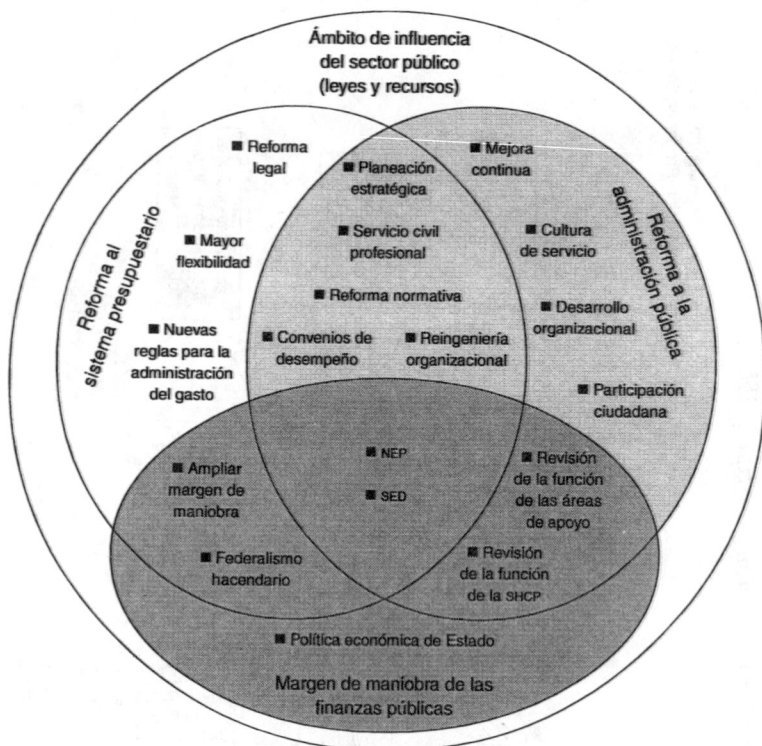

condiciones no permiten ampliar el mercado interno y ocasiona que existan mexicanos en desventaja y sin posibilidades de desarrollo personal, situación inadmisible para cualquier sociedad democrática.

Es necesario que los distintos niveles de gobierno preserven el orden y el Estado de derecho, y que el gobierno federal proteja la soberanía de la nación; condiciones necesarias para el desarrollo individual y colectivo en un ambiente de estabilidad social y política. A estos requerimientos hay que agregar la necesidad de ampliar los límites a la riqueza nacional, por medio de la creación de infraestructura, tanto social como productiva, lo que incluye la formación de capital humano, las obras de agua potable, drenaje, alcantarillado y las vías de comunicación.

Tanto la justicia social como el ejercicio de las funciones básicas del gobierno y la infraestructura, cuestan. Por ello todos tenemos que aportar los recursos correspondientes para cubrir estos costos, como se reconoció siglos atrás en la *Declaración de los derechos del hombre y del ciudadano*. Estos costos del Estado y su gobierno deben ser cubiertos con las aportaciones que efectúa cada individuo y negocio por medio de los impuestos y, cuando hay una contraprestación por un servicio especial, con el pago de los derechos o tarifas correspondientes.

El análisis de las fuentes de ingresos del sector público federal revela que la recaudación tributaria es insuficiente para cubrir el gasto en desarrollo social.[3] Incluso el monto del IVA, un impuesto al consumo de la mayoría de los bienes y servicios, no alcanza a cubrir las erogaciones en educación básica que beneficia sobre todo a los grupos sociales más desprotegidos. Una parte importante del gasto es financiada con ingresos no recurrentes y volátiles, como la renta petrolera y los ingresos por concepto de la desincorporación de activos públicos; razones por las cuales no es conveniente disociar la política de gasto público de la de ingresos y deuda pública.

Para fortalecer al Estado mexicano es fundamental emprender una reforma integral a las finanzas públicas, que asegure un financiamiento sustentable del desarrollo nacional. En dicha reforma se tienen que considerar de manera conjunta los ingresos y el gasto público, donde los requerimientos de deuda pública sean un residuo que cubra la diferencia entre ambos, siempre y cuando existan proyectos de inversión que así lo justifiquen. La reforma a las finanzas públicas puede guiarse por: *a)* los ingresos; como lo establece nuestra Constitución, todos deben aportar a los gastos y al sostenimiento del Estado en la proporción de sus posibilidades. Por ello, es necesario ampliar la base de los contribuyentes, revisar la estructura de los principales impuestos e incentivos fiscales, tratar bien al contribuyente cumplido, y simplificar los trámites y requisitos para facilitar

---

[3] Como se expuso en el capítulo II, el gasto en desarrollo social incluye las funciones de desarrollo regional y urbano, abasto y asistencia social, laboral, educación, salud y seguridad social.

el pago de impuestos; asimismo, tendrá que revisarse la estructura fiscal de las entidades paraestatales, como Pemex y CFE, y *b)* el gasto: es necesario mejorar la asignación de fondos públicos en función de la rentabilidad social, aplicar sistemas de costos, y orientar el quehacer del sector público hacia los resultados y una auténtica rendición de cuentas que contemple tanto los logros como los fracasos; también es indispensable reducir los subsidios de tipo generalizado; por la escasez de recursos y la inequidad que ocasionan, el país no puede darse el lujo de sostener esquemas de subsidios de ese tipo, que benefician más a los grupos sociales de mayores ingresos; en la actualidad la tecnología permite detectar a los grupos y regiones objetivo para subvencionarlos por medio de programas y proyectos específicos que pretenden reducir desigualdades y rezagos.[4]

Fortalecer el federalismo hacendario

Es necesario evaluar la distribución de responsabilidades del Estado entre los tres órdenes de gobierno. Se requiere encontrar vías más adecuadas y equitativas de costear dichas responsabilidades con impuestos y otras contribuciones. Varios son los objetivos: encontrar una distribución adecuada de responsabilidades y potestades tributarias y de financiamiento entre los distintos órdenes de gobierno y los particulares que logre mayor equidad a la vez que estimule las actividades económicas regionales; determinar el nivel de gobierno que proporcione servicios públicos al menor costo y con la mayor oportunidad, y acercar la población al orden de gobierno para que pueda exigirle cuentas acerca de la aplicación de sus aportaciones. Conforme se avance en esa dirección el país estará en mejor posición para enfrentar los desafíos de la globalización, pues habrá incrementado la competitividad al reducir los costos de oportunidad y de transacción. Hoy el costo político de imponer gravámenes y recaudar los impuestos recae sobre todo en el gobierno federal, a pesar de que una proporción importante de éstos los reciben y ejercen los gobier-

---

[4] El desafío ahora consiste en reducir los costos de transacción de otorgarles los apoyos, pues en muchos casos la marginación y la lejanía hacen que el costo de hacérselos llegar sea igual o mayor que el monto del apoyo mismo.

nos estatales y municipales, sin que la población les exija cuentas con el rigor que se le aplica al Poder Ejecutivo federal. Si bien la globalización económica impone al sector privado elevados estándares de eficiencia y productividad para competir en los mercados internacionales, el desarrollo de la democracia mexicana es una exigencia para que el sector público adopte también estándares más altos en materia de transparencia y productividad. Ésta es una de las mejores vías de legitimar un aumento en las contribuciones. El gobierno podrá obtener más recursos sólo si hace bien las tareas que le corresponden.

Es aquí donde la metodología y los instrumentos propuestos en este libro se tornan relevantes, porque sirven para guiar en la planeación a quienes evalúan las opciones nacionales, estatales y locales. Con dichos instrumentos será posible formular opciones claras en términos de costos y beneficios al momento de elaborar estrategias y ejecutar programas y proyectos, y se evitará así la improvisación.

Reforma legal y normativa

Hoy en día el Poder Ejecutivo federal tiene una estructura institucional y normativa sobre el gasto público y la generación de ingresos, que inhibe el buen desempeño y el uso eficiente de recursos. Una muestra son las autorizaciones discrecionales que sofocan la capacidad gerencial. Por esta razón, el cambio cultural en el manejo presupuestario que promueve la NEP obliga a modificar varios procesos previstos en los distintos ordenamientos jurídicos, entre los cuales destacan: *a)* fechas para ampliar la presentación, discusión y aprobación del PPEF y de la Iniciativa de Ley de Ingresos; *b)* proyecciones multianuales de ingresos y egresos; *c)* criterios para calendarizar durante el ejercicio de fondos públicos con base en la estacionalidad física de las actividades; *d)* una reforma que actualice el SNPD, congruente con la nueva función del Estado en la economía y con la pluralidad política;[5] *e)* la integración de la Iniciativa de Ley de Ingre-

---

[5] El propósito de la actualización del SNPD es evitar que se pretenda reinventar el país cada seis años; para esto es necesario enfocar los esfuerzos de una planeación estratégica en vincular las políticas fiscal, de gasto y de deuda con

sos de la Federación y el Proyecto de Presupuesto de Egresos de la Federación en un solo documento, ya que mantener fragmentada o separada la discusión de los impuestos, derechos, aprovechamientos y el endeudamiento, dificulta la justificación tanto de los ingresos como del gasto público,[6] y *f)* la inclusión de un dictamen de efecto en el presupuesto, en las iniciativas de leyes y reglamentos o en las modificaciones a las mismas; de esta manera, los legisladores también aprobarían los fondos públicos que se requerirían para hacerlas cumplir.

Los puntos anteriores implican reformas a la *Constitución Política de los Estados Unidos Mexicanos,* a la Ley de Presupuesto, Contabilidad y Gasto Público Federal así como a su Reglamento y a la Ley de Planeación, entre las más importantes.

Un nuevo marco para la aprobación presupuestaria

Las negociaciones efectuadas para la aprobación de los proyectos de presupuesto de egresos correspondientes a 1999 y 2000 evidenciaron la necesidad de un procedimiento que regule la aprobación para analizar y discutir exhaustivamente los documentos que contienen. Para ello es indispensable disponer de reglas que permitan dirimir las controversias entre los poderes Ejecutivo y Legislativo para inducir conductas constructivas de las partes involucradas. Este procedimiento demanda incentivos para que la Cámara de Diputados y el Poder Ejecutivo federal

la definición de los programas y proyectos que incluyan el costo de realizarlos; asimismo, se requiere el establecimiento de mecanismos para la evaluación y la realimentación de la planeación y de los indicadores de desempeño estratégicos de mediano plazo. Cabe subrayar en esto que las campañas políticas podrían aprovechar el contenido y los resultados de los programas y proyectos existentes para elaborar propuestas basadas más que en el qué en el cómo y en el cuánto. Finalmente, será fundamental reducir el número de informes que actualmente presenta el Poder Ejecutivo federal al Poder Legislativo y concentrar éstos en la calidad de la información más que en la cantidad. Los informes que actualmente se presentan son Informe de gobierno, Informe de ejecución del PND, Informe sectorial, Memoria de labores, Cuenta de la Hacienda Pública Federal, Informes trimestrales sobre la situación económica, las finanzas públicas y la deuda pública.

[6] Integrar en un solo documento los ingresos y los gastos implicaría que ambas cámaras del Congreso de la Unión aprobaran el Presupuesto de Egresos de la Federación.

aprueben un presupuesto equilibrado y sensato. Más aún, es indispensable abandonar la ciega discusión acerca de cantidades asignadas a los ramos y entidades paraestatales. Se necesita evolucionar a una discusión sustantiva que enfoque la atención en los resultados y los costos de programas y proyectos. No siempre un mayor gasto es condición necesaria para un mejor cumplimiento de las funciones gubernamentales.

La población desea que los incrementos reales en las erogaciones correspondan con una mayor calidad y cobertura de los servicios públicos. Los legisladores insisten con frecuencia en la necesidad de disponer de más tiempo. La petición es definitivamente legítima; sin embargo, el requisito es necesario pero no suficiente para aprobar un mejor presupuesto. Para lograr este objetivo son necesarias varias condiciones: *a)* se necesita que los legisladores asuman determinadas responsabilidades; en particular la de aprobar en fechas determinadas y sin posibilidad de extensión de partes fundamentales del presupuesto; dentro de estos tiempos es imprescindible lograr determinados resultados; *b)* la aprobación debe forzar una decisión conocida de antemano, basada en una regla que favorezca finanzas públicas equilibradas, y *c)* el marco jurídico debe contemplar fechas para consensuar el entorno macroeconómico y las metas fiscales; esto podría ocurrir en la primera mitad del segundo trimestre de cada año y en la segunda mitad fijar las prioridades de gasto reflejadas en los programas y proyectos en marcha; en el tercer trimestre analizar las rigideces o restricciones de las finanzas públicas que impiden atender dichos programas y proyectos; en el cuarto trimestre, presentar, analizar, discutir y aprobar el proyecto de presupuesto basado en los elementos ya aprobados.

Por definición, el presupuesto es insuficiente para incluir todos los deseos de los actores del proceso presupuestario. Por ello, es indispensable convenir prioridades y compararlas entre sí con base en la estimación del costo de atenderlas, en la disponibilidad de ingresos y en la capacidad de operación de los ejecutores. Siempre habrá diferencias entre el Ejecutivo y el Legislativo, y entre las fracciones parlamentarias de la Cámara de Diputados. Sin embargo, en un contexto democrático no es válido utilizar la aprobación del presupuesto para lograr objetivos partidistas.[7] La nación es primero y la tarea es construir las reglas que conduzcan a una mejor distribución del presupuesto. A este respecto la NEP y la SED serán fundamentales.

Administración de los recursos públicos

La consolidación de la reforma presupuestaria conlleva medidas adicionales orientadas a simplificar y racionalizar la aplicación de los recursos públicos, entre otras: *a)* perfeccionar la contabilidad gubernamental para generalizar el uso de la información acerca de los costos económicos, los activos, los pasivos y el patrimonio gubernamental para la toma de decisiones. Actualmente la contabilidad del gobierno federal sólo proporciona información acerca del ejercicio del gasto público en términos de flujo de efectivo y devengable; como se dijo en el capítulo anterior, la información acerca de los costos permitirá fortalecer las etapas de programación y presupuesto, al poder estimar lo que cuesta realizar cada una de las opciones; asimismo, la contabilidad tendrá que evolucionar hacia el establecimiento de estados financieros en la administración pública centralizada al nivel de unidad responsable y dependencia; en la estimación de los costos económicos es fundamental asignar un costo de oportunidad a los activos fijos, pues el valor opcional de

---

[7] El marco jurídico actual no contempla explícitamente que la Cámara de Diputados modifique el Proyecto de Presupuesto de Egresos que le envía el Poder Ejecutivo. En el caso de las modificaciones para el ejercicio fiscal de 1999 y, en particular, de 2000, podría decirse que no se respetaron el espíritu de la Constitución ni de la Ley de Presupuesto, Contabilidad y Gasto Público Federal. Los artículos 72 y 74 constitucionales establecen que la Cámara de Diputados tiene la facultad de examinar, discutir y aprobar el PPEF. Si la Cámara no está de acuerdo con el Proyecto debería devolverlo al Poder Ejecutivo, e iniciar así un ejercicio iterativo para ser aprobado. Respecto a la Ley de Presupuesto, Contabilidad y Gasto Público Federal, el artículo 13 establece que cada peso del presupuesto debe justificarse con base en programas que contengan objetivos, metas y costos. No contempla reasignar recursos al arbitrio, como sucedió en el caso del PPEF de 2000, hacia las entidades federativas y a los jubilados. Una reasignación así del presupuesto requería hacerse dentro de un programa con las características descritas en el caso de las entidades federativas. Similarmente, una reasignación para favorecer a los jubilados, debió ser justificada de la misma manera o, al menos, basarla en una modificación a las leyes que norman los pagos que éstos reciben.

las instalaciones, los bienes muebles e inmuebles es un costo que actualmente no se considera en la estimación del costo de operación, en particular de las dependencias federales y sus órganos desconcentrados; así, al incluir dicho costo en la nueva contabilidad gubernamental se podrá conocer el costo de operación de las unidades responsables, lo que a su vez crea el incentivo a moderar los requerimientos de bienes muebles e inmuebles cuando compiten por recursos dentro del presupuesto, y *b)* revisar la normatividad para el ejercicio del gasto, para reducir el costo de transacción de su cumplimiento y el costo de transacción de la supervisión; en el caso de contralores y auditores; también es recomendable diseñar una normatividad para casos especiales, como la adquisición de servicios para dependencias gubernamentales; para entidades paraestatales que operan en el extranjero, y para las actividades de seguridad nacional y seguridad pública. Por razones de transparencia, por la repercusión futura en las erogaciones públicas que tiene la contratación y administración de deuda y garantías y por los posibles errores en el otorgamiento de créditos por parte de instituciones financieras gubernamentales, es conveniente replantear algunos aspectos de la contabilidad de la deuda de los tres órdenes de gobierno y de la banca de desarrollo y fideicomisos de fomento. Para esto se requerirá definir una contabilidad para registrar el endeudamiento público total de los tres niveles de gobierno, sus entidades paraestatales y empresas públicas. Se propone distinguir las entidades que proveen bienes y servicios públicos de las empresas que proporcionan bienes y servicios comerciales. En un primer paso, sería recomendable volver a utilizar la definición amplia de *requerimientos financieros del sector público*, que incluye la acumulación de nuevos pasivos financieros de las entidades gubernamentales. Esto haría congruente, en parte, al monto de endeudamiento autorizado por el Congreso con la medición del déficit del sector público federal por medio de fuentes de financiamiento. También permitiría la determinación de los balances fiscales de las entidades federativas. La función que desempeñará la deuda en el sector público federal y los gobiernos estatales y municipales sugiere considerar cuatro niveles: endeudamiento global; endeudamiento del gobierno federal más gobiernos estatales y municipales;[8] endeudamiento de la banca de desarrollo y fondos de fomento, y endeudamiento de las entidades paraestatales. Estos cambios serían una consecuencia natural de un federalismo hacendario responsable y congruente con la estabilidad de las finanzas públicas.

Otras medidas que se requerirán para mejorar la administración presupuestaria son: *a)* precisar en el Reglamento de la Ley de Presupuesto, Contabilidad y Gasto Público Federal los criterios para conformar el universo de los organismos, órganos y entidades tanto de control directo presupuestario como indirecto;[9] por su parte, los gobiernos estatales y municipales también tendrán que hacer explícitos los ingresos y erogaciones de sus organismos operadores de agua, transporte, instituciones de seguridad social, entre otros, para dar transparencia a los resultados financieros que alcancen; *b)* introducir mecanismos para que la aprobación del nivel total de las erogaciones sea un techo inamovible durante el ejercicio fiscal, que no se afecte por la entrada de mayores ingresos a los presupuestados y sólo en caso de circunstancias especiales pueda ampliarse; se propone que los excedentes se destinen a un fondo para compensar disminuciones no previstas en los ingresos y a la amortización de deuda, en especial, la de los proyectos financiados;[10] dicho fondo podría destinarse también a dar estabilidad a la aplicación de programas y proyectos estratégicos y evitaría las situaciones de arranque y freno en los proyectos que tienen largos periodos de elaboración; la planeación adecuada y responsable se fortalece al apegarse al nivel máximo de gasto ya que ofrece incentivos a una mejor previsión de requerimientos; además, da una mayor credibilidad a las proyecciones de ingreso que se presentan al Congreso de la Unión,[11] y *c)* evaluar la conveniencia de nombrar personas de tiempo completo que sean

[8] Ésta es una convención que han adoptado los países miembros de la OCDE.

[9] Véase el capítulo III.

[10] Estos proyectos, conocidos como Pidiregas, se financian durante su elaboración con ingresos privados y después se amortiza el financiamiento con los mismos ingresos que generen. Los principales proyectos de Pemex y de la CFE se efectúan con esta modalidad.

[11] El uso de ingresos excedentes provoca incentivos no deseables: primero, promueve que la estimación de ingresos sea más conservadora; segundo, promueve la improvisación y el diseño de programas y proyectos no prioritarios.

responsables directos del desarrollo, aplicación y evaluación de los proyectos y los programas que emprendan las dependencias y entidades; tales "gerentes de proyecto" o "directores de programa" darían también seguimiento a la ejecución conforme al diseño de los mismos y usarían los indicadores pertinentes para revisar de manera periódica su avance y evaluar los resultados; actualmente los "gerentes" de estos proyectos son los subsecretarios y directores generales, cuya responsabilidad es la formulación y ejecución de políticas públicas; reflexionar acerca de esta manera de organizar la ejecución de programas y proyectos implica un rediseño y compactación de dependencias y la profesionalización de ejecutores de los mismos.

3. Reformas a la organización y procesos de la administración pública

Se debe crear un ambiente favorable al desarrollo de las reformas sugeridas. En primer lugar se necesita de la clara distinción de funciones en las actividades económicas entre el gobierno y el sector privado. Al interior de la administración pública se requiere definir con claridad tareas y evitar duplicidades o empalmes. También son indispensables mecanismos ágiles que faciliten la autonomía de gestión, restringida por un exceso de procedimientos y trámites. De igual manera, un ambiente orientado hacia los resultados exige una reforma al servicio civil, una reingeniería de la administración, y una nueva función para la autoridad financiera y presupuestaria, acorde con el nuevo entorno en el que deberá desempeñarse. A continuación se desarrollan estos temas y su relación con el proceso presupuestario.

Servicio civil profesional

Para atraer y retener a los mejores mexicanos en el servicio público, es recomendable que el Ejecutivo federal introduzca un esquema de servicio civil profesional abierto; es decir, que permita la competencia para ocupar los distintos niveles de responsabilidad de los mandos operativos, medios y superiores, independientemente de si provienen del sector público federal, de otros órdenes de gobierno o de la iniciativa privada. Un sistema abierto acepta el principio de que todos los mexicanos con el perfil y la capacidad adecuados tienen el derecho y la oportunidad de acceder a un puesto público para contribuir con sus habilidades y experiencia en la buena conducción de la administración pública. El sistema actual de contratación no es el más adecuado para promover el tránsito de profesionales y técnicos del servicio privado al público, y viceversa.

Un sistema de servicio civil profesional de esta naturaleza exige una división práctica y eficaz del trabajo dentro de la administración pública federal y de la definición precisa de los desafíos que tienen las dependencias federales. Esto contribuiría a promover un intercambio de funcionarios con capacidades probadas y perfiles adecuados entre el sector público y el privado. En consecuencia, se requiere de una mejor valuación de cargos y de perfiles profesionales para ocuparlos.

Un servicio civil profesional abierto implica también remuneraciones a los servidores públicos acorde con las opciones que tienen en el mercado laboral. Es indudable que por la baja eficacia de las políticas públicas y el alza de impuestos, precios y tarifas, la opinión pública se manifiesta en favor de disminuir las remuneraciones de los funcionarios gubernamentales. En cierta medida el reclamo social es razonable, en especial cuando se nombran funcionarios por motivos distintos a los de su capacidad profesional y técnica y, en particular, cuando el desempeño basado en resultados no se tiene en cuenta. Sin embargo, aceptar esta manera de razonar conduciría a una deficiente contratación de servidores públicos.

Un servicio civil profesional abierto demandará también extender la reforma de la seguridad social emprendida en el IMSS a todos los servidores públicos que hoy día no tienen los beneficios que se otorgan a los trabajadores del sector privado, lo que restringe la movilidad profesional. El derecho a una pensión proporcional a la responsabilidad ejercida en los cargos es un incentivo para retener a profesionales de gran nivel.[12]

---

[12] Como se expuso, muchas personas piensan que los servidores públicos reciben una alta remuneración. Aunque esto es muy debatibles pocos saben

Para la aplicación del servicio civil profesional abierto, será necesario una reforma constitucional y de la Ley de los Trabajadores al Servicio del Estado. Tener un servicio civil profesional es factor determinante de éxito para lograr un gobierno más efectivo que recobre la confianza de la sociedad.

Reingeniería de la administración pública

En un contexto más amplio, la reforma al sistema presupuestario, y a las políticas y procedimientos del gasto, sólo rendirá frutos conforme se extienda y consolide al interior del sector público federal una nueva cultura de obtención de resultados que requiere una actitud de servicio y calidad.

Para adecuar el aparato burocrático a los grandes desafíos del país, es conveniente y rentable fortalecer lo sustantivo sobre lo administrativo, revisando todas las áreas administrativas y de apoyo para compactarlas y reasignar sus recursos a las áreas sustantivas. Para ello, se necesita acotar a estas áreas su discrecionalidad en el ejercicio de los recursos y establecerles claramente que son áreas de servicio y apoyo.

En este sentido, es preciso estandarizar los recursos que se asignen a las unidades responsables o administrativas que se dedican a actividades similares con un mismo nivel de responsabilidad. Por ejemplo, todas las áreas de una misma jerarquía cuya tarea es el diseño o aplicación de políticas públicas deben tener un presupuesto similar. El costo de las oficinas de los secretarios, subsecretarios, oficiales mayores y directores generales no debería ser muy diferente. Todos disponen de 24 horas al día, siete días a la semana y 365 días al año, por lo que al establecer distinciones entre ellas en la asignación de recursos es hacer diferencias donde la ley no las establece. Toda diferencia en el presupuesto de una con respecto a la otra sólo puede justificarse con base en la ejecución de proyectos específicos.

que la pensión que se les otorga es muy baja en relación con los ingresos que percibieron durante su vida laboral.

El papel de la autoridad presupuestaria en la reforma

Sin duda, la dependencia que tiene la responsabilidad de integrar el Proyecto de Presupuesto de Egresos de la Federación es un factor determinante de éxito en la reforma a la organización y procesos de la administración pública. Son varias las razones; la más evidente es la necesidad de crear una reputación en la APF de que la dependencia encargada de integrar el proyecto que contempla la distribución de los recursos de los contribuyentes es una de las mejor organizadas y eficientes, con el personal más profesional y con la mejor cultura de servicio. Otra razón es la situación privilegiada que tiene sobre el control del proceso presupuestario tanto para impulsar como obstaculizar reformas, así como la ventaja que posee en cuanto a calidad y cantidad de información. De ahí que es fundamental el papel de esta dependencia para impulsar cambios en reglas, arreglos administrativos y organización relacionados con el proceso presupuestario. Los principales cambios a impulsar que facilitan la reforma son:

a) Avanzar en la simplificación administrativa y normativa, para superar los rezagos que se han detectado en el proceso de mejora regulatoria, sobre todo en lo que se refiere a trámites tributarios.[13]

b) Evaluar en especial por parte de los estudiosos de la administración pública, si los objetivos de la fusión de la Secretaría de Programación y Presupuesto con la Secretaría de Hacienda y Crédito Público se han cumplido. La fusión no se ha consolidado, pues la determinación de los ingresos y gasto aún está aislada y fragmentada dentro de la propia SHCP. Asimismo, es conveniente reflexionar si la fusión eliminó un contrapeso dentro del Ejecutivo federal donde, en igualdad de circunstancias, los especialistas en macroeconomía y finanzas públicas del más alto nivel (SHCP, SPP, Banco de México y Secofi) discutían y detallaban las propuestas de cambio estructural y los progra-

---

[13] La Secretaría de Comercio y Fomento Industrial tiene a su cargo la coordinación para la mejora regulatoria, proceso encaminado a reducir los trámites y requisitos que el sector público federal pide a los particulares para otorgar un permiso o autorización.

mas económicos anuales. El contrapeso mencionado reducía los márgenes de discrecionalidad injustificada en la estimación de los ingresos, el gasto, la deuda, tasas de interés e inflación y crecimiento del PIB.

c) Mejorar la coordinación en la determinación de ingresos y egresos, sobre todo en el caso de las entidades paraestatales. Actualmente se determinan por separado. Un área les exige metas altas de ingreso, en tanto que otra área les restringe el gasto. Esto es contradictorio pues, como sabe cualquier administrador, para generar mayores ingresos se requiere de un gasto de operación relacionado con los volúmenes de producción y servicio, e ingresos futuros mayores requieren de mayores inversiones. De esta manera, se induce a las entidades a recurrir al arbitraje entre ingresos y gastos y a crear mecanismos contables que disfrazan la información para justificar mayores gastos y menores ingresos.

d) Restructurar las áreas encargadas de la administración presupuestaria para facilitar la toma de decisiones a las unidades responsables sobre la asignación y el ejercicio del gasto, con base en costos y resultados. Mientras persista la práctica de controlar sólo el flujo de efectivo como eje central de la política de gasto público y no se evolucione hacia un control de costos y administración del patrimonio, no se lograrán los objetivos de la reforma.

e) Simplificar los trámites con respecto a los movimientos de personal y reducir los tiempos de respuesta. Para ello es indispensable determinar reglas que establezcan, por ejemplo, que las unidades responsables tendrán la flexibilidad del manejo organizacional y de personal sin rebasar niveles de gasto, costos determinados y pasivos laborales.

Sólo con la adopción de una nueva cultura de servicio en favor de la eficiencia y mejores resultados, la autoridad financiera y presupuestaria podrá convertirse en la principal palanca de cambio del gobierno mexicano. Y esto se dará cuando las áreas de autorización de gasto reduzcan su tamaño y se instaure un servicio civil profesional abierto que haga hincapié en la cultura de servicio y en la capacidad y el mérito de los funcionarios.

4. APLICACIÓN DE LA REFORMA

Después de describir la agenda de asuntos pendientes, necesaria para aplicar con éxito la reforma presupuestaria, es conveniente definir quiénes deben ser los responsables de aplicarla. Como se ha visto, hasta ahora la SHCP y la Secodam son quienes tienen a su cargo las actividades de formulación del presupuesto y de control y evaluación sobre el uso de los recursos asignados.

Con la actual estructura de la administración pública federal, estas entidades serían las responsables de concretar esta reforma. Pero si así se hiciera, la SHCP enfrentaría un conflicto de interés entre mantener su *statu quo* y empezar por aplicarse a sí misma la reforma y proseguir con las demás dependencias. Paralelamente, se dificultaría la coordinación entre la SHCP y la Secodam, ya que no habría una instancia superior que coordinara de modo integral los trabajos y resolviera las situaciones de controversia. Éstos han sido algunos de los impedimentos en la aplicación de los incipientes procesos de reforma iniciados en la administración del presidente Ernesto Zedillo.[14]

Por esta razón, resulta conveniente crear una unidad especializada, en línea directa con la Presidencia de la República, con un mandato específico para catalizar el cambio en la administración y gestión públicas, que introduzca nuevas reglas, nuevos arreglos institucionales y una cultura hacia los resultados. Al depender de la Presidencia esta unidad, se mandaría una clara señal a las dependencias de que la reforma va en serio y de que se realizará con imparcialidad, para acabar con cotos de poder. Esta acción se reforzaría con el anuncio público del presidente de instruir al responsable de la unidad propuesta y a los secretarios para concretar las reformas administrativa y presupuestaria en tiempo y forma. Así se ubicaría a la reforma en un lugar prioritario en la agenda de gobierno y se generaría un ambiente propicio para su aplicación.

Una vez creada esta unidad, la Secodam podrá ocuparse de efectuar el seguimiento de estas actividades con la dirección

---

[14] Uno de los principales objetivos de la SHCP sería emitir los lineamientos en materia presupuestaria, y los de la Secodam, vigilar su cumplimiento.

de esta unidad, en estrecha coordinación con ella. Para ello es esencial fortalecer sus atribuciones de prevención y desarrollo administrativo. Por supuesto, no deberá dejar de sancionar a los servidores públicos que no cumplan con sus obligaciones o traspasen los límites de sus funciones, pues la impunidad es una de las amenazas al Estado. Sin embargo, sin menoscabo de su función de contraloría, es indispensable impulsar la prevención y el desarrollo administrativo para concretar el cambio en la administración pública hacia los resultados y el servicio, difundiendo una cultura de evaluación del desempeño. En este contexto, la Secodam podrá cumplir un papel fundamental para convertirse en la instancia formadora de nuevas mentalidades en los servidores públicos, con una orientación hacia la eficiencia y la rendición de cuentas.

Sin duda la reforma al sistema presupuestario conllevará costos iniciales de aplicación. Estos costos provendrían de readecuar la calidad y la cantidad de personal con perfiles adecuados en el servicio público, de una amplia revisión de los procesos internos, y de una reingeniería gubernamental que comprenda una revisión detallada de los procesos internos y del diseño de nuevos marcos regulatorios y normativos. Sin embargo, se esperaría que los ahorros que obtenga la sociedad por la simplificación de los trámites burocráticos, la flexibilización de la operación de los ejecutores y la nueva cultura de servicio sean mayores.[15]

5. CONSIDERACIONES FINALES

Nuestra casa, México, necesita nuevas formas, métodos, técnicas y actitudes para su administración y gestión públicas. Por

---

[15] Una de las principales fuentes de reducción de costos en las actividades gubernamentales proviene de otorgar flexibilidad, autonomía e incentivos adecuados a los ejecutores. La flexibilidad reducir trámites burocráticos, muchos de los cuales son discrecionales, complicados y lentos. La autonomía pretende dar libertad a la gestión pública para que se logren resultados, regulada por medio de convenios de desempeños con indicadores. uno de los incentivos para la burocracia es la instauración de un servicio civil profesional porque aumenta la productividad al reducir la improvisación en actividades especializadas.

el tamaño de la población, la dispersión geográfica de pequeñas comunidades y la concentración en las grandes ciudades, la transición demográfica (dos terceras partes de la población tiene menos de 30 años y 44% es menor a 20 años), el país tiene que afrontar sin miedo cambios a las estructuras del Estado; para lograrlo necesita, entre otras muchas cosas, de un gobierno con una administración, personal y sistemas presupuestarios acordes con la dimensión de los desafíos de una sociedad democrática.

La reforma del Estado implica también reformar el sistema presupuestario para fortalecer las finanzas públicas y modernizar la gestión pública. La reforma al sistema presupuestario, es una empresa que demanda muchas acciones en distintos frentes, para darle una dirección integral. Dados los alcances pretendidos, cuyos resultados sólo es posible alcanzar en el mediano plazo, debe entenderse que las reformas a la gestión pública y al sistema presupuestario son procesos permanentes de cambio y mejora con periodos de maduración de varios años, pero que se reflejan posteriormente en mayores niveles de vida.

Por último, quiero señalar que las propuestas que aquí se han desarrollado no pretenden ser la verdad última, pero permiten dar una idea de algunos problemas que ameritan soluciones. Las circunstancias, por supuesto, van evolucionando continuamente, tanto por los avances tecnológicos como por la transición demográfica, los cambios en las preferencias de la población y la mejora continua de los procesos. La propuesta que hace este libro brinda a los estudiosos y a los principales actores del proceso presupuestario los elementos necesarios para enriquecerla, tanto en el nivel teórico como en la cotidiana toma de decisiones.

ANEXOS

ANEXO A.
CARACTERÍSTICAS DEL PLAN NACIONAL DE DESARROLLO Y DE LOS PROGRAMAS SECTORIALES

PLAN NACIONAL DE DESARROLLO

El PND es el instrumento de mayor cobertura y más general en el SNPD. Considera todos los sectores y regiones del país desde una perspectiva nacional. Orienta las acciones del sector público federal durante seis años.

El propósito del PND es definir los temas de la agenda nacional, las estrategias generales y las principales políticas de desarrollo de una administración.

El PND señala también los programas de mediano plazo que se elaborarán para atender los temas de la agenda nacional y las prioridades del desarrollo.

De acuerdo con el marco jurídico[1] el PND contiene: a) los objetivos nacionales, estrategias y prioridades del desarrollo integral del país; b) previsiones acerca de los recursos que serán asignados a tales fines; c) los instrumentos y los responsables de ejecución; d) lineamientos de política a nivel global, sectorial y regional; e) lineamientos para los contenidos de los programas que se generen en el SNPD.

El titular del Ejecutivo federal estará obligado a publicar el PND dentro de los primeros seis meses a partir de la fecha de inicio de cada administración.

PROGRAMAS SECTORIALES

Los programas sectoriales son los que se elaboran para desarrollar un sector de la economía o de la sociedad. El diseño,

[1] Ley de Planeación, artículo 21.

ejecución y evaluación de los mismos es responsabilidad de una dependencia federal, la cual funge como coordinadora de sector. Los programas sectoriales contienen las políticas públicas del Ejecutivo federal cuya vigencia no exceda del periodo constitucional de una administración.

Los programas sectoriales contienen estrategias concretas de desarrollo para lograr los objetivos del PND. Ambos, PND y programas sectoriales, son el marco de referencia para la planeación, programación y presupuesto anual del sector público federal.

La Ley de Planeación[2] dispone que los programas sectoriales se sujeten a las previsiones contenidas en el PND y requiere que se especifiquen los objetivos, prioridades y políticas que regirán el desempeño de las actividades de los sectores. La misma ley establece que los programas sectoriales deben contener estimaciones de recursos, los instrumentos que se requerirán para ponerlos en práctica y señalar a los responsables de ejecutarlos.

---

[2] Ley de Planeación, artículos 22 y 23.

ANEXO B.
CARACTERÍSTICAS DEL PRESUPUESTO TRADICIONAL

1. Antecedentes del presupuesto tradicional

En 1932, durante el gobierno del presidente Plutarco Elías Calles, se reformó la Ley Orgánica de Secretarías y Departamentos del Estado de 1917. La reforma otorgó a la Secretaría de Hacienda la facultad de diseñar la política de gasto público. Para tal efecto se creó la Dirección General de Egresos, instancia que tuvo a su cargo la elaboración y seguimiento del Proyecto de Presupuesto de Egresos de la Federación.

En 1935 las actividades de formulación e integración del Presupuesto de Egresos se consolidaron jurídica y técnicamente con la publicación de la Ley Orgánica del Presupuesto de Egresos. Así, a partir de ese año y hasta 1975 se formuló el Proyecto de Presupuesto de Egresos con base en los criterios de esa ley.

2. Características del presupuesto tradicional

Durante 1935-1975 el Proyecto de Presupuesto de Egresos de la Federación se elaboró con base en la técnica conocida como *presupuesto tradicional*. La técnica consistía en estimar los gastos por concepto de salarios, papelería y útiles, mobiliario y equipo, vehículos y servicios de acuerdo con lo utilizado el año anterior. Varios procedimientos administrativos regulaban tal inercia durante el proceso de integración, y se incluía también el ejercicio y el control del presupuesto. El control consistía en vigilar que los recursos asignados a las partidas de gasto, además de ser comprobados, correspondieran con los ingresos esperados y aprobados. Esto se consideraba muy importante para cuidar la disciplina fiscal.

En el lapso referido la metodología de elaboración del presupuesto y su estructura permanecieron prácticamente intactas.[1] En ese tiempo el Proyecto de Presupuesto de Egresos presentaba el gasto público desde tres perspectivas:

a) Clasificación administrativa. Se utilizaba para mostrar a los responsables directos de la administración del gasto. La clasificación dividía las erogaciones en ramos de dos tipos: específicos, para mostrar el gasto de las dependencias, y generales. La clasificación por ramos se inició en 1928 y se consolidó en 1953. En 1974 los ramos específicos fueron considerados "sectores de actividad", para conocer el efecto del gasto en el desarrollo de los sectores económicos y sociales del país, a cuyo cargo estaba una dependencia (véase el cuadro B.1).

b) Clasificación económica. Tenía como objetivo mostrar la repercusión del gasto público en el ingreso nacional como resultado de las compras gubernamentales. El gasto se clasificaba en "agregados económicos", capítulos, conceptos y partidas, que describían los bienes y servicios que adquiría el sector público federal para su funcionamiento. Esta clasificación se adoptó de manera oficial desde 1953 (véase el cuadro B.2).[2]

c) Clasificación funcional. Surge por vez primera en 1954; presentaba el gasto destinado a las funciones que constitucionalmente le correspondía efectuar al gobierno. Esta clasificación ordenaba las erogaciones en grupos para las funciones generales y en subgrupos para las funciones específicas (véase el cuadro B.3).

El Proyecto de Presupuesto de Egresos contenía la propuesta de gasto de los ramos. Cada ramo, a su vez, contenía la pro-

---

[1] Para conocer la historia del Presupuesto de Egresos en México, consúltese *Evolución histórica del Presupuesto de Egresos de la Federación: 1821-1979*, DGE, SHCP, México.

[2] En un principio el gasto se dividía en seis grandes capítulos: Gastos, elaboraciones, construcciones, adquisiciones, inversiones y cancelación de pasivos. Posteriormente, en 1955 aparece por vez primera el término *clasificación económica del gasto*, que consistió en agrupar los capítulos de gasto en grandes agregados para diferenciar las erogaciones corrientes de las de capital. Para más detalles consúltese *Evolución histórica del Presupuesto de Egresos de la Federación, op. cit.*

CUADRO B.1. *Clasificación administrativa del gasto*
en el presupuesto tradicional[a]

Ramo		Tipo de ramo
I	Legislativo	Específico
II	Presidencia de la República	Específico
III	Judicial	Específico
IV	Gobernación	Específico
V	Relaciones Exteriores	Específico
VI	Hacienda y Crédito Público	Específico
VII	Defensa Nacional	Específico
VIII	Agricultura y Ganadería	Específico
IX	Comunicaciones y Transportes	Específico
X	Industria y Comercio	Específico
XI	Educación Pública	Específico
XII	Salubridad y Asistencia	Específico
XIII	Marina	Específico
XIV	Trabajo y Previsión Social	Específico
XV	Asuntos Agrarios y Colonización	Específico
XVI	Recursos Hidráulicos	Específico
XVII	Procuraduría[b]	Específico
XVIII	Patrimonio Nacional	Específico
XIX	Industria Militar	Específico
XX	Obras Públicas	Específico
XXI	Turismo	Específico
XXII	Inversiones	General
XXIII	Erogaciones Adicionales	General
XXIV	Deuda Pública	General
XXV	Erogaciones Adicionales para Organismos Descentralizados y Empresas de Participación Estatal[c]	General

[a] *Presupuesto General de Egresos de la Federación*, 1964 y 1975.
[b] A partir de 1970 se denominó Procuraduría General.
[c] Este ramo se creó a partir de 1965, cuando se incorporaron al presupuesto 20 organismos y empresas.

puesta desglosada por capítulos, conceptos y partidas de gasto para las unidades administrativas que lo integraban; presentaba también un informe detallado de las plazas laborales autorizadas.

CUADRO B.2. *Clasificación económica del gasto en el presupuesto tradicional*[a]

Agregado económico	Capítulos[b]		Conceptos	
Gastos corrientes de administración	1000	Servicios personales	1100	Sueldos, salarios y otras
			1200	Remuneraciones ordinarias
				Remuneraciones complementarias y eventuales
	2000	Compra de bienes para administración	2100	Materias primas y materiales
			2200	Lubricantes y combustibles
			2300	Equipos y herramientas
	3000	Servicios generales	3100	Alquileres y energía eléctrica
			3200	Comunicaciones y transportes
			3300	Servicios financieros
			3400	Difusión e información
			3500	Otros servicios
Gastos directos de capital	5000	Adquisición de bienes para fomento y conservación	5100	Materias primas y materiales
			5200	Equipo, maquinaria, vehículos y refacciones
			5300	Conservación y reparaciones
	6000	Obras públicas y construcciones		

7000 Inversiones financieras	7100	Adquisición de bienes inmuebles
	7200	Fideicomisos para créditos
	7300	Fideicomisos para inversiones
	7400	Diversas inversiones
4000 Transferencias	4100	Subvenciones y subsidios al consumo
	4200	Subvenciones y subsidios para inversión
	4300	Ayudas culturales y sociales
	4400	Pagos de seguridad social
	4500	Otras transferencias
8000 Erogaciones especiales	8100	Erogaciones condicionadas
	8200	Erogaciones suplementarias
9000 Cancelación de pasivos	9100	Deuda pública consolidada
	9200	Deuda pública flotante

(Gastos de transferencia)

(Deuda pública)

a *Presupuesto General de Egresos de la Federación*, 1964 y 1975.
b Los capítulos se introdujeron en 1955; la presentación del gasto por medio de capítulos, conceptos y partidas se denominó *Clasificación por objeto del gasto.*

CUADRO B.3. *Clasificación funcional del gasto en el presupuesto tradicional*[a]

Grupo	Subgrupo
10 Comunicaciones y transportes	11 Carreteras 12 Ferrocarriles 13 Obras marítimas 14 Aeropuertos 15 Correos 16 Telégrafos 17 Telecomunicaciones 18 Servicios generales
20 Fomento y conservación de recursos naturales renovables	21 Fomento agrícola 22 Fomento ganadero 23 Fomento avícola 24 Fomento forestal 25 Riego 26 Colonización y reparto agrario 27 Otros conceptos
30 Fomento, promoción y reglamentación industrial y comercial	31 Apoyo a empresas comerciales 32 Apoyo a empresas industriales 33 Promoción y reglamentación del comercio e industria 34 Energía eléctrica 35 Turismo 36 Otros gastos de fomento
40 Servicios educativos y culturales	41 Educación preescolar 42 Enseñanza primaria 43 Segunda enseñanza 44 Enseñanza normal 45 Universidades e institutos de enseñanza técnica, profesional y cultural 46 Otras enseñanzas 47 Servicios de bibliotecas, hemerotecas y museos 48 Construcciones y conservaciones escolares 49 Otros servicios

CUADRO B.3. *Clasificación funcional... (conclusión)*

Grupo	Subgrupo
50 Salubridad, servicios asistenciales y hospitalarios	51 Salubridad, asistencia médica y servicios hospitalarios 52 Construcciones hospitalarias 53 Maternidad y asistencia infantil 54 Asistencia social 55 Diversos servicios complementarios
60 Bienestar y seguridad social	61 Servicios médicos a empleados públicos 62 Otros servicios a empleados públicos 63 Pensiones y jubilaciones 64 Contribución estatal al seguro social 65 Ayudas a núcleos indígenas 66 Otros gastos sociales
70 Ejército, armada y servicios militares	71 Haberes y otras remuneraciones 72 Servicios médicos y hospitalarios 73 Servicios educativos y sociales 74 Pensiones y jubilaciones 75 Gastos de mantenimiento de las fuerzas armadas 76 Adquisición y elaboración de equipo bélico 77 Construcciones e instalaciones militares 78 Otras erogaciones
80 Administración general	81 Poder legislativo 82 Dirección ejecutiva 83 Administración de justicia 84 Administración fiscal 85 Relaciones exteriores 86 Ayudas a estados y territorios 87 Otros servicios gubernamentales
90 Deuda pública	91 Deuda pública interior 92 Deuda pública exterior 93 Deuda pública flotante

[a] *Presupuesto General de Egresos de la Federación*, 1964 y 1975.

El presupuesto tradicional era un documento administrativo y contable que contenía los recursos asignados y autorizados al ramo y a su estructura administrativa; no proporcionaba, por tanto, la información necesaria como para considerarlo un instrumento de política económica, ya que el gasto público, durante el periodo en que se aplicó el presupuesto tradicional, nunca tuvo un papel relevante dentro de la economía.

Un apartado digno de destacar del presupuesto tradicional, era aquel donde se mostraba el peso fiscal regional sobre quienes recaía el financiamiento del gasto público para el año en cuestión. En él se presentaba la contribución de los estados y del Distrito Federal a los ingresos totales y de qué manera se repartirían entre ellos esos recursos.

3. MOTIVOS PARA INTRODUCIR REFORMAS AL PRESUPUESTO TRADICIONAL

Dos son las causas principales que motivaron el cambio de enfoque al presupuesto tradicional: el cambio en la concepción del papel del gobierno dentro del Estado y la evolución y el perfeccionamiento de las técnicas presupuestarias.

En la época de la posguerra el entorno internacional favoreció el aumento de la intervención estatal en la economía. Con ello se dieron incentivos para considerar la política de gasto, primero, como el principal instrumento del Estado para la formación de capital y, después, como el medio para financiar los programas sociales, las actividades asistenciales y las actividades redistributivas; iniciativas del llamado "Estado benefactor". Como consecuencia, durante las décadas de los cincuenta y los sesenta se dio en el mundo un proceso acelerado de expansión del gasto público, el cual en los ochenta alcanzó un nivel promedio cercano a 45% del PIB en los países miembros de la OCDE.

En México, de manera semejante a lo ocurrido en la mayoría de los países, la función del gobierno dentro del Estado fue cobrando importancia como eje del desarrollo socioeconómico del país, en especial a principios de la década de los setenta, cuando en la mayoría de los países industrializados el Estado benefactor estaba en crisis por la inestabilidad financiera que

provocó el aumento del precio del petróleo en 1973. Ello, aunado al crecimiento del aparato estatal, evidenció la necesidad de
revisar los instrumentos y las estructuras jurídicas y administrativas en las que se apoyaba la planeación y la organización
pública.

En la década de los setenta y principios de los ochenta se pen-
saba que el gobierno era el único agente económico que podía
promover exitosamente el desarrollo nacional. De allí la mayor
participación que tuvieron las instituciones públicas en la sociedad y en la economía nacional. En esos años se creía que el
gobierno podía inducir, controlar y regular los fenómenos sociales y económicos valiéndose del gasto público. Por esa razón, el
presupuesto llegó a considerarse como el instrumento ideal para
la administración y la planeación del desarrollo, en dos direcciones: para incrementar la provisión de bienes y servicios, y para
crear infraestructura productiva y social. En consecuencia, el
gasto público como proporción del PIB creció considerablemente
durante ese periodo.

El aumento de la participación del Estado en la economía,
no sólo en funciones de rectoría sino como un activo agente económico, hizo necesario adecuar los instrumentos presupuestarios. El presupuesto por programas fue la opción que sustituyó
las técnicas presupuestarias tradicionales que eran inadecuadas
para utilizarse como herramientas inductoras del desarrollo y de
control. Para México representó otra ventaja más: la técnica del
presupuesto por programas proporcionaba al gobierno federal
un instrumento muy preciso de asignación y de control centralizado del gasto, cuando las erogaciones públicas estaban en
expansión por el auge petrolero de finales de los años setenta y
principios de los ochenta.

Además, al paso del tiempo la técnica y la metodología utili-
zadas por el presupuesto tradicional comenzaron también a ma-
nifestar su obsolescencia: *a)* el presupuesto tradicional no espe-
cificaba ni objetivos ni metas que con las que se pudiera inferir
si las actividades gubernamentales habían sido exitosas; *b)* no
aportaba elementos para conocer la efectividad de las tareas de
las dependencias y de las entidades, ni para medir la eficiencia
del uso de los recursos; *c)* por carencia de un sistema de planeación, no había evaluación de la gestión pública; sólo se eva-

luaba la ejecución de la obra pública considerada estratégica; *d)* el control del gasto público descansaba en la comprobación del mismo gasto, lo que no generaba incentivos para lograr resultados ni mejorar el desempeño de las dependencias; *e)* la relación de las políticas públicas con las acciones del sector público federal, contenidas en el presupuesto, era nula; *f)* el enfoque del presupuesto, basado en el valor de las adquisiciones de insumos, fomentaba la inercia de incrementar el gasto público, y *g)* no proporcionaba los elementos suficientes para evaluar la productividad de los recursos utilizados.[3]

---

[3] Un resumen comparativo entre el *presupuesto por programas* y el *presupuesto tradicional* está desarrollado en F. Vázquez, *Presupuestos por programas para el sector público de México*, UNAM, México, 1991.

ANEXO C.
ANTECEDENTES DEL PRESUPUESTO POR PROGRAMAS Y DE LA ESTRUCTURA PROGRAMÁTICA PRE-NEP

1. Introducción al presupuesto por programas en México

Formular e integrar un presupuesto consiste en calcular anticipadamente el costo del quehacer público para el año siguiente. Para ello se toma como referencia a los objetivos tanto del PND como de los programas sectoriales. A la acción de definir y detallar los programas, proyectos y actividades de ese quehacer público, se le conoce como "concertación de estructuras programáticas". La estructura programática es el instrumento que proporciona un orden a todo lo que va a hacer el sector público federal en un año, clasificando las acciones en distintos niveles de generalidad. La estructura programática constituye los cimientos de la dimensión funcional de los presupuestos por programas (*ppp*).

El presupuesto por programas es una técnica que tiene sus orígenes en el Departamento de Defensa de los Estados Unidos. Su propósito fue organizar la producción de armamento. El origen del *ppp* en México se remonta a la década de los sesenta, cuando se creó la Comisión de Administración Pública (CAP). Esta comisión elaboró en 1967 un informe al presidente Díaz Ordaz para sugerir la aplicación del mismo basada en la división del sector público federal, para facilitar la introducción de técnicas integrales de planificación. Pero no fue sino hasta 1975 cuando comenzó a introducirse a la APF.

En un primer intento se elaboró para el ejercicio fiscal de 1976 un Proyecto de Presupuesto de Egresos de transición denominado "de orientación programática". Éste presentaba el gasto total en programas, subprogramas, objetivos, metas y unidades responsables. En él, los programas y subprogramas correspondían a las estructuras orgánico-administrativas de las dependencias, para facilitar su agrupación sectorial.[1] La aplicación de este presupuesto consistió básicamente en reformar la clasificación funcional del gasto del presupuesto tradicional.

2. La reforma administrativa de 1976

Hacia finales de 1976, el presidente José López Portillo decidió acentuar la reforma presupuestaria y administrativa del sector público federal. Para esto se emitieron cambios a las leyes presupuestarias y administrativas, entre los que destacan:

a) El 29 de diciembre de 1976 se publicó la Ley Orgánica de la Administración Pública Federal que derogó a la Ley de Secretarías y Departamentos de Estado, en vigor desde el 23 de diciembre de 1958. En ella se reorganiza la estructura de la administración pública federal para precisar atribuciones y mejorar la coordinación intersecretarial.

b) El 29 de diciembre de 1976 se publicó la Ley de Presupuesto, Contabilidad y Gasto Público Federal que derogó a la Ley Orgánica del Presupuesto de Egresos de la Federación, publicada el 19 de noviembre de 1954. La Ley obliga a utilizar la técnica del Presupuesto por programas para formular el Proyecto de Presupuesto de Egresos de la Federación; contempla la creación de unidades administrativas de programación, presupuesto y evaluación al interior de las dependencias (hoy direcciones generales de programación, organización y presupuesto) y entidades, y regula el ejercicio del gasto público entre los poderes y las decisiones de gasto entre las secretarías y la autoridad globalizadora.

c) Se creó la Secretaría de Programación y Presupuesto como dependencia rectora, autoridad globalizadora y coordinadora del sector público federal en materia de gasto público. Así, se

---

[1] En el Presupuesto de Orientación Programática la denominación de los "programas" correspondía a los nombres que tenían las secretarías, las subsecretarías y las oficialías mayores; el nombre de los subprogramas era el de sus áreas adscritas, respectivamente.

institucionalizó el proceso de planeación como un instrumento fundamental del gobierno para la ejecución de las acciones y programas gubernamentales, para promover el desarrollo y para garantizar las metas fiscales que contribuyeran a la estabilidad macroeconómica.

Esta reforma administrativa puede resumirse en tres puntos: a) reorganización y restructuración de las secretarías de Estado para dotarlas de capacidad institucional en materia de planeación, programación y ejercicio del gasto dentro de los sectores en que se dividió el quehacer del gobierno; b) agrupación y organización sectorial de las paraestatales en las secretarías a las cuales se les denominaría "cabezas de sector" (hoy coordinadoras sectoriales), y c) aplicación general del presupuesto por programas.

En cuanto a la planeación del desarrollo, la reforma administrativa organizó las actividades del sector público federal en sectores. El propósito de sectorizar al gobierno fue facilitar el diseño de políticas públicas sectoriales, ya que el gobierno era el propietario de un gran número de empresas estatales con las que incidía en las decisiones productivas del país y, en consecuencia, la aportación al producto interno bruto por parte del sector público federal resultaba considerable. En esa época, el sector público federal era el mayor agente económico del país, lo que justificaba cuantificar los recursos públicos que se destinaban al logro de los objetivos de desarrollo en los sectores donde participaba.

La reforma dio también facultades de coordinación a las secretarías y a los departamentos de Estado (Distrito Federal, Turismo y Agrario) sobre todos los organismos, empresas y fideicomisos públicos que directa o indirectamente participaran con sus acciones en un sector particular. Además se encargó a las dependencias la planeación y aplicación de las políticas públicas del sector bajo su responsabilidad, así como vincular, coordinar y supervisar las acciones de las empresas paraestatales.

3. Evolución del presupuesto por programas

Con el presupuesto de 1977 comenzó la transición hacia el presupuesto por programas. En ese año el gasto de la mitad de los ramos fue presentado en programas que describían las funciones o atribuciones fundamentales del sector público federal, sustituyendo los programas orgánico-administrativos.

En el ejercicio fiscal de 1978 se integró el primer presupuesto por programas del sector público federal. Agrupaba el destino del gasto en 12 sectores económicos, que a su vez se dividían en subsectores. Éstos estaban integrados por programas y subprogramas. El propósito de presentar sectores económicos fue alinear el esfuerzo gubernamental y los recursos públicos hacia el logro de objetivos sectoriales (véase el cuadro c.1).

Para sistematizar el procesamiento de la información presupuestaria, se elaboraron varios instrumentos técnicos de apoyo; entre ellos estaban el clasificador por objeto del gasto, para la identificación y la codificación de la adquisición de insumos, y el manual de programación/presupuestación, para la formulación e integración del presupuesto. Este manual incluía de manera incipiente un catálogo de programas[2] y un catálogo de dependencias del sector público. La estructura programática fue creada con el propósito de relacionar el quehacer público con los planes y programas de desarrollo dirigidos a los sectores. Sin embargo, la estructura programática creada con el criterio sectorial dificultó enormemente el procesamiento automático de los datos por múltiples ambigüedades e incongruencias que se presentaron al momento de ubicar en los sectores las actividades de las dependencias y entidades.[3]

Para superar esos inconvenientes, en 1979 se publicó el *Catálogo de Actividades del Sector Público Federal* con el que se formuló el Proyecto de Presupuesto de Egresos de 1980. En este catálogo, las tareas gubernamentales se agruparon en una nueva

---

[2] La estructura programática contenida en el catálogo estaba compuesta por sectores, subsectores, programas y subprogramas. Con esta estructura programática se pretendía relacionar el quehacer público con los planes y programas de desarrollo dirigidos a los sectores.

[3] *Catálogo de Actividades del Sector Público 1979*, SPP, México.

CUADRO C.1. *Sectores económicos en que se clasificaba el gasto en 1978-1979*

	Sector	Subsectores
01	Sector agropecuario y forestal	Agrícola; pecuario; forestal; agrario y servicios de apoyo.
02	Sector pesca	
03	Sector industrial	Minería y metalurgia; energéticos; manufacturas y control y promoción.
04	Comunicaciones y transportes	Transporte carretero; ferroviario; transporte marítimo; transporte aéreo; comunicaciones eléctricas y comunicaciones postales.
05	Sector comercio	
06	Sector turismo	
07	Sector asentamientos humanos	
08	Sector educación, cultura, ciencia y tecnología	Educación y cultura y ciencia y tecnología.
09	Sector salud y seguridad social	Salud y seguridad social.
10	Sector laboral	Relaciones laborales; empleo y productividad, y apoyo administrativo al sector laboral.
11	Sector administración, defensa y poderes[a]	Administración, defensa y poderes y financiero.
12	Sector departamento del D.F.	Administración y defensa; agropecuario y forestal; no asignables por sector; laboral; comunicaciones y transportes; comercio; turismo; asentamientos humanos; educación, cultura, ciencia y tecnología y salud y seguridad social.

[a] En este sector cada subsector se dividía en ramos y estos a su vez en programas y subprogramas.

estructura programática, que definía la actividad pública más general como "función", la cual se dividía en subfunciones; éstas, a su vez, se subdividían en programas y subprogramas. Esa nueva estructura programática clasificaba las actividades gubernamentales en cuatro grupos: *a)* actividades públicas centrales; *b)* actividades de orientación general de la economía; *c)* actividades de orientación sectorial de la economía, y *d)* actividades de servicios sociales y urbanos (véase el cuadro C.2).

A partir del Presupuesto de Egresos de 1980, el catálogo de actividades sustituyó al catálogo de programas, elaborado con el enfoque *sectorial*. El catálogo de actividades, en cambio, contenía un enfoque *funcional*. Sin embargo, las funciones eran una mezcla de actividades, funciones y sectores (véase el cuadro C.3).

Sin embargo, la clasificación del gasto en sectores no se desechó completamente; ésta se rediseñó para crear una nueva clasificación del gasto, denominada sectorial económica. La clasificación sectorial económica presentaba las erogaciones destinadas al desarrollo de los sectores considerados como prioritarios, los cuales se dividían en subsectores (véase el cuadro C.4).

Los presupuestos de 1976 a 1988 recibieron el nombre de presupuestos con orientación programática. Dichos presupuestos estuvieron vigentes hasta 1988, cuando la estructura programática se rediseñó por completo con base en los criterios de cuentas nacionales. Dos son las causas que condujeron a la reforma del presupuesto con orientación programática: *a)* los déficit excesivos en las finanzas públicas, por erogaciones que superaban la captación de ingresos fiscales, consecuencia de la caída de los precios internacionales del petróleo, y *b)* el debilitamiento del proceso presupuestario.

Las crisis económicas de 1982 y 1986 obstaculizaron el cumplimiento de los propósitos y los objetivos de los planes nacionales de desarrollo y de los programas sectoriales. Por esa razón, el esfuerzo fiscal del Ejecutivo federal se concentró en el control macroeconómico y en la contención de las erogaciones, más que en el cumplimiento de las metas presupuestarias y en la eficiencia. Como era de esperarse, por el mismo hecho de ajustar el gasto se promovió indirectamente la eficiencia; sin embargo, nunca se diseñaron los instrumentos para medirla, aumentarla

CUADRO C.2. *Catálogo de actividades*
del sector público federal de 1980

Grupos	Funciones
Actividades públicas centrales	4
Orientación general de la economía	2
Orientación sectorial de la economía	18
Servicios sociales y urbanos	6
TOTAL	30

y minimizar el efecto negativo de los ajustes en la sociedad. Fue así como el presupuesto con orientación programática mostró su ineficacia tanto para procurar que el gasto contribuyera a la estabilidad macroeconómica como para garantizar el logro de los objetivos de desarrollo. Respecto al debilitamiento del proceso presupuestario, las causas que lo provocaron fueron:

a) La separación de las atribuciones de gasto, de recaudación y de financiamiento en dos secretarías (SPP y SHCP) si bien dio equilibrio y contrapeso a la toma de decisiones en materia económica en el Ejecutivo, creó también una fuente de conflicto. En muchas ocasiones la confrontación y el antagonismo sustituyeron a la colaboración y a la coordinación. La razón fue porque la SPP no pudo controlar el nivel de las erogaciones ya que la SHCP determinaba indirectamente el gasto al ser su responsabilidad el control de los fondos que se encauzaban a los sectores sociales y privado por medio de la banca de desarrollo. La SHCP incidía también en la composición y el nivel del gasto porque era la dependencia responsable de la recaudación y de la contratación de créditos, en especial los provenientes de los organismos financieros multilaterales (BID, FMI y BIRF). Tener las atribuciones de recaudación en una dependencia y las de gasto en otra distorsionó la forma de considerar el presupuesto, el cual sólo se asocia con el gasto, cuando en sentido estricto es la conjunción de ambos.[4]

---

[4] La Constitución contempla ingresos y egresos conjuntamente. En el artículo 74, fracción IV, establece que antes de aprobar las asignaciones de gasto, primero deben discutirse las contribuciones.

CUADRO C.3. *Catálogo de actividades del sector público federal: clasificación funcional*

Funciones del sector público
01 Administración general
02 Justicia y seguridad pública
03 Defensa y seguridad nacional
04 Planeación económica y social
05 Política financiera, fiscal y crediticia
06 Fomento y reglamentación agropecuaria, forestal y agraria
07 Producción agropecuaria y forestal
08 Fomento y reglamentación de la pesca
09 Explotación y reproducción pesquera
10 Planeación y control de la industria paraestatal
11 Energéticos y explotación de recursos no renovables
12 Producción manufacturera
13 Fomento y reglamentación de las comunicaciones y transportes
14 Prestación de los servicios de transportes y comunicaciones
15 Fomento y reglamentación de la industria y del comercio
16 Regulación del mercado
17 Fomento y reglamentación del turismo
18 Operación turística
19 Fomento y regulación de la ciencia y tecnología
20 Actividades científicas y tecnológicas
21 Servicios financieros, intermediación financiera no bancaria, seguros y fianzas
22 Promoción del empleo y bienestar del trabajador
23 Otros servicios prestados por entidades paraestatales
24 Salud
25 Seguridad social
27 Asentamientos humanos
28 Fomento de la educación
29 Difusión cultural, recreación y deporte
30 Preservación y protección de la ecología y del medio ambiente

b) No se logró que las entidades paraestatales bajo control directo presupuestario estuvieran coordinadas por las dependencias "cabezas de sector". Muchas de ellas funcionaban de manera desvinculada a las políticas sectoriales, como ha sido el caso del IMSS, el ISSSTE, Pemex, la CFE y la Conasupo. Una

CUADRO C.4. *Clasificación sectorial económica*
del gasto a partir de 1980

Sector	Subsector
Desarrollo rural	Agrícola Pecuario Forestal Captación y conducción de agua Reforma agraria integral
Desarrollo regional y urbano	
Pesca	
Desarrollo social	Educación Salud y seguridad social Trabajo y previsión social
Comunicaciones y transportes	Transporte ferroviario Transporte carretero Transporte marítimo Transporte aéreo Comunicaciones
Comercio y abasto	
Turismo	
Energético	Petróleo Electricidad
Industrial	Minería Siderurgia Azúcar Fertilizantes Bienes de capital Automotriz y ferroviario Naval

CUADRO C.4. *Clasificación sectorial... (conclusión)*

Sector	Subsector
Administración	Presidencia
	Marina
	Gobernación
	Relaciones Exteriores
	Procuraduría General de la República
	Defensa Nacional
	Hacienda y Crédito Público
	Contraloría General de la Federación
	Programación y Presupuesto

forma de mantener bajo control a esas entidades en materia fiscal fue la creación de los convenios de déficit y superávit durante la gestión del presidente Miguel de la Madrid. Desafortunadamente, aun hoy en día dichos convenios sólo han servido para contraer el gasto y aumentar la recaudación, lo que impone distorsiones al funcionamiento de las entidades.

c) La planeación del desarrollo fue ineficaz debido a la falta de mecanismos efectivos de seguimiento y evaluación sobre los avances físicos de los programas sectoriales. El control del ejercicio y la evaluación sólo dio prioridad al aspecto financiero.

d) La estructura programática utilizada en la clasificación funcional no relacionaba con claridad el quehacer de las dependencias y las entidades con los programas gubernamentales. Tampoco se cuantificaban monetariamente los recursos necesarios para lograr los objetivos del Plan Nacional de Desarrollo y sus programas sectoriales.

e) Continuó poniéndose el nombre de las áreas administrativas a los programas; es decir, se crearon programas sin una clara razón de ser, basados en las estructuras orgánicas de las dependencias.

f) No se diferenció el costo de operación de las dependencias y entidades del costo de los programas. Así, no fue posible saber si los ejecutores eran eficientes o si los programas resultaban muy caros respecto a los resultados que obtenían.

g) El establecimiento de metas de proceso en lugar de metas de resultados debilitó la evaluación y, a su vez, la asignación de recursos para el siguiente ejercicio fiscal. En consecuencia, no fue posible una evaluación efectiva que premiara los programas y a los ejecutores exitosos y modificara o readecuara los no exitosos.

4. Características de la estructura programática de 1989

La necesidad de medir el efecto socioeconómico de las erogaciones públicas en los sectores económicos fue la principal motivación para reformar la estructura programática del presupuesto con orientación programática.[5] Para ello se diseñó una nueva estructura programática que se incluyó en el Presupuesto de Egresos de 1989.

La estructura programática de 1989 pretendió que los programas ya no fueran denominados con los nombres de las estructuras administrativas de las dependencias y entidades. El nuevo enfoque permitía que las acciones de varias dependencias y entidades convergieran en un mismo programa. Entendida la rectoría del Estado como la responsabilidad de promover el crecimiento económico en las distintas ramas económicas, la estructura programática pretendió ser el instrumento para relacionar la asignación del gasto público con el sistema de cuentas nacionales.[6]

En el esfuerzo por mejorar la estructura programática, se sustituyó al catálogo de actividades del sector público por el catálogo de programas y metas del sector público federal. El catálo-

[5] Alejandro López Arratia, *Teoría y práctica de la administración pública en México*, Lecturas Básicas, INAP, México, 1992.

[6] El sistema de cuentas nacionales es una estructura organizada para registrar contablemente los principales movimientos económicos del país. Las cuentas nacionales registran la producción, el consumo, el ahorro y la inversión, las relaciones con el exterior y las interrelaciones entre los diversos sectores del país que producen bienes y servicios.

go pretendió fortalecer los instrumentos para la planeación y establecer una relación, en términos físicos y financieros, entre las actividades del sector público federal y el gasto asignado a ellas. Asimismo, permitió relacionar el nivel programático con los ámbitos administrativo y económico (adquisición de insumos) de las dependencias y las entidades.[7]

El *Catálogo de Programas y Metas de 1988* clasificó las funciones y las acciones que realiza el sector público según en las atribuciones establecidas en la Ley Orgánica de la Administración Pública Federal. En este catálogo se introduce por vez primera el concepto de *categorías programáticas*. Éstas tenían el propósito de vincular el gasto con el quehacer del sector público federal. Así, todas las acciones gubernamentales se expresaban por medio de funciones, subfunciones, programas, subprogramas y proyectos. Para valorar de manera específica la asignación de recursos, las categorías fueron complementadas con los *elementos programáticos*. El objetivo de éstos fue proporcionar información cualitativa acerca de las categorías: objetivos (para los programas y subprogramas), metas, clasificación económica de las metas, regionalización, unidad de medida, unidad responsable y gran división del sistema de cuentas nacionales.

La estructura programática contenida en el Catálogo de Programas y Metas correspondió a un clasificador de actividades de gran versatilidad, porque permitía conocer en detalle las tareas gubernamentales. Además, vinculaba las tareas públicas con el sistema de cuentas nacionales, con la pretensión de conocer el gasto destinado a las actividades económicas. También facilitaba el seguimiento físico de las metas para cumplir con los objetivos de los programas.

A continuación se presentan las categorías y los elementos programáticos de la estructura programática de 1989:[8]

a) Función. Es el nivel más general de las actividades que efectúa el sector público federal (véase el cuadro c.5).

b) Subfunción. Es una división más específica de la función y constituye un grupo de actividades más detallado.

---

[7] *Proceso de Actualización del Catálogo de Programas y Metas, Normas y Lineamientos 1997*, SHCP, México.
[8] *Id.*

CUADRO C.5. *Estructura programática de 1989:*
funciones del sector público federal

Función	Descripción
Administración gubernamental	Acciones orientadas a la administración de los recursos públicos.
Política y planeación económica y social	Acciones orientadas a la formulación de políticas en los ámbitos nacional, regional, sectorial e institucional.
Fomento y regulación	Acciones relacionadas con la aplicación de los instrumentos de política de carácter económico, administrativo y legal.
Desarrollo social	Acciones relacionadas con la prestación de servicios sociales.
Infraestructura	Acciones que se orientan a la construcción, conservación y mantenimiento mayor de la infraestructura física para la producción de bienes y la prestación de servicios.
Producción	Acciones y recursos que se destinan a la producción de bienes y servicios.

c) Programa. Conjunto de acciones enfocadas al logro de objetivos y metas específicas mediante el uso de recursos humanos, materiales y financieros. Los programas representan los componentes en que se divide la subfunción.

d) Subprograma. Son las acciones de naturaleza más específica en que se dividen los programas.

e) Proyecto. Es el resultado de la planeación de obras enfocadas a ampliar o incrementar la infraestructura material de las unidades productoras de bienes, y de las unidades prestadoras de servicios.

f) Objetivo. Es la finalidad que pretenden lograr las actividades programáticas, ya que cada programa, subprograma y proyecto tiene su objetivo claramente definido.

g) Meta. Cuantificación del objetivo por lograr en un tiempo y lugar específicos.

h) Tipo de meta. Es la manera de clasificar la naturaleza de las acciones gubernamentales para determinar su efecto en la actividad económica. En la estructura programática las metas se clasifican en metas de inversión, metas de producción y metas de consumo de gobierno (para las compras gubernamentales distintas de insumos para la producción de bienes y servicios, y la creación de infraestructura).

i) Regionalización. Es la delimitación espacial del gasto público y sirve para identificar la ubicación geográfica de las metas: entidades federativas y municipios.

j) Unidad de medida. Es el parámetro que cuantifica la meta, actividad o resultado que se pretende lograr con el producto.

k) Unidad responsable. Es la unidad administrativa que tiene a su cargo la consecución de las metas, los proyectos, los subprogramas y los programas.

l) Gran división. Es el punto de unión entre la actividad gubernamental (metas) con la actividad económica nacional. La gran división corresponde al sistema de cuentas nacionales.

Con el presupuesto de 1989 se consolidaron el proceso presupuestario y los instrumentos normativos del presupuesto con orientación programática aplicado en 1980. Por su parte, la clasificación sectorial económica se compactó y continuó utilizándose adicionalmente a la clasificación funcional (véanse los cuadros C.6 y C.7).

La gran aportación de esta clasificación fue el reconocimiento de las erogaciones destinadas al desarrollo social. Sin embargo, los criterios con los que se ubicaban las erogaciones en los sectores nunca fueron claros ni transparentes.

CUADRO C.6. *Clasificación sectorial económica en 1989*

Sector	Subsector
Desarrollo rural	
Pesca	
Desarrollo social	Educación
	Salud y laboral
	Solidaridad social
	Desarrollo urbano
Comunicaciones y transportes	
Comercio y abasto	
Energético	
Industrial	
Turismo	
Administración	

CUADRO C.7. *Clasificación sectorial económica en 1997*

Sector	Subsector
Desarrollo agropecuario	
Medio ambiente y pesca	
Desarrollo social	Educación
	Salud
	Seguridad social
	Laboral
	Abasto y asistencia social
	Desarrollo regional y urbano
Comunicaciones y transportes	
Energético	
Gobierno, fuerzas armadas y procuración de justicia	
Gestión gubernamental y servicios	

ANEXO D.
EVOLUCIÓN DEL PRESUPUESTO
DE EGRESOS EN MÉXICO

Históricamente el gasto público se ha presentado en el PEF desde tres perspectivas administrativa, económica y funcional. Tanto la clasificación administrativa como la económica han presentado pocas variantes desde su introducción. La perspectiva funcional es la que ha venido actualizándose y adaptándose a los tiempos para mostrar con mayor claridad el destino y los resultados de los recursos públicos (véase el cuadro D.1).

CUADRO D.1. *Evolución del Presupuesto de Egresos en México* (*Componentes de las clasificaciones del gasto público*)

Clasificaciones del gasto	Presupuesto tradicional 1935-1974	Presupuesto con orientación programática 1975-1979	Presupuesto con orientación programática 1980-1988	Presupuesto por programas 1989-1997	Presupuesto por programas versión NEP 1998
Administrativa	Ramos específicos Ramos generales	Ramos sectoriales Ramos no sectoriales	Ramos sectoriales Ramos no sectoriales	Ramos administrativos Ramos generales	Ramos administrativos Ramos generales
Económica	Agregados Capítulos Conceptos Partidas	Tipo de gasto Destino del gasto Capítulos Conceptos Partidas	Tipo de gasto Destino del gasto Capítulos Conceptos Partidas	Tipo de gasto Capítulos Conceptos Partidas	Tipo de gasto Capítulos Conceptos Partidas
Funcional[a]	Grupos Subgrupos	Sectores Subsectores Programas Subprogramas	Grupos Funciones Subfunciones Programas Subprogramas	Funciones Subfunciones Programas Subprogramas Proyectos *Metas* *Tipo de meta* *Unidad de medida* *Regionalización* *Gran división* Unidad responsable	Función Subfunción Programa sectorial Programa especial Actividad institucional Proyecto de capital Proyecto institucional *Misión o propósito* *Objetivos* *Indicadores* *Meta del indicador* *Regionalización* Unidad responsable
Sectorial-económica	—	—	Sector Subsector	Sector Subsector	—

[a] El texto escrito en cursiva se refiere a los elementos programáticos.

ANEXO E.
FUNCIONES DE LA NUEVA ESTRUCTURA PROGRAMÁTICA

CUADRO E.1. *Funciones del sector público federal presentadas en el Proyecto de Presupuesto de Egresos de la Federación de 1998, según la* NEP

Función	Características
01 Legislación	Comprende las actividades institucionales que realizan la Cámara de Senadores, la Cámara de Diputados y la Contaduría Mayor de Hacienda.
02 Impartición de justicia	Abarca las actividades institucionales que ejercen el Poder Judicial de la federación y los tribunales agrarios y fiscal de la federación, así como las actividades de impartición de justicia en el ámbito laboral.
03 Organización de los procesos electorales	Incluye las actividades institucionales del Instituto Federal Electoral.
04 Procuración de justicia	Consta de los programas y actividades relacionados con la promoción y la vigilancia del orden constitucional así como la asistencia jurídica.
05 Soberanía del territorio nacional	Son las actividades institucionales relacionadas con la operación del Ejército, la Fuerza Aérea y la Armada de México.

CUADRO E.1. *Funciones del sector... (continuación)*

Función	Características
06 Gobierno	Contiene los programas y las actividades del Ejecutivo federal en materia de política interior, política exterior, seguridad pública, servicios migratorios, financieros y fiscales, así como a las actividades de control y fiscalización internos.
07 Educación	Integra los programas y actividades relacionados con la prestación de servicios educativos de todo tipo y nivel, además de las de investigación científica y tecnológica, cultura, deporte y recreación.
08 Salud	Contempla los programas y actividades relacionados con la prestación de servicios médicos, producción de insumos para la salud, regulación de la salud pública y la vigilancia epidemiológica.
09 Seguridad social	Circunscribe los programas y actividades que realizan las instituciones de seguridad social en materia de servicios al asegurado y prestaciones económicas y sociales.
10 Laboral	Implica los programas y actividades relacionados con la conducción y orientación del mercado del trabajo hacia la promoción de empleos, fijación de salarios mínimos, capacitación laboral, normas de seguridad e higiene, asistencia y defensa laboral.

CUADRO E.1. *Funciones del sector... (continuación)*

Función	Características
11 Abasto y asistencia social	Se refiere a los programas y actividades relacionados con la distribución y dotación de alimentos y bienes básicos y de consumo generalizado a la población marginada, así como los servicios que se prestan a grupos con necesidades especiales en albergues y/o centros comunitarios.
12 Desarrollo regional y urbano	Son los programas y actividades relacionados con la construcción, conservación y mantenimiento mayor de obras para la urbanización, vivienda, agua potable, drenaje y tratamiento de aguas.
13 Desarrollo agropecuario	Integra los programas y actividades relacionados con el fomento, regulación y promoción agropecuaria y agroindustrial, el desarrollo de áreas de riego y temporal, la organización agraria y la regulación de la tenencia de la tierra.
14 Medio ambiente y recursos naturales	Reúne los programas y actividades relacionados con la preservación y la restauración del medio ambiente, flora y fauna silvestre así como el fomento de las actividades pesqueras y la acuacultura.
15 Energía	Abarca los programas y actividades relacionados con la extracción de hidrocarburos, producción de combustibles y la generación de electricidad.

CUADRO E.1. *Funciones del sector... (conclusión)*

Función	Características
16 Comunicaciones y transportes	Contempla los programas y actividades referentes al fomento y la regulación de los servicios de transporte y las comunicaciones, así como la construcción, operación, conservación y mantenimiento de la infraestructura carretera y portuaria.
17 Otros servicios y actividades económicas	Incluye los programas y actividades del fomento y la regulación de la minería, la industria manufacturera, el comercio interior y exterior, y el turismo, así como los servicios de metrología, de propiedad industrial, financiamiento a la infraestructura y prestación de servicios turísticos.
18 Deuda pública del gobierno federal	En ella se registran los pagos y compromisos que por concepto de intereses, comisiones y otras erogaciones derivadas de la contratación de deuda pública efectúa el gobierno federal. Esta función incluye al pago de la deuda pública contratada y documentada tanto con instituciones internas como externas.
19 Participaciones a entidades federativas	Contiene el registro de los ingresos que por concepto de participaciones federales le corresponden a las entidades federativas y municipios de acuerdo con la Ley de Coordinación Fiscal.
20 Adeudos de ejercicios fiscales anteriores	Incluye los pagos del sector público Federal por concepto de erogaciones devengadas no pagadas en ejercicios fiscales anteriores.

ANEXO F.
MISIONES DE LAS DEPENDENCIAS Y ENTIDADES

CUADRO F.1. *Misiones presentadas en los Proyectos del Presupuesto de Egresos de 1998 y 1999*

1998	1999

Presidencia de la República

Proporcionar con eficacia y eficiencia, asesoría administrativa y técnica, así como apoyo logístico y de seguridad al presidente de los Estados Unidos Mexicanos, que permita el cabal cumplimiento de las facultades y obligaciones inherentes a su investidura.

Proporcionar con eficacia y eficiencia, asesoría administrativa y técnica así como apoyo logístico y de seguridad al presidente de los Estados Unidos Mexicanos, que permita el cabal cumplimiento de las facultades y obligaciones inherentes a su investidura.

Secretaría de Gobernación

La Secretaría de Gobernación es la dependencia del Ejecutivo federal encargada de regular y conducir la política interior del país bajo el firme propósito de lograr la convivencia armónica, la paz social, el desarrollo integral, protección, seguridad y bienestar de todos los mexicanos en un Estado de derecho, mediante una vocación de servicio y de compromiso para la administración eficaz y eficiente de los recursos a ella asignados por el pueblo de México.

La Secretaría de Gobernación es la dependencia del Ejecutivo federal encargada de regular y conducir la política interior del país bajo el firme propósito de lograr la convivencia armónica, la paz social, el desarrollo integral, protección, seguridad y bienestar de todos los mexicanos en un Estado de derecho, mediante una vocación de servicio y de compromiso para la administración eficaz y eficiente de los recursos asignados por el pueblo de México.

CUADRO F.1. *Misiones presentadas... (continuación)*

1998	*1999*

Secretaría de Relaciones Exteriores

La soberanía es el valor más importante de nuestra nacionalidad, su defensa y fortalecimiento son el objetivo primordial del Estado mexicano; para garantizarla el sector promoverá la posición y los intereses del país en los ámbitos bilateral y multilateral, mediante la coordinación de las acciones de las dependencias y entidades del gobierno federal en el exterior y apoyo al Proyecto de Desarrollo Nacional mediante la promoción del comercio, de inversión, turismo y la imagen de México en el exterior.

Fortalecer la soberanía y garantizar la seguridad nacional de México, promoviendo la posición y los intereses del país en los ámbitos bilateral y multilateral; asegurar la coordinación de las acciones en el exterior de las dependencias y entidades del gobierno de México; apoyar al proyecto de desarrollo nacional mediante la promoción del comercio, la inversión, el turismo y la imagen de México en el exterior.

Secretaría de Hacienda y Crédito Público

Instrumentar la política de financiamiento del desarrollo, con objeto de fortalecer el bienestar de los sectores social, público y privado, a fin de obtener un crecimiento económico sostenible y sustentable, mediante la consolidación del ahorro total de economía.

Proponer, dirigir y controlar la política del gobierno federal en materia financiera, fiscal, de gasto público e ingresos, crediticia, bancaria, monetaria de divisas, de precios y tarifas de bienes y servicios del sector público estadística, geografía e informática, todo ello en el marco de los objetivos y prioridades de la planeación nacional del desarrollo. Con el fin de fortalecer el bienestar de los sectores social, público y privado.

CUADRO F.1. *Misiones presentadas... (continuación)*

1998	1999

Secretaría de la Defensa Nacional

Defender la independencia, integridad territorial y soberanía de la nación.

Defender la integridad, independencia y soberanía nacionales y garantizar la seguridad interior del Estado, preservando el clima de paz y tranquilidad sociales, que permita al pueblo de México su desarrollo integral.

Secretaría de Agricultura, Ganadería y Desarrollo Rural

Dirigir, conducir e instrumentar políticas de desarrollo agropecuario y de desarrollo rural integral, orientadas a incrementar la producción, la productividad, el empleo y el ingreso de los productores agropecuarios.

Fomentar el desarrollo agropecuario y rural integral, a través de realizar acciones para incrementar la producción, productividad, empleo e ingreso de los productores, así como asegurar las condiciones sanitarias de los productos agropecuarios para elevar su calidad y competitividad en los mercados nacionales y extranjeros.

Secretaría de Comunicaciones y Transportes

Formular y conducir las políticas y programas para el desarrollo de las comunicaciones y los transportes, para contribuir al crecimiento económico, la integración regional, el desarrollo social y el establecimiento de niveles adecuados de seguridad en el tránsito de bienes y personas, a través del ejercicio de su función rectora, normativa y promotora de la inversión en el sector y el mantenimiento de la infraestructura a su cargo.

Coadyuvar activamente en el proceso de modernización del país a través de la conformación de una infraestructura moderna, eficaz y suficiente, que le permita sentar sobre bases firmes un crecimiento económico sostenido y en condiciones competitivas; así como impulsar la integración regional y el desarrollo social para garantizar un nivel adecuado de seguridad en el tránsito de bienes y personas.

CUADRO F.1. *Misiones presentadas... (continuación)*

1998	1999

Secretaría de Comercio y Fomento Industrial

Promover la competitividad de las empresas y la protección al consumidor.

Promover la competitividad y eficiencia de las empresas en lo individual y del país en su conjunto, para asegurar un crecimiento económico sostenido, estable y generar más y mejores empleos en una economía globalizada.

Secretaría de Educación Pública

Regular los servicios de educación básica y normal; promover, orientar, y, en su caso, proporcionar la educación para adultos, media superior y superior; apoyar la investigación científica y tecnológica y fomentar su desarrollo conforme a las prioridades del país; garantizar la protección y difusión del patrimonio cultural, artístico, arqueológico e histórico de la nación; fomentar el deporte, la cultura física y la recreación de la población, como elementos necesarios para la formación armónica del individuo.

Regular los servicios de educación básica y normal; promover, orientar y, en su caso, proporcionar la educación para adultos, media superior y superior; apoyar la investigación científica y tecnológica y fomentar su desarrollo conforme a las prioridades del país; garantizar la protección y difusión del patrimonio cultural, artístico, arqueológico e histórico de la nación; fomentar el deporte, la cultura física y la recreación de la población, como elementos necesarios para la formación armónica del individuo.

Secretaría de Salud

Fortalecer y consolidar el Sistema Nacional de Salud, con el fin de mejorar la calidad de los servicios que brinda a la población abierta, a través de sus unidades médicas de primero, segundo y tercer nivel de atención.

Consolidar el Sistema Nacional de Salud, a fin de mejorar la calidad de los servicios que brinda a la población abierta en un contexto ecológico y social, propicio para su desarrollo y sustento, a través de las unidades médicas de primero, segundo y tercer nivel de atención, localizadas en el territorio nacional.

CUADRO F.1. *Misiones presentadas... (continuación)*

1998	*1999*

Secretaría de Marina

Emplear el poder naval de la federación para la seguridad interior y defensa exterior del país en los mares, costas e islas nacionales..

Emplear el poder naval de la federación para la seguridad interior y defensa exterior del país en los mares, costas e islas nacionales.

Secretaría del Trabajo y Previsión Social

Promover la concertación entre los factores de la producción, con el propósito de contribuir al desarrollo económico y social del país, y mejorar así las condiciones de vida de los trabajadores y sus familias.

Promover la concertación entre los factores de la producción para contribuir al desarrollo económico y social del país, con el objetivo de lograr el mejoramiento de las condiciones de vida de los trabajadores y sus familias.

Secretaría de la Reforma Agraria

Dar cumplimiento a los preceptos del artículo 27 constitucional y que tiene a su cargo el ejercicio de las atribuciones y facultades que le confieren, la LOAPF, la Ley Agraria, y reglamento que de ella se derivan. Atiende a las políticas que, en materia agraria, establece el PND y que sirve de base para la planeación y conducción de sus actividades.

Atiende las políticas que en materia agraria establece el PND y que sirve de base para la planeación y conducción de sus actividades, así como las demandas de la sociedad rural que se orientan hacia la seguridad jurídica de todas las formas de la propiedad de la tierra, la certidumbre documental de los predios rústicos, para avanzar en la legalidad, desarrollo, bienestar equidad y justicia para los hombres de campo.

CUADRO F.1. *Misiones presentadas... (continuación)*

1998	1999
Secretaría de Medio Ambiente, Recursos Naturales y Pesca	
Fomentar el aprovechamiento duradero de los recursos naturales renovables y del medio ambiente, que consolide el desarrollo presente y futuro de los mexicanos, promover una mejor calidad de vida para todos y contribuir al crecimiento económico, basado en procesos productivos y tecnologías que no degraden los recursos ni la calidad del ambiente.	Fomentar el aprovechamiento duradero de los recursos naturales renovables y del medio ambiente, que consoliden el desarrollo presente y futuro de los mexicanos; que permita mejor calidad de vida para todos, que propicie la superación de la pobreza y contribuya al crecimiento económico basado en procesos productivos y tecnologías que no degraden los recursos ni la calidad del ambiente.
Procuraduría General de la República	
La Procuraduría General de la República, dentro de la cual está integrada la institución del Ministerio Público, es órgano esencial del sistema federal de justicia y en representación de los individuos, de la sociedad y del Estado, promueve y vigila el cumplimiento del orden constitucional, procurando justicia en el ámbito de su competencia. Asimismo, participa en acciones de prevención del delito para garantizar la seguridad pública.	La Procuraduría General de la República, dentro de la cual está integrada la institución del Ministerio Público, es el órgano esencial del sistema federal de justicia y en representación de los individuos, de la sociedad y del Estado, promueve y vigila el cumplimiento del orden constitucional, procurando justicia en el ámbito de su competencia. Asimismo, participa en acciones de prevención del delito para garantizar la seguridad pública.

CUADRO F.1. *Misiones presentadas... (continuación)*

1998	1999

Secretaría de Energía

Conducir, controlar y ejercer la política energética del país, conforme al SNPD con base en las políticas y prioridades del desarrollo nacional que se establezcan; impulsar la inversión en el sector de energía, a través de la participación de los particulares en los términos de las disposiciones legales aplicables; promover los intereses energéticos de México en el mundo, a nivel bilateral y multilateral, con estricto apego a los lineamientos estipulados en el Programa de Desarrollo y Reestructuración del Sector de Energía y en materia de política exterior. Participar y expedir normas relacionadas con la distribución de gas LP y el ahorro y uso eficiente de la energía; así como regular y vigilar la seguridad nuclear y salvaguardias.

Conducir la política energética del país, ejercer los derechos de la nación en materia de recursos energéticos, para garantizar el suministro adecuado de hidrocarburos y electricidad como servicio público, promover la participación de los particulares en la generación de electricidad y distribución de gas natural; regular y expedir normas oficiales mexicanas en materia energética, así como coordinar la actividad de las entidades paraestatales del sector.

Secretaría de Desarrollo Social

Formular y conducir la política social que establece el Plan Nacional de Desarrollo en materia de desarrollo urbano, vivienda, abasto social y superación de la pobreza, orientando sus tareas a elevar la calidad de vida de la población en general, con especial atención a la de escasos recursos.

Formular y conducir la política social que establece el Plan Nacional de Desarrollo en materia de desarrollo urbano, vivienda, abasto social y superación de la pobreza, orientando sus tareas a elevar la calidad de vida de la población, con especial atención a la de escasos recursos.

CUADRO F.1. *Misiones presentadas... (continuación)*

1998	1999

Secretaría de Turismo

Determinar y conducir la política de desarrollo turístico nacional en un marco de sustentabilidad, orientado a incrementar la competitividad y rentabilidad de los productos turísticos mexicanos.

Diseñar y operar las políticas de desarrollo, promoción y servicios turísticos para estimular el crecimiento de este sector económico.

Secretaría de la Contraloría y Desarrollo Administrativo

Fortalecer los sistemas de gestión y control, hacer respetar los derechos del ciudadano e inducir y promover el desarrollo administrativo en la administración pública federal.

Fortalecer los sistemas de gestión y control, hacer respetar los derechos del ciudadano e inducir y promover el desarrollo administrativo en la administración pública federal.

Poder Legislativo

Cumplir con la encomienda que en materia legislativa y parlamentaria le señala la Constitución Política de los Estados Unidos Mexicanos.

Cumplir con la encomienda que en materia legislativa y parlamentaria le señala la Constitución Política de los Estados Unidos Mexicanos y las leyes que de ella emanen.

Poder Judicial de la Federación

Preservar la libertad y la paz con justicia, fortalecer el Estado de derecho y hacer respetar las garantías individuales y sociales que consagra la Constitución Política de los Estados Unidos Mexicanos, llevar a cabo la administración, vigilancia y disciplina del Poder Judicial de la federación y ejercer la máxima autoridad jurisdiccional en materia electoral.

Preservar la libertad y la paz con justicia, fortalecer el Estado de derecho y hacer respetar las garantías individuales y sociales que consagra la Constitución Política de los Estados Unidos Mexicanos, llevar a cabo la administración, vigilancia y disciplina del Poder Judicial de la federación y ejercer la máxima autoridad jurisdiccional en materia electoral.

CUADRO F.1. *Misiones presentadas... (continuación)*

1998	1999

Instituto Federal Electoral

Es el organismo público autónomo responsable de la función estatal de organizar las elecciones federales.

Es el organismo público autónomo responsable de organizar y garantizar la celebración periódica y pacífica de las elecciones federales.

Tribunales Agrarios

Los tribunales agrarios son órganos federales dotados de plena jurisdicción y autonomía a los que corresponde impartir justicia en materia agraria, resolviendo los juicios agrarios para garantizar la seguridad jurídica de la tenencia de la tierra y los derechos agrarios de los campesinos.

Impartir justicia en materia agraria para garantizar la seguridad jurídica de la tenencia de la tierra y los derechos de los campesinos.

Tribunal Fiscal de la Federación

El Tribunal Fiscal de la Federación tiene como misión resolver, con plena autonomía, las controversias que se generen por las resoluciones de los órganos de gobierno que afectan la esfera jurídica de los particulares, de acuerdo con la legislación aplicable, a fin de garantizar la justicia administrativa.

Resolver con plena autonomía, en forma gratuita, las controversias entre la administración pública federal y los particulares, de manera pronta, completa e imparcial para contribuir al avance del Estado de derecho, a salvaguardar el respeto del orden jurídico, la seguridad, la paz social y el desarrollo democrático.

Productora e Importadora de Papel, S.A. de C.V.

La misión conferida a esta entidad es la de comercializar papeles para la industria editorial, con calidad y precios competitivos internacionalmente.

No fue presentada en el PPEF.

CUADRO F.1. *Misiones presentadas... (continuación)*

1998	1999

Lotería Nacional para la Asistencia Pública

Apoyar económicamente las actividades a cargo del Ejecutivo federal en el campo de la asistencia pública, destinando a este fin los recursos que obtenga mediante la celebración de sorteos con premios en efectivo.

Organismo público descentralizado, constituido para apoyar económicamente las actividades a cargo del Ejecutivo federal en el campo de la asistencia pública, destinando a este fin los remanentes de recursos que obtenga mediante la celebración de sorteos para beneficiar social y económicamente a las clases más desprotegidas.

Compañía Nacional de Subsistencias Populares

Subsidiar la tortilla de maíz para consumo humano de precio controlado por conducto de la industria harinera y molinera; otorgar el suministro de maíz a la industria molinera y en zonas rurales a través de Diconsa; y, fomentar el desarrollo de mercados regionales, participando como comprador de última instancia para los cultivos de maíz y del frijol.

El Ejecutivo federal instrumentará las acciones para desincorporar por extinción a la Compañía Nacional de Subsistencias Populares, durante 1999, de conformidad con los artículos 16 de la Ley Federal de las Entidades Paraestatales y 6 y 7 de su Reglamento. El gobierno federal, a través de otras dependencias y entidades, podrá apoyar la comercialización de maíz, garantizar el abasto rural de maíz a través de las empresas del Sistema de Distribuidoras de Conasupo, y regular la estacionalidad y el volumen de las importaciones de leche en polvo.

CUADRO F.1. *Misiones presentadas... (continuación)*

1998	1999

Aeropuertos y Servicios Auxiliares

Administrar, operar, modernizar, construir y conservar la red aeroportuaria encomendada al organismo, así como proporcionar servicios a las operaciones aeronáuticas y brindar los servicios auxiliares conexos a la actividad

Administrar, operar, modernizar, construir y conservar la red aeroportuaria encomendada al organismo, así como elevar los niveles de eficiencia, eficacia, seguridad y calidad de los servicios aeroportuarios y conexos que preste a los pasajeros, al público y a la aviación en general.

Caminos y Puentes Federales de Ingresos y Servicios Conexos

Modernizar, ampliar, conservar y administrar la infraestructura básica de transporte carretero, a fin de impulsar la expansión de actividades económicas y sociales, así como el intercambio de bienes y servicios, a través de la oferta de carreteras y puentes de cuota.

Administrar, operar, conservar, rehabilitar, expandir, modernizar y construir la infraestructura de caminos y puentes de peaje de altas especificaciones, para facilitar el desplazamiento de personas y bienes, con seguridad, rapidez y economía, a través de la prestación de servicios de calidad.

Ferrocarriles Nacionales de México

Administrar y operar los Ferrocarriles Nacionales Mexicanos, atendiendo el transporte de carga para el mercado nacional e internacional, en forma individual o integrada, con eficiencia, calidad y seguridad, así como el traslado de pasajeros para el servicio de grupos de población de bajos ingresos y en zonas aisladas.

Atender con eficiencia, calidad y seguridad el servicio de transporte de carga nacional e internacional, así como el servicio de transporte de pasajeros para grupos de población de bajos ingresos y en zonas aisladas.

CUADRO F.1. *Misiones presentadas... (continuación)*

1998	1999

Comisión Federal de Electricidad

Proporcionar en el país el servicio público de energía eléctrica, en condiciones adecuadas de cantidad, calidad, oportunidad, precio y atención a los consumidores, para promover el desarrollo social, sin afectar el ecosistema.

Asegurar el servicio público de energía eléctrica en el país, en condiciones adecuadas de cantidad, calidad y oportunidad para promover el desarrollo social y económico.

Luz y Fuerza del Centro

Proporcionar en la zona central del país el servicio público de energía eléctrica, en condiciones adecuadas de cantidad, calidad, oportunidad, precio y atención a los usuarios.

Proporcionar en la zona central del país el servicio público de energía eléctrica, en condiciones adecuadas de cantidad, calidad, oportunidad y atención a los usuarios.

Petróleos Mexicanos

Petróleos Mexicanos tiene como objetivo ejercer la conducción central y la dirección estratégica de todas las actividades que abarca la industria petrolera estatal, incluyendo en forma enunciativa más no limitativa: aprobar, conforme a la política energética nacional, la planeación y presupuesto de la industria petrolera estatal en su conjunto y evaluar el cumplimiento de los objetivos estratégicos de la misma.

Extraer petróleo crudo y gas para procesarlos de una manera eficiente a fin de abastecer de productos al consumidor, maximizando el valor de los recursos naturales relativos a la industria petrolera, cuyo cuidado le ha sido conferido por el Estado mediante una estrategia de planeación y operación que le permita mantener o superar su posición entre las mejores compañías petroleras internacionales, comprometiéndose a fortalecer los programas de seguridad industrial y de cuidado del medio ambiente.

CUADRO F.1. *Misiones presentadas... (conclusión)*

1998	1999

Instituto Mexicano del Seguro Social

La seguridad social tiene por finalidad garantizar el derecho a la salud, la asistencia médica, la protección de los medios de subsistencia y los servicios necesarios para el bienestar individual y colectivo, así como el otorgamiento de una pensión que, en su caso y previo cumplimiento de los requisitos legales, sea garantizada a los trabajadores y sus beneficiarios.

Garantizar el derecho humano a la salud, la asistencia médica, la protección de los medios de subsistencia, el goce de las prestaciones económicas de los asegurados en retiro; y los servicios sociales necesarios para el bienestar de la población derechohabiente, y de aquellas familias que de manera voluntaria se acogen a los beneficios de la seguridad social.

Instituto de Seguridad y Servicios Sociales de los Trabajadores del Estado

Contribuir al mejoramiento de los niveles de bienestar integral y calidad de vida de los trabajadores al servicio del Estado, pensionados y sus familiares derechohabientes, mediante el óptimo aprovechamiento de los recursos humanos, materiales y financieros con que cuenta el organismo, que permita el oportuno y eficiente otorgamiento de las prestaciones económicas; servicios médicos, sociales y culturales y apoyo al poder adquisitivo de la población, en estricto apego al marco jurídico vigente.

Contribuir al mejoramiento de los niveles de bienestar integral y calidad de vida de los trabajadores al servicio del Estado, pensionados y sus familiares derechohabientes, mediante el óptimo aprovechamiento de los recursos humanos, materiales y financieros con que cuenta el organismo, que permita el oportuno y eficiente otorgamiento de las prestaciones económicas; servicios médicos, sociales y culturales y apoyo al poder adquisitivo de la población, en estricto apego al marco jurídico vigente.

ANEXO G.
PROGRAMAS DISEÑADOS
CON LOS LINEAMIENTOS DE LA NEP

Aquí se presentan algunos de los programas especiales del ramo 23, Provisiones Salariales y Económicas, que se diseñaron basándose en los criterios de la NEP y que fueron presentados en el tomo II B del Proyecto de Presupuesto de Egresos de la Federación de 1998.

PROGRAMAS DEL RAMO 23:
PROVISIONES SALARIALES Y ECONÓMICAS

Misión del ramo

Proporcionar los recursos presupuestarios para atender los incrementos salariales, las erogaciones de programas especiales no sectorizables, y enfrentar las contingencias económicas.

Programas especiales del ramo 23

I. Programa de Coordinación Hacendaria con los Estados.
II. Fondo de Desastres Naturales.
III. Fondo de Variación en los Precios Internacionales.
IV. Programa de Erogaciones Contingentes.

I. PROGRAMA DE COORDINACIÓN HACENDARIA
CON LOS ESTADOS

Propósito institucional

Consolidar el federalismo por medio del fortalecimiento de las haciendas estatales y municipales.

Objetivos estratégicos

- Promover la convergencia fiscal de los tres órdenes de gobierno.
- Procurar que los tres órdenes de gobierno igualen la metodología para presentar la información sobre los ingresos, gastos, deuda y los resultados de la cuenta pública.
- Motivar la modernización de los procesos administrativos en los gobiernos estatales y municipales, así como la actualización de sus marcos jurídicos.
- Suscitar el análisis y fortalecimiento de los sistemas de seguridad social y pensiones en estos órdenes de gobierno.
- Impulsar la aplicación de estudios y evaluación de proyectos de infraestructura.

Líneas de acción para 1998

Uno de los medios para obtener resultados más favorables en el ejercicio del gasto y rendir mejores cuentas a los contribuyentes, es una atinada descentralización de responsabilidades, acompañada de la capacidad de recaudación tributaria.

El federalismo hacendario pretende determinar la estructura óptima del sector público y da las líneas generales para una división apropiada de las funciones fiscales entre los diferentes órdenes de gobierno. Así, busca unir y coordinar las acciones de los tres órdenes de gobierno para aumentar el bienestar social y fortalecer la soberanía de la nación.

El programa de federalismo hacendario tiene como tarea, primero, definir las responsabilidades entre los diferentes órdenes de gobierno; segundo, proyectar cómo se obtendrán los recursos para la producción o generación de los bienes y servicios públicos, y programar adecuadamente el gasto, para que la producción sea eficiente y atienda las necesidades presentes y futuras de la localidad.

Al determinar las actividades que deben ser descentralizadas, se busca una estructura más eficiente para la producción de bienes y la prestación de servicios públicos, y de esta manera elevar la calidad del gasto que eroga el sector público federal.

El Programa para el Nuevo Federalismo 1995-2000 establece las bases sobre las que se edifican las reformas al federalismo hacendario. Ya se han iniciado procesos de descentralización del gasto federal, los cuales abarcan los sectores de agricultura, educación, desarrollo social, y salud, entre otros; procesos que se consolidarán en la presente administración.

Estos procesos de descentralización serán el fundamento sobre el que se base el desarrollo económico de las entidades federativas. Sin embargo, el éxito de las acciones depende en buena medida del estado que guarden las finanzas de los gobiernos estatales; porque una entidad con desequilibrio financiero e incapacidad de generar ahorro, difícilmente podrá impulsar su propio desarrollo económico y, por ende, el nuevo federalismo tendrá menores posibilidades de éxito. Por lo mismo, el gobierno federal inició, como parte de los procesos de descentralización, un programa para fortalecer financieramente a las entidades federativas, con el propósito de que las entidades logren un equilibrio entre sus gastos e ingresos.

Convergencia fiscal

La experiencia nos ha demostrado que un balance presupuestario en equilibrio disminuye el peso de la deuda. Un balance presupuestario equilibrado es señal, entre otras cosas, de que el gobierno (federal, estatal o municipal) no está incurriendo en endeudamiento y de que genera un ahorro suficiente como para encauzarlo hacia actividades productivas que impulsen el crecimiento económico.

Si se desea que los gobiernos estatales y municipales, que se interrelacionan económicamente, logren el mismo nivel de desarrollo y un crecimiento económico similar, es necesario tener un balance presupuestario equilibrado que muestre un comportamiento financiero congruente con sus capacidades.

Requiere tiempo promover que las entidades federativas, desiguales en desarrollo y con diferentes niveles financieros, logren modelos fiscales similares; es decir, que alcancen la convergencia fiscal. Durante este lapso los estados tendrán que equilibrar sus finanzas reduciendo sus niveles de endeudamiento y mejorando sus sistemas de recaudación.

En suma, para que el federalismo ofrezca las mismas posibilidades de desarrollo económico equilibrado entre las regiones, es necesario, aunque no suficiente, que converjan fiscalmente.

La convergencia fiscal requiere de un periodo de transición, en el contexto de un programa factible. A ello contribuirá:

- Reducir los niveles de endeudamiento hasta que el servicio de la deuda represente menos de 10% de los ingresos totales de cada entidad federativa y municipal.
- Lograr que las entidades federativas y los municipios alcancen en el año 2000 un balance presupuestario equilibrado.
- Incrementar la generación de ingresos propios de los gobiernos locales. Esto supone mejoras progresivas en los padrones catastrales y en las políticas para la concesión de los servicios públicos.
- Mejorar los sistemas de administración y recaudación tributaria en todas las entidades.
- Homogenizar la presentación de informes financieros que faciliten la identificación, análisis y solución de los problemas financieros.
- Mejorar el marco jurídico para normar, mediante reglas claras y eficientes, los ingresos y egresos.

Avances

Al inicio del Programa de Coordinación Hacendaria con los Estados, se detectaron varios problemas, entre los que sobresalen:

- Altos niveles de endeudamiento.
- Carencia de marcos jurídicos que regulen las operaciones presupuestarias, contables y de deuda pública.
- Elevados déficit presupuestarios.
- Sistemas de información defectuosos.
- Presentación de los informes financieros en formas disímiles, lo que dificultaba el análisis financiero de las entidades.
- Sistemas de recaudación obsoletos.

El primer paso fue unificar la forma de presentar los informes financieros, para poder conocer y comparar las diversas situaciones de las entidades federativas. Ello fue posible gracias al esfuerzo conjunto que hicieron los gobiernos estatales y el gobierno federal. Con apego a derecho y respeto a las soberanías estatales, se firmaron acuerdos donde los estados se comprometieron a mejorar su desempeño financiero y a publicar información más detallada acerca del estado de sus finanzas públicas. También se acordó reducir los niveles de endeudamiento y equilibrar los balances presupuestarios.

Los resultados obtenidos por el programa manifiestan avances importantes: por primera vez se tiene un banco de datos acerca del estado que guardan las finanzas públicas de cada una de las entidades federativas; se ha restructurado en unidades de inversión (UDI) la totalidad de la deuda estatal-municipal y la de sus respectivos organismos. El Congreso de la Unión aprobó una reforma al artículo noveno de la Ley de Coordinación Fiscal para promover que el otorgamiento del crédito se haga teniendo en cuenta la evaluación del proyecto de inversión y la posición financiera de la entidad.

La restructuración de la deuda se elaboró caso por caso, teniendo como norma criterios financieros. Esto permitió amortizar parte de la misma con los recursos del programa y solucionar el sobreendeudamiento en varias de las entidades.

Acciones por cumplir

Si bien el programa ha rendido resultados positivos, persisten desequilibrios financieros en algunas de las entidades. Esto se debe a que algunas de ellas tenían disparidades financieras importantes antes del programa. El tiempo transcurrido hasta ahora no ha sido suficiente para que se ajusten al nuevo esquema de convergencia fiscal. Es importante dar el tiempo necesario para que el Programa de Coordinación Hacendaria con los Estados consolide los procesos que permitan que la convergencia fiscal sea lograda por las entidades federativas.

El programa debe seguir creando incentivos suficientes para estimular a los gobiernos de los estados a resolver los problemas financieros. Estos incentivos deben estimular las respuestas de las entidades federativas en vista a la solución de sus propios problemas; para que gracias a los incentivos y a la corresponsabilidad de las entidades federativas, puedan solucionarlos, sin aumentar necesariamente y en forma incondicional los flujos monetarios. El efecto de esta forma de transferencia en el gasto público de los gobiernos estatales y municipales, es equivalente al que tiene un aumento del ingreso.

Así, se requiere que los recursos se transfieran con base en reglas claras y transparentes, que incluyan incentivos para solucionar de raíz los problemas estructurales.

Bases para la distribución de recursos

El programa contiene incentivos para que las entidades federativas con dificultades financieras se entusiasmen por buscar soluciones definitivas. El programa debe, además, promover la disciplina financiera y la inversión productiva en las entidades que ya han gozado beneficios por mantener finanzas sanas. Para esto, se propone que la transferencia de recursos se haga de acuerdo con las siguientes disposiciones:

1. El gobierno federal apoyará las entidades que aún no resuelven sus problemas, en la medida en que éstas vayan logrando mejoras en sus resultados fiscales. Para hacer posible esas mejoras, es imprescindible moderar el crecimiento del gasto estatal; buscar fuentes de ingresos y mejorar sistemas de recaudación; reducir las erogaciones de manera permanente, abriendo el concesionamiento de activos y servicios, medida que sin duda contribuirá a mejorar la calidad de los servicios públicos.

2. Se asignarán recursos a las entidades que ya han saneado sus finanzas, en la medida en que se realicen los procesos de mejora en la concesión de los servicios públicos y en que se vayan adoptando otras medidas estructurales para mantener equilibradas las finanzas. Los recursos podrán destinarse exclusivamente a la inversión en infraestructura.

3. Se apoyará también a las entidades federativas que inicien procesos de modernización en sus sistemas presupuestarios,

contables, de pagos y de control de nóminas. Los recursos se asignarán con base en el costo de los programas.

Para precisar el monto total del apoyo, se considerarán los resultados del análisis de su situación financiera que se hagan por entidad federativa, en particular los relacionados con la aplicación de indicadores financieros que muestren el esfuerzo y el cumplimiento de los compromisos adquiridos de cada una de ellas.

Los municipios

El Programa de Coordinación Hacendaria deberá extenderse a los municipios por medio de los estados, con total respeto a la soberanía estatal y municipal, y en estricto apego a los marcos jurídicos federales y estatales, pues muchos problemas de los señalados también se dan en el orden municipal. Por ello, se propone que los gobiernos estatales emprendan acciones similares a las del programa, para que los municipios se preparen a recibir las responsabilidades que se les asignen, de acuerdo con el Programa para el Nuevo Federalismo 1995-2000. Debe destacarse que las transferencias hacia los municipios se harán basándose en criterios rigurosos, transparentes y equitativos.

Para iniciar estas acciones, el programa propone que los estados demandantes de apoyo cuenten con una Ley de Coordinación Fiscal estatal, que establezca dentro de la entidad la distribución de las participaciones federales, su forma y mecanismo de entrega de recursos, y la base de distribución que facilite la identificación de otros recursos federales.

Las entidades federativas desempeñarán un papel importante en esto, pues hay que evitar que se les utilice como prestamistas de última instancia. Para ello, es importante que los estados, junto con sus municipios, realicen estudios de factibilidad en la concesión de servicios públicos, actualización de padrones catastrales y de contribuyentes, así como de modernización de sus sistemas administrativos, acciones que les permitirán acrecentar sus recursos propios.

Principios y normas de funcionamiento

Principios:

- El Programa debe ser de carácter temporal.
- Debe atender sólo a la resolución de problemas financieros de los estados; de ninguna manera debe entenderse como un programa resarcitorio o compensatorio a las participaciones federales u otros programas federales o de procesos de descentralización del gasto.
- Deberán detectarse los problemas con base en la información financiera del estado.
- Ante la existencia de uno o más problemas, se atenderá prioritariamente el que permita liberar presiones en el flujo de efectivo.
- Se dispondrá de los recursos según calendarización.
- No podrán aplicarse los recursos transferidos a otro objetivo diferente del que sustentó su otorgamiento.

Normas:

- Los estados presentarán por escrito su solicitud de apoyo, acompañada del presupuesto de cierre del año que concluye y del presupuesto aprobado por su Congreso para el año en curso.
- La disposición de los recursos del apoyo que se acuerde, se hará conforme al calendario que señale el mismo flujo financiero, como resultado del análisis hecho a cada estado.
- Toda disposición de apoyo estará convenida y establecida en un Convenio para el Fortalecimiento de la Coordinación Hacendaria, que incluya compromisos, acciones, y el tiempo y forma de evaluarlos.
- Los convenios contendrán el seguimiento jurídico del marco presupuestario; la recomendación de medidas correctivas requeridas por el presupuesto del año; la aplicación de herramientas presupuestarias semejantes a las del gobierno federal; la adopción de nuevos instrumentos de control; la evaluación y compromisos en materia de recaudación; la recomendación respecto a legislar en materia de inversión, para

que se determine la que corresponda aportar a los estados y la correspondiente a los municipios, la obra pública y las adquisiciones, y la recomendación de fomentar la aportación para el incremento del Fondo de Desastres Naturales. Así se formará una conciencia de previsión que conduzca a una mutualidad entre las entidades federativas.

- Un elemento especial que contendrán los convenios serán los compromisos por los que se obliguen a presentar pronósticos financieros que aseguren el fortalecimiento progresivo de sus fondos.
- Los convenios contendrán la autorización expresa del estado para que el resultado del análisis financiero y la información soporte se haga del conocimiento de la Cámara de Diputados o de su órgano fiscalizador, si lo consideraren conveniente para las labores de revisión e información.
- El estado deberá negociar para cada caso específico el establecimiento de un lapso razonable que le permita uniformar sus sistemas presupuestarios, contables y de pagos, así como el control de nóminas.

II. Fondo de Desastres Naturales

Propósito institucional

Prever recursos para reparar la infraestructura no asegurable del gobierno federal, estatal y municipal, dañada por un desastre de la naturaleza.

Objetivos estratégicos

- Complementar los sistemas de prevención, de protección civil y de apoyo a damnificados.
- Constituir un fondo financiero para reparar los daños que causen los desastres a la infraestructura y así evitar que, en el ejercicio presupuestario en curso, se afecten los programas y proyectos de las dependencias de la administración pública federal.

- Promover la participación estatal y municipal para aliviar los desastres naturales, por medio de una mutualidad integrada por los tres órdenes del gobierno.
- Impulsar el aseguramiento de los bienes de la administración pública federal, estatal y municipal.
- Aplicar un sistema de seguro/reaseguro para la infraestructura no asegurable.

Líneas de acción para 1998

Una gran parte del territorio nacional está expuesta a sufrir desastres naturales cuyos efectos no son previsibles. Menos aún se puede estimar cuánto dure la recuperación de la zona afectada; esto sólo se sabe después del siniestro. La falta de previsión financiera para atender esas situaciones puede ser de enormes consecuencias ya que, además del siniestro, los costos de recuperación causarán un profundo menoscabo económico. Es indiscutible que después de un desastre natural, las finanzas del país, estado, municipio o región, se verán muy dañadas si no se dispone de una reserva financiera.

Desde 1996 el gobierno federal ha presentado en su anteproyecto del Presupuesto de Egresos un renglón destinado a constituir el Fondo de Desastres Naturales para acopiar recursos financieros que permitan afrontar los daños que conlleve un desastre natural. Estos recursos son complementarios a los rubros presupuestarios autorizados a las dependencias que operan el Sistema Nacional de Protección Civil. Debe considerarse que las provisiones presupuestarias del gobierno federal, son para atender siniestros que ocurran durante el ejercicio fiscal y que se califiquen como daños a la infraestructura no asegurable de las dependencias del Ejecutivo federal, o para el apoyo temporal a damnificados por fenómenos naturales no previsibles.

Se ha dispuesto que, para su ejercicio, este fondo tenga tres áreas de operación:

1. *Fondo para Desastres Naturales/Infraestructura*: atenderá la reparación o restitución de los daños causados en la infraestructura básica no asegurable.

2. *Fondo de Desastres Naturales/Agropecuario*: complementará los presupuestos y programas específicos de las dependencias federales del sector, y atenderá los requerimientos de atención inmediata para recuperar la productividad del área agrícola siniestrada. Este complemento presupuestario será transitorio y por única vez. La causa deberá ser el efecto de un desastre natural no previsible.

3. *Fondo de Desastres Naturales/Apoyo a Damnificados*: Esta cuenta operará principalmente como una cobertura adicional que permitirá disponer recursos para apoyar a la población afectada de bajos ingresos con pocas posibilidades de acceder al aseguramiento privado.

Los recursos se otorgarán por medio de las dependencias federales relacionadas sectorialmente con la infraestructura por reparar. Estas asignaciones presupuestarias significan una ampliación del presupuesto autorizado de la dependencia ejecutora. Así, además de que los recursos forman parte del presupuesto, el gasto también se reporta en la Cuenta de la Hacienda Pública Federal.

Las asignaciones que se proponen en la estrategia programática del Fondo de Desastres Naturales son estimadas en función de la experiencia obtenida a la fecha. Las asignaciones definitivas, en su caso, se harán previa autorización de la Comisión Intersecretarial de Gasto/Financiamiento y en función de los eventos que ocurran durante 1998.

Cobertura de riesgos

Los daños que se cubrirán, tanto en la infraestructura como en el apoyo a damnificados, serán los derivados de los siguientes riesgos:

• Sísmicos, geológicos o tectónicos:

Terremoto.
Erupción volcánica.
Movimientos de terreno.

Maremoto y tsunami.
Deslaves.
Aludes.

- Hidrometeorológicos:

Ciclón.
Huracán.
Tormenta.
Nevadas, granizadas, heladas atípicas o situaciones climatológicas inéditas.
Inundaciones.
Vientos de alta velocidad, incluyendo tornados y golpes de mar.

Reglas de funcionamiento

El Fondo de Desastres Naturales entrará en funcionamiento en cuanto aparezca una declaración oficial de desastre natural y la dependencia federal o estado afectado presente ante la Comisión Intersecretarial de Gasto/Financiamiento la justificación correspondiente, que llevará adjunto un programa de acciones, el cual deberá ser sometido a dictamen, evaluación y aprobación. Los siniestros en infraestructura no asegurable que se podrán incorporar serán los relacionados directamente con causas del mismo desastre natural.

Para disponer de recursos destinados a la infraestructura será necesario contar con el dictamen de las secretarías de Comunicaciones y Transportes, Energía, Desarrollo Social, Contraloría y Desarrollo Administrativo, Hacienda y Crédito Público, de la Comisión Nacional del Agua, y de Agroasemex, como peritos expertos tanto en seguros como en daños. El destino de los recursos estará claramente señalado por obra a ejecutar plazo de ejecución, y calendario. La aplicación de los recursos deberá ser sujeto de auditoría.

Para disponer de recursos destinados al sector agropecuario, la Secretaría de Agricultura formulará y presentará la solicitud de fondos, que irá acompañada de dos dictámenes técnicos: el de evaluación y alcance agrícola, que deberá practicar Agroasemex, en el que se justifique el monto solicitado y se garantice que las causas fueron generadas por desastre natural no previsible, y el *dictamen presupuestario*, que elaborará la Dirección General de Programación y Presupuesto, Agropecuaria, Abasto, Desarrollo Social y Recursos Naturales de la Secretaría de Hacienda y Crédito Público. Esta área informará si la capacidad presupuestaria de la dependencia es adecuada y si el tipo de programas por atender tiene presupuesto.

El *Fondo de Desastres Naturales/Apoyo a Damnificados* funcionará, como complemento del Sistema Nacional de Protección Civil, conforme a un programa específico de acciones por realizar de manera temporal, por ejemplo: distribuir agua potable y despensas y proporcionar albergue. Esta rama del Fondo de Desastres Naturales es la única que podrá apoyar a los damnificados por las sequías mediante la generación de empleos temporales. Para su ejercicio funcionará por medio de una solicitud a las secretarías de Gobernación, Desarrollo Social o Agricultura, Ganadería y Desarrollo Rural.

Acceso a los recursos

- Se requerirá la evaluación de los daños a la infraestructura y el programa correspondiente de reparación. En el caso de damnificados, presentar un programa integral acerca del destino de los recursos y sus objetivos a corto y mediano plazos.
- Será necesaria la aprobación de la Comisión Intersecretarial de Gasto/Financiamiento.
- Se creará una comisión de carácter transitorio, responsable de vigilar la aplicación de los recursos, que dependerá directamente del gobernador o de un secretario. La comisión será responsable de informar a su respectivo congreso acerca de la aplicación de los recursos y los resultados alcanzados.
- Las disposiciones se efectuarán de acuerdo con una calendarización presentada por la dependencia o estado y validada por el comité técnico.
- Los recursos pasarán a formar parte de los presupuestos del año en el que se ejerzan.

Participación estatal y municipal

Los remanentes presupuestarios que se lleguen a presentar se encauzarán al fideicomiso denominado Fondo de Desastres Naturales, el cual administrará las reservas financieras para afrontar los siniestros naturales sin afectar resultados presupuestarios. A este fideicomiso concurrirán recursos federales, estatales y municipales, una vez establecidas las primas y aportaciones. El propósito de que los tres órdenes de gobierno contribuyan al fondo con recursos es crear una reserva financiera para atender de manera similar la reparación de los daños causados por un desastre natural a la infraestructura pública no susceptible de ser asegurada.

Con este fideicomiso, además de crear entre los tres órdenes de gobierno un principio de mutualidad para atender los siniestros causados por un desastre natural, también se establecen las reservas financieras y aseguramiento de bienes que pueden aumentar su cobertura por medio del reaseguro.

Definiciones

Mutualidad. Conjunto de riesgos individuales y similares, cuya probabilidad de afectación por siniestro se distribuye normalmente en el tiempo.

Desastre natural. Fenómeno natural no predecible, que causa daños severos no previsibles en un tiempo y un espacio limitados, y cuya periodicidad es imposible de pronosticar.

Fondo de Desastres Naturales. Programa del gobierno federal que promueve entre los gobiernos estatales y municipales la creación de reservas financieras para enfrentar los daños que cause un desastre natural a la infraestructura no asegurable de los tres órdenes de gobierno.

Alcances del fideicomiso Fondo de Desastres Naturales

Para su operación se ha determinado constituir en el fideicomiso dos cuentas:

1. Desastres Naturales/Infraestructura. Atenderá la reparación o restitución de los daños causados en la infraestructura básica no asegurable de los tres órdenes de gobierno.

2. Desastres Naturales/Apoyo a Damnificados. La cuenta funcionará sobre todo como una cobertura adicional que permitirá disponer de recursos para apoyar a la población de bajos ingresos, con pocas posibilidades de acceder al seguro privado.

Para crear el fideicomiso se impulsará la participación de gobiernos estatales y municipales en el Fondo de Desastres Naturales. Para ello, se promoverá la aportación de una prima de riesgo igual a 1% de las participaciones federales a recibir en el ejercicio, de acuerdo con el oficio de comunicación que les remite la Secretaría de Hacienda y Crédito Público. De esta prima, se propone que 80% lo cubra el gobierno estatal y 20% los municipios. En los casos en que las finanzas municipales no sean sanas, sobre todo por el tamaño del municipio, los estados podrán cubrir la prima como un apoyo adicional a estos municipios. Para el caso particular del Distrito Federal, su contribución se determinará considerando los riesgos cubiertos en virtud de la magnitud de su infraestructura.

Montos máximos por disponer

Se podrá disponer de los recursos del Fondo de Desastres Naturales hasta 70% de los saldos de las cuentas, sobre todo en lo que se refiere a fondo de infraestructura. Lo anterior, porque el manejo de los recursos debe permitir la cobertura de los reaseguros que harán posible maximizar los fondos, prever disponibilidades para otra contingencia y contar con recursos para cubrir el costo de administración.

En cuanto al Fondo de Ayuda a Damnificados se podrá emplear en su totalidad, previsto el costo de administración cuando se trate de transferir recursos al Fondo de Infraestructura. Del Fondo de Ayuda a Damnificados podrán transferirse recursos al de infraestructura y, en situaciones excepcionales y justificadas, se podrán hacer también traspasos en sentido inverso.

III. Fondo de Variación
en los Precios Internacionales

Propósito institucional

Prever recursos para enfrentar situaciones supervenientes en los mercados internacionales y nacionales y así evitar consecuencias negativas en las finanzas a causa de variaciones en los precios internacionales del maíz y de la leche en polvo.

Objetivos estratégicos

- Evitar o disminuir la repercusión fiscal en el subsidio generalizado a la tortilla de maíz, en la leche en polvo, y en granos básicos, por variaciones en el precio internacional respectivo.
- Evitar que las variaciones en los precios internacionales afecten los programas de abasto social.
- Asegurar la comercialización de granos básicos ante las variaciones del precio internacional.

Líneas de acción para 1998

En los últimos cinco años la producción mundial de maíz ha presentado fluctuaciones que provocan comportamientos erráticos en el mercado. La producción mundial se centraliza 40% en los Estados Unidos, por lo que un ligero descenso de la producción repercute en el mercado y provoca variaciones en el nivel de los precios internacionales. Por su parte, 65% del consumo está concentrado en cinco países; México ocupa el cuarto lugar. El consumo mundial promedio del maíz en los años recientes ha sido de 533.7 millones de toneladas (mt), cantidad ligeramente superior a la producción, la cual se sitúa en 532.3 mt. En 1995-1996 el consumo creció 0.92% y la producción decreció en 8.2%. Estos factores son determinantes en la escalada de precios y en el descenso de los inventarios, porque presionan hacia el alza la cotización internacional del precio del maíz y en consecuencia limitan las posibilidades de compra de los países.

Esta situación es parecida a la que se presenta en la relación producción/consumo mundial de leche, en la cual la producción nacional tiene un déficit de 40% en leche fresca; para satisfacer las necesidades internas, se tiene que recurrir al comercio mundial e importar leche en polvo.

Es necesario que se vigilen de manera permanente las tendencias generales del comercio internacional de productos agropecuarios, en particular las del maíz y de la leche, para aprovechar las oportunidades del mercado y actuar oportunamente para evitar problemas por variaciones en los precios internacionales.

Acciones por seguir

De los programas con subsidio al consumo, dos tienen costos muy relacionados con las variaciones de precios internacionales: el del subsidio generalizado a la tortilla y el de la leche distribuida por Liconsa.

Para el primero, el subsidio se otorga por medio de la industria molinera, tanto de nixtamal como el de la industria de harina de maíz. Con ello se asegura un precio que permite a los tortilleros vender su producto de acuerdo con el precio oficial. Para el segundo, el subsidio se confiere mediante el programa de abasto social, instrumentado por el gobierno federal, en el cual se fija el precio por debajo del costo real del producto.

En 1998, para asegurar que los cambios en los precios internacionales no presionaran los precios internos, y evitar así tensiones en las finanzas públicas, se determinó suministrar recursos por 1 214.9 millones de pesos para cubrir una posible alza en los precios internacionales del maíz y de la leche. Con ello se pretendió eliminar consecuencias semejantes a las de 1996, cuando al subir el precio internacional del maíz por encima de la barrera histórica de cotización, los efectos presupuestarios fueron superiores a tres mil millones de pesos.

Con este fondo se pretendió mantener sin alteración tanto el precio como el volumen. El cálculo del subsidio se hizo con base en la metodología de *precios de indiferencia*, que tiene en cuenta la cotización promedio quincenal del mercado de futuros del Chicago Board of Trade (CBOT). La provisión de recursos equivalía a proteger un crecimiento de 20% en la cotización internacional del precio del maíz, programada en el presupuesto de Conasupo.

En cuanto al programa social de leche que operaba Liconsa, fue necesario importar leche en polvo, debido al déficit de la producción nacional y a sus bajos niveles de calidad. Sin embargo, el precio fijado al consumidor no reflejaba los costos y gastos incurridos en la adquisición del producto, ni los de su rehidratación, procesamiento, empaquetado y distribución. El subsidio estaba calculado en relación con la diferencia entre el costo de adquisición de la leche en polvo importada y el precio de venta, que es el concepto que más incidía en el subsidio. El fondo ayudaba también, a mantener, en caso de sobrevenir variaciones en el mercado, en el mismo nivel tanto el precio como el volumen del artículo.

En los tres últimos años, el precio internacional de la leche había sido de 2 139.7 dólares por tonelada, en promedio, lo que representaba una variación de 30%. Para 1998, se contempló una provisión equivalente a una variación de 10 por ciento.

Por último, para el programa de apoyos a la comercialización agropecuaria se planeó una reserva de 429.3 millones de pesos, con la pretensión de evitar efectos en el presupuesto en caso de una caída del precio internacional de los granos básicos; lo cual perjudicaría a los productores del grano.

IV. PROGRAMA DE EROGACIONES CONTINGENTES

Propósito institucional

Proporcionar recursos para dar cumplimiento a lo establecido en el Artículo 74, fracción IV de la Constitución Política de los Estados Unidos Mexicanos.

ANEXO H.
GLOSARIO DE LA NEP[1]

actividad institucional: es el conjunto de tareas que realizan las unidades responsables para dar cumplimiento a su misión. La actividad institucional sintetiza el quehacer de las unidades ejecutoras responsables de los recursos públicos.

estructura programática: es el "armazón" del presupuesto desde la perspectiva funcional. Se define como el conjunto de *funciones, programas, actividades* y *proyectos* ordenados sistemáticamente para guiar la asignación de los recursos. La estructura programática consta de dos componentes principales: las *categorías* y los *elementos*.

categorías programáticas: es el primer grupo de componentes de una *estructura programática*. Su propósito es ordenar, clasificar y registrar el gasto público desde la perspectiva funcional. Las categorías programáticas son: *función, subfunción, programa sectorial, programa especial, actividad institucional, proyecto de inversión* y *proyecto institucional*.

elementos programáticos: es el segundo grupo de componentes de una estructura programática. Su propósito es calificar con información cualitativa o física lo que se pretende lograr en las categorías. Los elementos programáticos son: *misión, propósito institucional, objetivo, indicador estratégico* y *meta del indicador*.

función: es el campo de acción que el marco jurídico le establece al sector público federal. Corresponde al nivel más general del gasto. En la NEP, la función sustituye a los sectores de la clasificación sectorial económica que se había utilizado en las exposiciones de motivos de los proyectos de presupuesto de egresos de años anteriores a 1998.

---

[1] Basado en el documento *Reforma al Sistema Presupuestario. La Nueva Estructura Programática* (NEP), UPCP-SHCP, 1998, y en el *Catálogo de Categorías Programáticas de la Administración Pública Federal*, SHCP, 1999.

indicador estratégico: los indicadores son parámetros que miden el comportamiento de un fenómeno o un proceso. En el
contexto de la APF son los que miden el logro de los objetivos
de los programas gubernamentales o actividades institucionales, por medio de las cuales las dependencias y entidades
dan cumplimiento a su misión y objetivos. Los indicadores
por lo general son índices que muestran relaciones cuantita-
tivas entre variables, proporcionando información acerca de
los resultados obtenidos respecto a los desafíos propuestos
en la planeación. Los responsables del cumplimiento de los
indicadores estratégicos son los titulares de las dependencias y las entidades paraestatales.

meta del indicador: es el valor numérico que se asigna a un *indicador* y es el objetivo cuantitativo que se pretende lograr; la
meta se establece con base en estándares, en un proceso de
optimización restringida o es el resultado de una negociación.

misión: es el encargo fundamental que tiene una dependencia,
entidad paraestatal o unidad responsable. Es la razón que
justifica su existencia.

objetivo: es la finalidad concreta que pretende lograrse para dar
cumplimiento a la misión o a los propósitos institucionales.
El objetivo describe de manera cualitativa y precisa lo que se
pretende.

programa especial: son programas que se diseñan con objetivos
muy concretos, que se encuentran alineados a uno o varios
programas sectoriales. Los programas especiales se crean para
resolver una problemática determinada.

programa sectorial: son las políticas públicas prioritarias para
el desarrollo nacional. Se diseñan cada seis años y se enlistan
en el PND. Los programas sectoriales son el marco de referencia para la planeación, programación y el presupuesto y
contienen estrategias concretas de desarrollo para lograr los
objetivos del PND.

propósito institucional: equivale a la *misión*, pero se usa para
denotar la justificación última de un *programa especial*, de
una *actividad institucional* o de los *proyectos*.

proyecto de inversión: es la obra o conjunto de obras públicas
que tiene como objetivo aumentar o mejorar los productos o
servicios, públicos o privados. La ejecución de proyectos de

inversión siempre incrementa el acervo de los activos fijos del país.

proyecto institucional: es una propuesta concreta de actividades con el propósito de mejorar la producción de un bien, la prestación de un servicio o la operación de una UR o dependencia. Incrementa la capacidad productiva de los activos existentes.

subfunción: es la subdivisión de una *función*. Se crea para mostrar con mayor detalle la participación del sector público federal en los sectores económicos o sociales.

ANEXO I.
LA LÓGICA DE AGREGACIÓN
Y PRELACIÓN DE LA NEP

La Nueva Estructura Programática está diseñada para conocer el monto del gasto neto total en distintos niveles de generalidad de acuerdo con las categorías programáticas. Así, cualquier persona puede conocer qué porcentaje del gasto total se destina a una función x, a un programa y, a una actividad institucional z, o a un proyecto w, a la vez que se conoce el resultado obtenido por medio de los indicadores. Esto es posible gracias a la prelación entre categorías y elementos con la que fue diseñada la NEP.

Como se estableció en el capítulo V, la función es el nivel más general de actividad gubernamental; así, todo el gasto público está comprendido en ellas. Para cumplirlas, el sector público federal elabora un conjunto de programas sectoriales y especiales, a los cuales se les asignan los recursos de la función y la subfunción. Finalmente, al aplicar un programa se efectúan actividades institucionales y proyectos, los cuales tienen también recursos.

La ejecución de una actividad institucional está a cargo de una unidad responsable, la cual tiene una misión, objetivos, indicadores y metas. De esta manera, la NEP relaciona funciones con programas, responsables y presupuesto. Los indicadores, por su parte, nos dicen qué tanto se cumplieron los objetivos de los programas, las actividades o los proyectos (véanse las figuras I.1, I.2, I.3 y cuadro I.1).

FIGURA I.1. *NEP: prelación entre categorías y elementos*

→

Categorías / Elementos	F	SF	PS	PE	AI	PK	PI	UR	MIS	OBJ	ID	M
F	▨	═	●	●	●	═	═	●	○	○	○	○
SF		▨	●	●	●	═	═	●	○	○	○	○
PS			▨	●	●	═	═	●	●	●	○	○
PEᵃ				▨	●	═	═	●	●	●	●	○
AI					▨	═	═	●	●	●	●	○
PK						▨	○	●	●	●	●	○
PI							▨	●	●	●	●	○
UR								▨	●	●	●	○
MIS									▨	●	○	○
OBJ										▨	●	○
ID											▨	●
M												▨

ᵃ "¿Todo PE tiene asociado(a) de manera directa un PK/PI, una AI, una UR, una MIS, un OBJ, un ID o una meta?"

● Siempre

═ Algunas veces

○ Nunca

FIGURA I.2. *NEP: prelación entre categorías*

Categorías	F	SF	PS	PE	AI	PK	PI
F	▒						
SF	●	▒					
PS	●	●	▒				
PEᵃ	●	●	●	▒			
AI	●	●	●	●	▒		
PK	●	═	●	●	●	▒	
PI	●	═	●	●	●	○	▒

⟶

ᵃ "¿Un PE forma parte de una F, de una SF o de un PS?"

FIGURA I.3. *NEP: prelación entre categorías y elementos*

Categorías Elementos	Fᵃ	SF	PS	PE	AI	PK	PI	UR
MIS	○	○	●	●	●	●	●	●
OBJ	○	○	●	●	●	●	●	En virtud de que todas las UR están asociadas a AI, sus elementos programáticos son los mismos que los de la AI.
ID	○	○	○	●	●	●	●	
M	○	○	○	●	●	●	●	

ᵃ "¿Toda F tiene asociado(a) de manera directa una MIS, un OBJ, un ID o una meta?"

● Siempre

○ Nunca

CUADRO I.1. *NEP: identidades*

1. Gasto neto total:	$GNT = \sum_{i=1}^{21} F_i$
	$GNT = \sum_{j=1}^{36} PS_j$
	$GNT = \sum_{h=1}^{n} UR_h$
2. Gasto de una función:	$F_i = \sum_{j=1}^{m} UR_{ij}$
3. Gasto de una UR:	$UR_j = \sum_{q=1}^{w} AI_{jq}$
4. Gasto de una AI:	$AI_q = \sum_{b=1}^{9} CAP_{qb}$

GNT: Gasto neto total; F: Función; PS: Programa sectorial; UR: Unidad responsable; AI: Actividad institucional, y CAP: Capítulo de gasto.

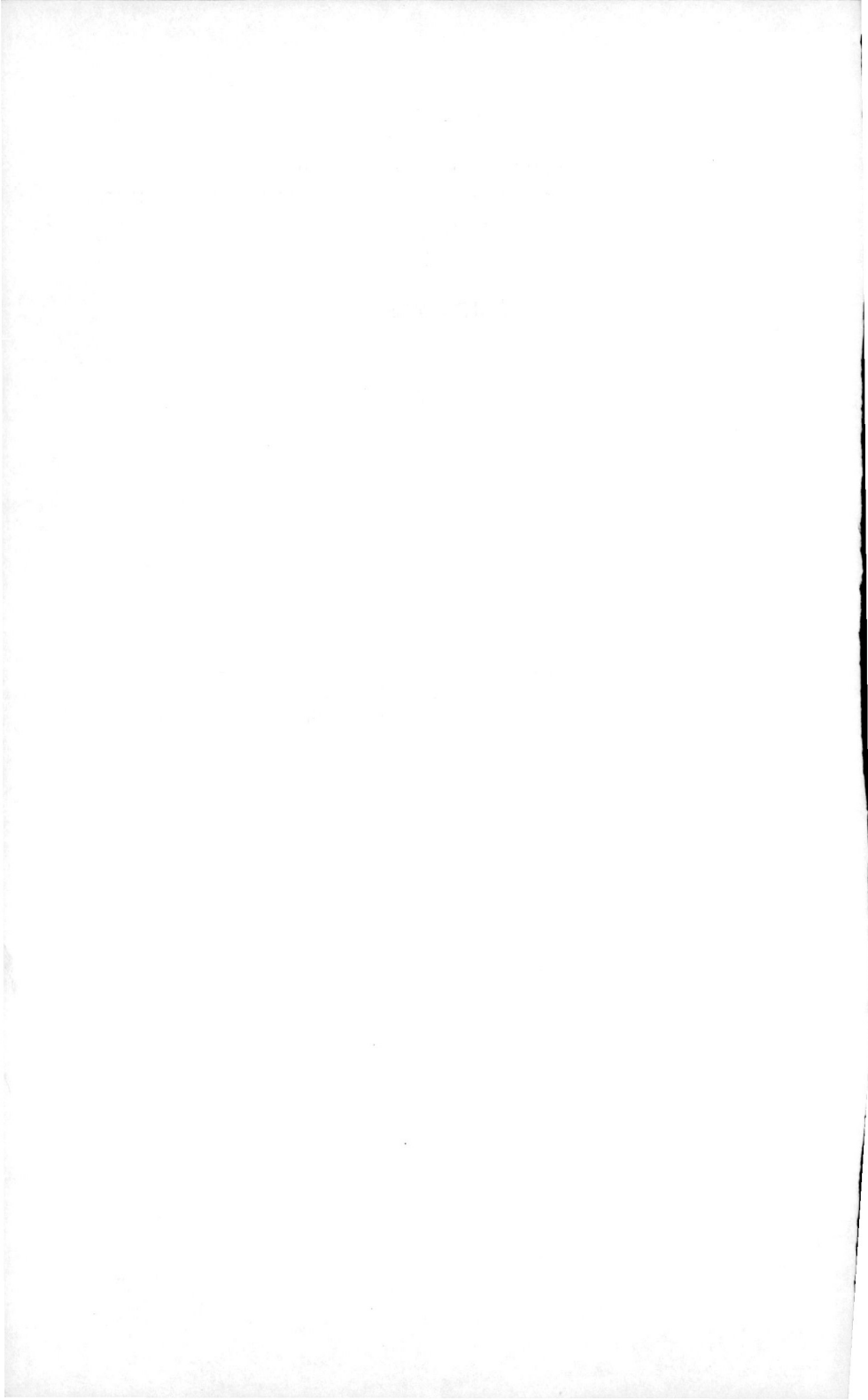

BIBLIOGRAFÍA

Algunos aspectos del gasto público en México, SHCP, México, 1998.

Alston, Lee J., Thrainn Eggerstson y Douglass C. North, *Empirical studies in Institutional Change*, Cambridge University Press, Londres, 1996.

Amadeo, Edward, y Marcelo Neri, *Macroeconomic Policy and Poverty in Brazil*, BID, Washington, 1998.

Anexo Estadístico del *V Informe de Gobierno* del Poder Ejecutivo, 1999.

Arendt, Hanna, *Sobre la Revolución*, Alianza Editorial, Madrid, 1988.

Aspe, Pedro, *El camino mexicano de la transformación económica*, Fondo de Cultura Económica, México, 1993.

Ayala, José, *Instituciones y economía. Una introducción al neoinstitucionalismo económico*, Fondo de Cultura Económica, México, 1999.

———, *Mercado, elección pública e instituciones*, Facultad de Economía-UNAM-Miguel Ángel Porrúa, 1996.

Banco Interamericano de Desarrollo, *Política macroeconómica y pobreza*, BID, Washington, 1999.

Borner, Aymo, "Institutional Obstacles for Latin American Growth", *Occasional Paper*, International Center for Economic Growth, San Francisco, 1993.

Budgeting and Policy (Sigma paper núm. 8), OECD, París, 1996.

Budgeting for Results, Perspectives on Public Expenditure Management, OECD-PUMA, París, 1994.

Catálogo de Actividades del Sector Público, SPP, México, 1979.

Catálogo de Categorías Programáticas de la Administración Pública Federal, SHCP, México, 1989.

Catálogo de Categorías Programáticas de la Administración Pública Federal, SHCP, México, 1999.

Chávez, Jorge, y Mario Gabriel, *Logros y retos de las finanzas públicas en México*, CEPAL, Chile, 1997.

Clasificador por objeto del gasto, SHCP, México, 1995.

Coase, Ronald H., *The Firm, the Market and the Law*, The University Chicago Press, 1988.

De Soto, Hernando, *El otro sendero*, Diana, México, 1997.

Eggerstson, Thrainn, *Economic Behavior and Institutions*, Cambridge University Press, Londres, 1989.

Ellickson, Robert C., *Order Without Law: How Neighbors settle Disputes*, Harvard University Press, 1995.

Evolución Histórica del Presupuesto de Egresos de la Federación: 1821-1979, DGE, SHCP, México.

Gamboa, Rafael, "Conditional Transfers to Promote Local Government Participation: A Policy Recommendation for Mexico", *Economía Mexicana*, vol. VII, núm. 2, México, segundo semestre de 1998.

Ganuza, Enrique, Lance Taylor y Samuel Morley, *Política macroeconómica y pobreza en América Latina y el Caribe*, BID, Washington, D. C., 1999.

Garibaldi, José Alberto, "Control de la corrupción en la provisión de servicios", manuscrito, Banco Mundial, 1999.

——, *Institutions, Contracts and Organizations*, Claude Menard (ed.), Edward Elgar, Londres, 2000.

——, "Legal Traditions, Enforcement and Rationality", artículo presentado en la II Annual Conference of the International Society of New Institutional Economics, Washington University, St. Louis, 1999.

Granovetter, Mark, "Economic Action and Social Structure: A Theory of Embeddedness", *American Journal of Sociology*, 91, noviembre, 1985, pp. 481-501.

Greif, Avner, "Contract Enforceability and Economic Institutions in Early Trade: The Mahgribi Traders' coalition", *American Economic Review*, 83(3), 1993, pp. 525-548.

——, "Contracting, Enforcement and Efficiency: Economics Beyond the Law", trabajo presentado en la Annual Bank Conference on Development Economics, Washington, 1996.

——, Paul Milgrom y Barry Weingast, "Coordination, Commitment and Enforcement: The case of the Merchant Guild", *The Journal of Political Economy*, 102 (4), 1994, pp. 745-776.

Groszyk, Walter, *Implementation of the Government Performance and Results Act of 1993*, PUMA-OCDE, París, 1995.

Hodgson, Geoffrey, *Economics and Institutions*, Wheatsheaf, Londres, 1988.

Informe sobre el desarrollo mundial, *El Estado en un mundo en transformación*, Banco Mundial, 1997.

Integrating People into Management Reform, OECD–PUMA, París, 1998.

Jurgen Brandt, Hans, *En nombre de la paz comunal*, Fundación Friedrich Ebert, Lima, 1988.

Kahler, Erich, *Historia universal del hombre*, FCE, México, 1996.

Klitgaard, Robert, *Controlling Corruption*, University of California Press, San Francisco, 1988.

———, *Institutional Adjustment and Adjusting to Institutions*, World Bank Discussion papers 303, Banco Mundial, Washington, D. C., 1995.

Koontz, Harold, *Administración*, McGraw-Hill, México, 1986.

Krueger, Anne O., "The Political Economy of a Rent Seeking Society", *American Economic Review*, 64, junio, 1974, pp. 291-303.

Ley de Planeación.

Ley de Presupuesto, Contabilidad y Gasto Público Federal.

Ley Orgánica de la Administración Pública Federal.

Lineamientos para la Concertación de la Nueva Estructura Programática (1998 y 1999), SHCP, México.

López Arratia, Alejandro, "Teoría y práctica de la administración pública en México", *Lecturas Básicas*, INAP, México, 1992.

López Presa, José Octavio (coord.), *Corrupción y cambio*, FCE, México, 1998.

Manual de Normas para el Ejercicio del Gasto Público en la Administración Pública Federal, México, 1998.

Martner, Gonzalo, *Presupuesto por programas*, Siglo XXI, México, 1995.

McMullen, Ramsey, *Corruption and the Decline of Rome*, Yale University Press, New Haven, 1998.

Menard, Claude, "Enforcement of Contractual Arrangements", presentado en la Inaugural Conference of the International Society of New Institutional Economics, Washington University, St. Louis, 1998.

Mirabeau o el político, Alianza Editorial (Col. El arquero), Madrid, 1988.

Morley, Samuel A., "La pobreza en tiempos de recuperación económica y reforma en América Latina: 1985-1995", en Enrique Ganuza, Lance Taylor y Samuel Morley, *Política macroeconómica y pobreza en América Latina y el Caribe*, BID, Washington, 1999.

———, *Poverty and Inequality in Latin America*, Johns Hopkins University Press, 1995.

Musgrave, Richard A., y Peggy B. Musgrave, *Hacienda pública, teórica y aplicada*, McGraw-Hill, México, 1995.

Naim, Moisés, "Latin America's Journey to the Market: From Macroeconomic Shocks to Institutional Therapy", *Occasional Paper*, International Center for Economic Growth, San Francisco, 1995.

North, Douglass, "A Neoclassical Theory of the State", *Structure and Change in Economic History*, Norton, 1981.

———, *Instituciones, cambio institucional y desempeño económico*, FCE, México, 1990.

———, *Structure and Change in Economic History*, Norton, Nueva York, 1981.

———, *Transaction Costs, Institutions and Economic Performance*, International Center for Economic Growth, San Francisco, 1992.

———, y Barry Weingast, "Constitutions and Commitment, The Evolution of Institutions Governing Public Choice in Seventeenth Century England", *The Journal of Economic History*, vol. 49, núm. 4, diciembre, 1994.

Olson, Mancur, "Dictatorship, Democracy and Development", *American Political Science Review*, vol. 87, núm. 3, septiembre, 1993.

———, *The Logic of Collective Action*, Harvard University Press, Cambridge, Mass., 1965.

———, *The Rise and Decline of Nations*, Yale University Press, New Haven, 1982.

"Performance management in Government", *Occasional Paper*, núm. 9, PUMA–OECD, París, 1996.

Perry, Guillermo, y Shahid J. Burki, *Beyond the Washington Consensus, Institutions Matter*, Banco Mundial, Washington, 1998.

Plan Nacional de Desarrollo 1995-2000, Presidencia de la República, México.

Porto, Alberto, "El papel del presupuesto en programas de estabilización con crecimiento", *Revista Presupuesto y Gasto Público*, XIX Seminario Internacional e Ibérico del Presupuesto Público, Ministerio de Economía y Hacienda, España, 1992.

Programa Nacional de Financiamiento del Desarrollo 1997-2000.

Programa Nacional de Modernización de la Administración Pública 1995-2000.

Proyectos de Presupuestos de Egresos de la Federación 1977-2000.

Putnam, Robert, *Making Democracy Work*, Harvard University Press, Massachusetts, 1996.

———, S. Pharr y R. Dalton, "What is troubling in the trilateral democracies?", *The Economist*, 17 de julio, 1999.

Reforma al Sistema Presupuestario. La Nueva Estructura Programática (NEP), SHCP, México, 1988.

Reyes Heroles, Federico, *Memorial del mañana*, Taurus, México, 1999.

Romer, David, *Advanced Macroeconomics*, McGraw-Hill, 1996.

Sandler, Todd, *Collective Action: Theory and Applications*, University of Michigan Press, Ann Arbor, 1992.

Segura Sánchez, Julio, "El gasto en la década de los ochenta y perspectivas para los noventa", *Revista Presupuesto y Gasto Público*, XIX Seminario Internacional e Ibérico del Presupuesto Público, Ministerio de Economía y Hacienda, España, 1992.

Sen, Amartya, *Development as Freedom*, Knopf, Nueva York, 1999.

Sistema Nacional de Planeación Democrática, Principios y Organización, SPP, México, 1985.

Smith, Adam, *The Wealth of Nations*, 2 vols., Liberty Press, Nueva York, 1989.

Solís, Leopoldo, *La realidad económica mexicana: Retrovisión y perspectivas*, Siglo XXI, México, 1990.

Stone, Andrew, Brian Levy y Ricardo Paredes, "Public Institutions and Private Transactions: A Comparative Analysis of the Legal and Regulatory Environment for Business Transactions in Brazil and Chile", Lee J. Alston, Thrainn Eggertson y Douglass North (eds.), *Empirical studies in Institutional Change*, Cambridge University Press, Londres, 1996.

Stuart Mill, John, *Government*, Enciclopedia Británica, 1999.

Torres Pradas, Lourdes, "La fiscalización de los programas presupuestarios de las administraciones públicas", *Revista Presupuesto y Gasto Público*, España, 1994.

Vázquez Arroyo, Francisco, *Presupuesto por programas para el sector público de México*, UNAM, México, 1991.

Williamson, Oliver, *Organization Theory: From Chester Barnard to the Present and Beyond*, Oxford University Press, Nueva York, 1990.

—— y Sidney G. Winter, *La naturaleza de la empresa. Orígenes, evolución y desarrollo*, FCE, México, 1996.

Wilson, James Q., *Bureaucracy*, Basic Books, Nueva York, 1988.

ÍNDICE

336 ÍNDICE

ANEXOS

Este libro se terminó de imprimir y encuadernar en el mes de agosto de 2002 en Impresora y Encuadernadora Progreso, S. A. de C. V. (IEPSA), Calz. de San Lorenzo, 244; 09830 México, D. F. Se tiraron 1 000 ejemplares.